OEUVRES

DE

J. Michelet

ŒUVRES
DE
J. Michelet

HISTOIRE DE LA RÉVOLUTION

TOME QUATRIÈME

PARIS

ALPHONSE LEMERRE, ÉDITEUR

27-31 PASSAGE CHOISEUL 27-31

M DCCC LXXXVIII

PRÉFACE DE 1868

Nos *fédérations de 90, qu'on vient de lire aux trois premiers volumes, cet élan, le plus unanime que l'on ait vu parmi les hommes, qui réunit la France, le monde, ne sont pas moins qu'un Évangile.*

La France a eu cela, nul autre peuple, que je sache.

Et ne l'a-t-elle eu qu'une fois ? N'avons-nous pas revu le même élan aux débuts admirables de Juillet et de Février ? C'est ce qu'on a déjà trop oublié, c'est ce que nos jeunes gens ignorent. Ils savent assez bien les révolutions de Rome et d'Athènes, mais point celle de 48. Ces souvenirs si purs, qui raviront les siècles à venir, qui sont nos titres de Noblesse et le trésor de la Patrie, tout cela leur est étranger.

J'éprouve le besoin de leur en dire un mot, de leur dire notre état moral, au moment où nous écrivions cette Histoire *que je réimprime.*

Tel fut le cœur des pères aux fédérations de 90, tel fut celui des fils à nos Banquets de Février. Journalistes, hommes politiques, professeurs, écrivains, nous en eûmes l'élan désintéressé, généreux, clément et pacifique, humain.

Deux choses originales ont marqué cette époque :

Premièrement, l'horreur de l'argent. Il n'y a jamais eu un gouvernement si net, si pur, si économe. Tels de ses chefs resteront en légende par leur pauvreté obstinée. Plusieurs étaient des saints de modestie et d'abstinence. Je me rappelle encore, non sans émotion, avoir eu audience d'un de nos rois d'alors (Flocon), à son cinquième étage de la rue Thévenot.

L'idée dominante de tous, politiques, écrivains, était celle de garder à la jeune Révolution un caractère constant de douceur et de clémence. Pour ma part, j'espérais que la jeunesse des écoles influerait beaucoup dans ce sens, pourrait s'interposer, neutraliser les chocs et les rendre moins rudes. C'est dans cette espérance, avec cette pensée intérieure, que j'avais fait et imprimé mon Cours de janvier 48. Dans un sentiment analogue, les hommes de grand cœur qui eurent l'initiative de Février, aux célèbres Banquets, portèrent, lurent les fédérations, gardant, en plein combat, un sentiment de paix.

Telle fut la chance heureuse de ces premiers volumes, que toutes les nuances de la démocratie les acceptèrent également. Les esprits les plus différents, Béranger et Ledru-Rollin, lui firent le même accueil. L'ouvrage terminé reçut le plus fort témoignage du grand socialiste qui, pour plusieurs raisons, semblait devoir le goûter peu. Les lettres que j'eus, à ce sujet, de Béranger et de Proudhon, sont assez importantes pour être conservées. Quoi-

que si honorables pour moi, je dois les publier. Proudhon surtout y apparaît sous un jour tout nouveau, et tel, je crois, qu'il restera dans l'avenir.

LETTRE DE BÉRANGER

Cher et illustre Maitre et Ami,

Je ne puis garder plus longtemps par devers moi le tribut d'éloges que j'ai à vous payer; d'éloges, c'est trop peu dire, c'est de reconnaissance, pour tout le bonheur que votre nouveau volume m'a fait éprouver. Vous seul, vous seul pouviez tracer le tableau des commencements de notre sainte Révolution; vous seul pouviez saisir l'instinct populaire dans son plus beau moment, dans ce moment d'amour qui n'eut jamais rien d'égal dans le monde. Que votre cœur vous a bien inspiré de peindre un pareil élan, et qu'il est heureux que cette pensée soit venue au seul talent capable de la mettre à exécution ! Dites-vous bien, cher maître, que, sans vous, ce qu'il y a de plus caractéristique et de plus touchant dans cette époque créatrice restait à jamais effacé des annales du monde. Trois fois gloire à vous qui, par l'étude, la conscience et le génie, conservez un pareil souvenir à nos neveux ! Ce moment, je l'ai vu, mais j'en avais moins mémoire que des jours qui l'ont suivi. Aussi, ai-je versé des larmes sur vos pages immortelles.

J'adopte ce que vous dites de l'instinct populaire, et, de cela, il n'y a point à s'étonner de la part de l'homme qui a dit que le peuple était sa muse. Pour cet homme-là, votre *Histoire* devient livre saint.

L'auteur en vous a encore un mérite : c'est le courage ; il en faut beaucoup pour être aussi sincère, aussi juste. C'est ainsi qu'on donne une grande autorité morale à des travaux littéraires, et c'est ainsi qu'à tant de glorieux titres accumulés sur vous, vous méritez qu'on ajoute celui de grand citoyen.

BÉRANGER.

Passy, 24 novembre 1847.

Quatre ans plus tard, voici la lettre que je recevais de Proudhon :

Conciergerie, 11 avril 1851.

MONSIEUR,

J'ai reçu en son temps l'envoi précieux dont vous avez bien voulu m'honorer des quatre premiers volumes de votre *Histoire de la Révolution*, je les ai lus aussitôt avec un empressement extrême et une satisfaction extraordinaire.

Je viens, en vous faisant mes remerciements, vous exprimer mon admiration, non seulement pour l'écrivain, mais surtout pour le penseur et le juge.

Enfin, enfin la Révolution française sort de la légende, du roman, du factum et du pamphlet; elle arrive à l'Histoire; il semble que ce soit de ce jour qu'elle se répand sur le monde. Je la rêvais telle à peu près que vous me la montrez; j'avoue que je ne la comprenais guère. Accoutumé à ne céder jamais à l'entraînement de mon opinion et de mon parti, ne pensant pas que de grandes misères fussent une raison suffisante d'un si grand mouvement, j'étais comme oppressé de l'insuffisance juridique de nos narrateurs; je me disais que la Révolution avait encore plus à se plaindre de ses apologistes que de ses calomniateurs. J'avais maudit cet esprit de secte qui venait de nouveau flétrir la grandeur d'âme de nos pères, et remettre en doute la justice de leur cause, en faisant pivoter toute la série du mouvement sur l'influence d'un Club et la pensée d'un tribun.

Enfin, vous avez, j'ose le dire, réhabilité la Révolution. Grâce au ciel, la voilà débarrassée, rendue insolidaire de ses meneurs; les Sieyès, les Mirabeau, les Barnave, les Girondins, et Danton et la Montagne, ne sont plus que des hommes souvent fort petits. Marat et Robespierre sont jugés; et les Jacobins, estimés à leur valeur. Vous avez résolu ce problème difficile, celui que je me proposais à moi-même, quand je me demandais ce que devait être une Histoire de la Révolution : *Être révolutionnaire* plus qu'aucun de ceux qui ont figuré dans le drame, et cependant être plus modéré que Danton et les Girondins, plus judicieux que les Constituants, plus ami du peuple que Fréron et Marat, plus puritain que Robespierre. Ce but, dans mon opinion, vous l'avez pleinement atteint.

Mon ami et compatriote Bailly vous aura peut-être dit que je m'occupais d'un travail ayant pour titre : *Pratique des révolutions*. Il faut vous dire tout de suite que cette *Pratique* n'est point, comme vous l'auriez pu croire, un ouvrage de haute érudition; ma vie, mes études, mes moyens, me rendent impossibles des travaux de cette nature. Ce que j'ai entrepris sous le nom de *Pratique*, c'est la démonstration, à l'aide des faits les plus authentiques, les plus communs, de cette vérité capitale, si magnifiquement énoncée dans je ne sais plus quel endroit de votre livre, à propos de la culpabilité de Louis XVI. Une nation est autre chose qu'une collection d'individus, c'est un être *sui generis*, une personne vivante, une âme consacrée devant Dieu.

Ce que je cherche donc, vous le comprenez maintenant, monsieur, c'est la démonstration de ce grand Être, ce sont les lois de sa vie, les formes de sa raison, c'est en un mot *sa psychologie*. La nature de mon esprit et la médiocrité de mes ressources scientifiques et littéraires ne me permettent pas les entreprises de découverte telle qu'est et que sera, j'espère, jusqu'à la fin, votre *Histoire*. Je ne puis qu'analyser et approfondir ce que d'autres ont constaté et mis en lumière; ma spécialité, comme ma méthode, est la dissection des faits et le dégagement de leur contenu.

Chose singulière! ce spiritualisme transcendant, qui vous domine et qui m'obsède, est totalement inconnu à nos tartufes de religiosité, à nos écrivains ecclésiastiques, à tous nos philosophes universitaires. C'est un homme, réputé ennemi personnel de Dieu, venant à la suite d'un historien adversaire de l'Église, qui s'apprête à jeter dans le monde cette idée grandiose de l'âme des peuples et de l'âme de l'humanité ! Peut-être, au reste, avez-vous parlé de l'abondance de votre poésie plutôt que de la compréhension de votre intelligence, peut-être n'avez-vous dit qu'en figure ce que je prends au positif; c'est ce que plus tard, après réflexion, vous expliquerez sans doute à vos avides lecteurs.

Quant à moi, l'homme le moins mystique qui soit au monde, le plus réaliste, le plus éloigné de toute fantaisie et enthousiasme, je crois être déjà en mesure d'affirmer, et je prouverai qu'une nation organisée comme la nôtre constitue un être aussi réel, aussi personnel, aussi doué de volonté et d'intelligence propre, que les individus dont il se compose : et j'ose dire que là est surtout la grande révélation du dix-neuvième siècle. Votre *Histoire de la Révolution*, faite à ce point de vue, est la meilleure préparation que j'eusse pu souhaiter à mes lecteurs : après avoir vu dans votre narration, penser, agir, souffrir, combattre l'être collectif, ils seront mieux disposés à comprendre les lois de sa formation, de son développement, de sa vie, de sa pensée, de son action.

Votre deuxième volume est tout entier de création, le récit de la Fédération de 90 surtout, après tant de récits dignes des almanachs, est trouvé. On sent que là est le nœud et le fort de l'affaire. Après avoir lu ces grands tableaux de l'épopée nationale, on se sent un amour ardent de la patrie, on est fier de s'entendre appeler révolutionnaire.

Votre appréciation des hommes me paraît merveilleuse. Serait-ce parce que d'avance j'abondais dans votre sentiment?... Mirabeau, Sieyès, Danton, Robespierre, Marat, tous les autres, toisés, mesurés, appréciés ce qu'ils valent. Peut-être pourrait-on regretter que vous n'ayez pas donné plus de place à Mirabeau et à ses discours ; cet homme, après tout, fut le plus magnifique instrument de la Révolution, comme Danton en fut l'âme la plus généreuse. En revanche, peut-être avez-vous donné trop d'importance aux commencements de Robespierre, car on prévoit déjà que l'accusation contre lui sera terrible.

J'ai toujours cru, et je serais curieux de voir si votre jugement s'accorde avec le mien, que Robespierre, qui, asservi au *Contrat social*, ce code de toutes nos mystifications représentatives et parlementaires, jugeait certainement la démocratie impossible en France, qui, enfin, en 94, loin de réclamer l'application de la Constitution de 93, voulait encore une plus grande concentration du pouvoir, ainsi que l'avouent et le prouvent ses apologistes Buchez et Lebas, j'ai toujours cru, dis-je, que cet homme-là n'eût été nullement embarrassé, s'il eût réussi en Thermidor, après avoir exercé la dictature, d'opérer lui-même une transaction de l'espèce de celles qu'on vit au 18 Brumaire, en 1814, ou en 1830.

J'avoue, au surplus, que ce qui m'indispose le plus contre ce personnage, c'est la détestable queue qu'il nous a laissée et qui gâte tout en France depuis vingt ans.

C'est toujours le même esprit policier, parleur, intrigant et incapable, à la place de la pensée libérale et agissante du pays.

Maintenant, monsieur, me permettez-vous un mot de critique? Ceci ne touche point à votre livre, n'atteint aucun des faits, aucun de vos jugements, — cela ne touche que moi et ne porte que sur une note.

Vous paraissez craindre, et depuis votre livre du *Peuple* vous n'êtes pas revenu de cette appréhension, que le socialisme au dix-neuvième siècle ne soit en dehors de la tradition révolutionnaire de 89-92. Vous êtes préoccupé de quelques fantaisies communistes qui circulent dans le peuple, et surtout de certaine négation de la *propriété* et du *gouvernement*, dont vous ne trouvez point les prémices dans la pensée de nos pères.

Permettez-moi de vous dire, monsieur, quant au communisme, que vos terreurs sont absolument sans fondement. Si la question économique, plus explicitement posée aujourd'hui qu'en 89, a dû pousser l'intelligence naïve du peuple vers l'hypothèse communautaire, ç'a été l'effet naturel de la répulsion qu'inspiraient le monopole égoïste, la concurrence anarchique et tous les désordres de l'individualisme poussé à l'excès, mais ce communisme n'existe qu'en protestation, et a moins de racines encore que celui des chrétiens de la primitive Église, qui ne furent pas dix mois en communauté, et jamais probablement au nombre de plus de quelques mille.

En ce qui me concerne personnellement, vous avez tort de méconnaître d'abord la nécessité des définitions rigoureuses en théorie, puis de supposer que je veuille conformer la pratique à la rigueur d'une définition. Autre chose est de qualifier une idée, un principe, d'après son extrême conséquence, et autre chose d'adopter cette conséquence extrême comme la vérité. — La propriété a sa racine dans la nature de l'homme et la nécessité des choses, je le sais aussi bien que personne, mais la propriété sans contre-poids, sans engrenage, aboutit droit où je dis, et devient vol et brigandage. Notre société en est là aujourd'hui. C'est pour cela que je cherche dans la création de garanties sociales et mutuelles un contre-poids à la propriété, qui soit tel, que la propriété, perdant ses vices, double ses avantages; voilà ce que vous aviez, vis-à-vis de moi, le tort de méconnaître...

J'aurais trop à vous dire sur cette matière, que je crois connaître à fond, par une longue étude et une longue pratique commerciale; je me borne à ces quelques mots qui, sans doute, suffiront à rassurer votre esprit. Ne craignez rien pour la liberté et la personnalité de l'homme, je vous dirai même : ne craignez rien pour la propriété, car il m'est évident que vous ne la prenez point comme moi dans la signification juridique et capitaliste que lui ont donnée nos traditions et nos institutions.

Je finis, monsieur, en vous renouvelant l'expression de ma haute estime et de mon admiration sans réserve. Vous m'avez fait connaître Vico, vous m'avez initié aux Origines du Droit, vous venez de me faire voir la Révolution telle qu'elle a été, telle que je la veux ; je vous remercie.

Pour tant de services, le pouvoir vous ferme la bouche : consolez-vous, les Jésuites n'en ont pas pour longtemps. Ils sont si près de leur ruine, ruine épouvantable, que, malgré toute mon aversion, je n'ai pas la force de les maudire.

Je suis, monsieur, votre tout dévoué et obligé lecteur.

PROUDHON.

LIVRE VI

CHAPITRE PREMIER

LE PREMIER ÉLAN DE LA GUERRE
L'OUVERTURE
DE L'ASSEMBLÉE LÉGISLATIVE

(OCTOBRE 1791)

Le premier élan de la guerre. — Hésitation des politiques et des militaires. — Le monde appelait la France. — Haine des rois pour la France. — Madame de Lamballe en Angleterre. — L'Angleterre et l'Autriche voulaient endormir, énerver la France. — Suicide universel des rois au dix-huitième siècle. — L'intime pensée de l'Autriche, l'intime pensée de la Reine. — Règne et chute de Barnave (sept.-nov. 91). — Violence intérieure du Roi, de sa sœur et de sa fille. — Le Roi aimait peu l'émigration. — Il appartenait aux prêtres. — Leur puissance. — Les prêtres, menacés à Paris, tout puissants en province. — La France comprend que le Roi, c'est l'ennemi. —

Ouverture de l'Assemblée législative. — Apparition des Girondins. — Discussion du trône et du fauteuil. — Discussion relative aux prêtres et aux émigrés. — Réponses hostiles des puissances. — Nouvelles du désastre de Saint-Domingue. — Nouvelle du massacre d'Avignon.

La pensée de ce livre, c'est la guerre, l'élan national contre l'ennemi du dedans, du dehors.

La nouvelle Assemblée, élue sous l'impression du danger public, devrait s'appeler, non la Législative, mais l'Assemblée de la guerre.

Le sujet propre du livre, c'est la découverte progressive de cette vérité trop certaine : *Que le Roi, c'est l'ennemi,* le centre (volontaire ou involontaire) de tous les ennemis, intérieurs, extérieurs.

Et le but où ce livre marche, c'est le salut de la France, au 10 Août, par le renversement du trône.

La France qui lit, jase et discute, s'était déjà bien dépensée en paroles; elle se souciait peu d'agir, elle aimait mieux ne pas voir les dangers de la situation; ingénieuse à se tromper, elle parvenait à croire que la guerre ne viendrait pas.

Mais la France qui ne lit point (c'est à peu près tout le monde), celle qui parle moins, qui travaille, n'ayant pas les mêmes moyens de se faire illusion, n'imagina pas que la chose pût être mise en question; elle croyait depuis longtemps à la guerre, elle y crut plus fermement encore, et s'y prépara. Depuis Varennes, elle demandait universellement des fusils ; au défaut, elle se mit, dès janvier, à forger des piques.

L'impression de la fuite du Roi, sa désertion à l'ennemi, ce grand fait, ce fait capital, d'une signification décisive, put s'obscurcir pour le public oisif et causeur qui se repaît chaque jour de petites nouveautés. Mais pour la grande France, travailleuse et silencieuse, le même fait resta tout nouveau, présent, menaçant. Cette France, en faisant sa moisson, son labour, n'eut rien autre chose en l'esprit, et si une pierre heurta le soc, arrêta parfois la charrue, ce fut toujours cette pierre, dressée sur chaque sillon.

Ils n'étaient pas assez savants pour se dire : « L'Empereur est un philanthrope. Catherine est philosophe, » et autres vaines raisons, accidentelles et personnelles, qui ne changeaient rien à la nature des choses, aux nécessités profondes de la situation. Ce qu'ils savaient, c'est que la France se trouvait, par sa Révolution, seule de son espèce en ce monde, un miracle, un monstre, que l'on regardait avec terreur ; que cette créature nouvelle, entre les rois frémissants de haine et de peur, et les peuples à peine éveillés, se trouvait profondément seule, et devait regarder tout d'abord quelle défense elle avait en soi.

C'est justement ce qu'elle fit. Dès 89, au moment de sa naissance, elle sauta sur ses armes. Le premier instinct lui dit qu'elle avait un ennemi, quelque chose d'inconnu qui la menaçait ; elle l'appela *les brigands*, et se mit à chercher les brigands de village en village.

En 90, aux fédérations, dans son armement pacifique, elle commença à rêver la délivrance des peuples, leur fédération générale sur les trônes brisés des rois.

En 91, elle connut l'entente profonde du Roi et des rois de l'Europe. Elle comprit son double danger. Elle arma, à bon escient.

« Car enfin (c'était là le raisonnement, bien simple, mais sans réplique, du dernier des paysans), est-ce que les rois oublieront que nous avons mis la main sur la royauté, arrêté le Roi à Varennes ? est-ce qu'ils ne se sont pas trouvés tous captifs en Louis XVI ?... Le peuple, par toute la terre, est serf et prisonnier des rois ; le Roi, dans la France seule, est le prisonnier du peuple. Il n'y a pas de traité possible... Ils grondent encore, sans mordre, comme le dogue qui va s'élancer ; bien sot qui voudrait attendre que le dogue le tînt à la gorge. »

A cette voix intérieure du bon sens répondit admirablement la Déclaration de Pilnitz. Les rois disaient à la France : « Oui, vous ne vous trompez pas ; c'est bien là notre pensée. » — Et cette Déclaration ne circula pas dans les termes ambigus de la diplomatie ; elle courut la campagne sous la forme insolente et provocante de la lettre de Bouillé. Elle tomba comme un défi ; comme tel, elle fut saluée par une longue clameur de joie.

« Eh ! c'est ce que nous demandions ! » Tel fut le cri général. Marseille demandait, dès mars 91, à marcher au Rhin. En juin, tout le Nord, tout l'Est, de Givet jusqu'à Grenoble, se montre, en un même moment, hérissé d'acier. Le Centre s'ébranle. A Arcis, sur dix mille mâles, trois mille partent. Dans tel village, Argenteuil, par exemple, tous partent sans exception. L'embarras fut seulement qu'on ne savait où les diriger. Le mouvement n'en gagnait pas moins, comme les longues vibrations d'un immense tremblement de terre. La Gironde écrit qu'elle n'enverra pas, qu'elle ira ; elle s'engage à marcher tout entière, en corps de peuple, tous les mâles, quatre-vingt-dix mille hommes ; le commerce de Bordeaux, que ruinait la Révolution, le vigneron, qu'elle enrichissait, s'offraient unanimement.

Une chose suffit pour caractériser cette époque, un mot d'éternelle mémoire. Dans le décret du 28 décembre 91, qui organise les Gardes nationaux volontaires et les engage pour un an, la peine dont on menace ceux qui quitteraient le service avant l'année, c'est que, « pendant dix ans, ils seront *privés de l'honneur d'être soldats.* »

Voilà un peuple bien changé. Rien ne l'effrayait plus, avant la Révolution, que le service militaire. J'ai sous les yeux ce triste aveu de Quesnay

(Encycl., art. Fermiers, page 537) : Que les fils de fermiers ont tellement l'horreur de la Milice, qu'ils aiment mieux quitter les campagnes et vont se cacher dans les villes.

Qu'est devenue maintenant la race timide et servile qui portait la tête si bas, la bête encore à quatre pattes ? Je ne peux plus la trouver. Aujourd'hui, ce sont des hommes.

Il n'y eut jamais un labour d'octobre comme celui de 91, celui où le laboureur, sérieusement averti par Varennes et par Pilnitz, songea pour la première fois, roula en esprit ses périls, et toutes les conquêtes de la Révolution qu'on voulait lui arracher. Son travail, animé d'une indignation guerrière, était déjà pour lui une campagne en esprit. Il labourait en soldat, imprimait à la charrue le pas militaire, et, touchant ses bêtes d'un plus sévère aiguillon, criait à l'une : « Hu ! la Prusse ! » à l'autre : « Va donc, Autriche ! » Le bœuf marchait comme un cheval, le soc allait âpre et rapide, le noir sillon fumait, plein de souffle et plein de vie.

C'est que cet homme ne supportait pas patiemment de se voir ainsi troublé dans sa possession récente, dans ce premier moment où la dignité humaine s'était éveillée en lui. Libre et foulant un champ libre, s'il frappait du pied, il sentait dessous une terre sans droit ni dîme, qui déjà était à lui, ou serait à lui demain... Plus de seigneurs ! tous seigneurs ! tous rois, chacun sur sa terre, le vieux dicton réalisé : « Pauvre homme, en sa maison, roi est. »

Et en sa maison, et dehors. Est-ce que la France entière n'est pas sa maison, maintenant? Hier, il venait, tremblant, mendier la justice par-devant *Messieurs*, comme si c'était une grâce; il fallait payer d'abord, puis l'on se moquait de lui. Lui-même aujourd'hui est juge, et il rend gratis la justice aux autres. Le voilà, ce paysan, assesseur du juge de paix, membre du Conseil municipal, l'un des treize cent mille nouveaux magistrats, électeur (il y en avait entre trois et quatre millions), s'il paye trois journées par an. Et qui ne les payera pas, qui ne sera propriétaire, au prix où la terre se donne, s'offrant avec des délais s faciles, venant dire, en quelque sorte : « Prends-moi, tu payeras quand tu pourras ! » La première récolte suffisait souvent pour payer, ou la première coupe, ou quelques terres qu'on revendait, ou quelque plomb pris d'un toit.

Mais ce n'est pas tout, mon ami, te voilà un homme public, un citoyen, un soldat, un électeur; te voilà bien responsable. Sais-tu que tu as une conscience qu'il te faut interroger? Sais-tu que ce grand nombre de magistrats, incessamment renouvelés, oblige tout le monde à son tour à devenir magistrat? C'est là, en effet, la grandeur de la Constitution de 91 : laissant la puissance publique très faible, il est vrai, serrant très peu le lien politique, restreignant peu, contraignant peu, elle fait par cela même un appel immense à la moralité individuelle. Loi aimable et confiante, elle somme tous les hommes d'être bons et sages, elle compte sur eux. Par son imperfection même et par son silence, la Loi dit à l'homme : « N'as-tu pas, dans ta raison, déjà une Loi intérieure ? Sers-t'en pour me suppléer au besoin, et deviens ta Loi !... Tu n'es plus un malheureux serf, qui peut renvoyer à son maître le soin de la chose publique; elle est tienne, c'est ton affaire. A toi de la défendre et la gouverner ; à toi d'être, selon ta force, la providence de l'État. »

Cet appel muet fut bien entendu. Ce ne fut pas moins que l'éveil de la *conscience publique dans l'âme de l'individu*. Une inquiète sollicitude de l'intérêt de la patrie, de celui du genre humain, remplit tous les cœurs. Tous se sentirent responsables pour la France, et elle-même pour le monde. Tous furent prêts à défendre, en la Révolution, au prix de leurs vies, le trésor commun de l'humanité.

Voilà la pensée, sainte et guerrière, des élections de 91. Elles furent le fait de la France, et non pas spécialement le résultat des intrigues jacobines, comme on l'a tant répété. Les résultats le montrent assez. L'Assemblée, comme la France, se déclara pour la guerre. Les Jacobins (du moins la plupart d'entre eux, les meneurs) furent partisans de la paix.

Non, ni la Presse, ni les Clubs, n'eurent l'influence principale dans ce mouvement immense, tout naïf et tout spontané. S'il fut puissant, ce fut surtout chez le peuple qui ne lit pas, dans les populations dispersées, isolées par la nature de leurs travaux. Tous le trouvèrent en eux-mêmes, dans le sentiment de leur dignité nouvelle, dans leur jeune foi. La pensée qui roulait dans les carrefours des villes, elle surgit aussi du sillon, elle se retrouva la même dans le labour solitaire, et là, peut-être, n'ayant à qui s'exprimer, elle couva avec plus de force. Elle alla toujours fermentant, à mesure que les travaux cessèrent, et qu'on commença, vers novembre, à se rassembler souvent sous les porches de l'église, ou bien le soir aux veillées. Quand on avait parlé deux fois, trois fois de ces choses, tel jeune homme disparaissait, puis tel autre. Ils s'en allaient, malgré la saison, sur la neige, se faire inscrire au district, pour partir le plus tôt possible. « Pas d'armes, » leur disait-on. Ils revenaient alors et se mettaient à en faire. En janvier 92, un district de la Dordogne députa à l'Assemblée pour déclarer qu'il avait forgé trois mille piques, et qu'il ne comprenait pas qu'on ne le fît pas partir.

Ainsi, l'automne, ainsi, l'hiver, roula par toute la France, contenu et comme à voix basse, un gigantesque *Ça ira!* Chant vraiment national qui, changeant aisément de rhythme, répondit toujours à merveille aux émotions de nos pères. Fraternel en 90, il avait remué le Champ-de-Mars, bâti l'autel de la patrie. En 91, il tint compagnie aux jeunes volontaires qui, allant demander des armes, le chantaient pour s'encourager dans les mauvaises routes d'hiver. Si le sifflement des vents, le bruissement des Clubs, ne vous empêchent d'entendre, vous distinguerez ces premières notes, basses et fortes, du chant héroïque. Il est déjà rapide, ce chant, tout gaillard et tout guerrier ; 92 y va joindre l'élan pressé de la colère. Tout à l'heure il éclatera avec le fracas des tempêtes.

Le monde commençait à l'entendre, depuis la fuite de Varennes, comme un vaste et profond murmure. L'Assemblée y fermait l'oreille. Les meneurs même de la Presse et des Clubs n'en avaient pas l'intelligence ; plongés dans ce bruit général, prolongé, sourd et monotone, ils ne l'entendaient pas, justement parce qu'ils l'entendaient toujours. Ils ne devinaient nullement la grande chose, fatale, invincible, qui était au fond de ce bruit : l'ébranlement du grand océan révolutionnaire, qui allait franchir son rivage.

Chose étrange et ridicule! ils disputaient avec l'océan! ils trouvaient de petites raisons à lui objecter. Ils se disaient gravement : « L'arrêterons-nous? ne l'arrêterons-nous pas?... Ils pouvaient le retarder, un moment peut-être ; mais en accumulant les vagues, ils accumulaient les périls.

Les politiques disaient : « Attendons, la situation intérieure n'est pas assez sûre... » Et les militaires disaient : « Attendons, formons une armée ; on ne fait pas la guerre avec des hommes, mais bien avec des soldats... »

L'Assemblée constituante, qui rétablissait le Roi et tâchait d'apaiser les rois, n'avait garde d'écouter le mouvement populaire. Elle eût craint ses défenseurs tout autant que l'ennemi. Le 21 juin, au jour du péril, elle avait décrété la levée de trois cent mille Gardes nationaux ; mais dès le 23 juillet, elle les réduisit à 97,000. Ce nombre l'effrayant encore, elle prit un bon moyen pour le réduire, ce fut de renvoyer aux directoires de départements le soin et la dépense d'équiper ceux qui ne le pouvaient faire eux-mêmes (4 septembre). Le 8, le ministre écrivait à l'Assemblée qu'il n'avait d'armes que pour les 45,000 volontaires qu'on envoyait à la frontière du Nord, et ceux-là même en obtenaient à grand'peine. Ils ne trouvaient à la frontière ni vivres ni gîtes. Les officiers aristocrates se moquaient de leur misère, de leur triste équipement ; les bretailleurs les défiaient ; en certains lieux, on parlait de mener des régiments contre eux, de les écharper.

La Législative elle-même montra beaucoup de lenteur ; elle ne se fit donner un *projet* d'organisation pour les volontaires que le 22 novembre, et ne rendit son décret que le 28 décembre.

Ces retards, qui semblaient prudents, étaient d'une haute imprudence. Plus on attendait, plus il était à craindre que le moment ne passât, moment sacré, irréparable, où la guerre n'eût pas été une guerre. Le monde alors, nous le savons maintenant par l'aveu de nos ennemis, le monde appelait la France. Pourquoi? Elle était pure encore. Quelques violences partielles avaient eu lieu. Mais l'Europe les regardait comme des crimes individuels, des excès locaux, tels que tout grand changement en entraîne toujours. Jusqu'aux massacres de Septembre 92, on n'intentait à la France nulle accusation nationale. Jamais révolution, on l'avouait, n'avait moins coûté de sang.

La France, en 91, apparaissait jeune et pure, comme la Vierge de la Liberté. Le monde était amoureux d'elle. Du Rhin, des Pays-Bas, des Alpes, des voix l'invoquaient, suppliantes. Elle n'avait qu'à mettre un pied hors des frontières, elle était reçue à genoux. Elle ne venait pas comme une nation, elle venait comme la Justice, comme la Raison éternelle, ne demandant rien aux hommes, que de réaliser leurs meilleures pensées, que de faire triompher leur Droit.

Jour sacré de notre innocence, qui ne vous regrettera! La France n'était pas encore entrée dans la violence, ni l'Europe dans la haine et l'envie. Tout cela va changer dès la fin de 92, et les peuples alors tourneront contre nous, avec les rois. Mais alors, en 91, sous l'apparence d'une guerre imminente, il y avait au fond, dans la grande âme européenne, une attendrissante concorde. Souvenir doux et amer ! il a laissé une larme jusque dans les yeux secs de Gœthe, du grand moqueur, du grand douteur, qui lui-même s'intitule « l'ami des tyrans. » Cette larme, nous aussi, nous l'aurons toujours au cœur ; elle nous revient souvent, éveillé ou endormi, avec un mortel regret pour la fortune de la France ; nous la retrouvons souvent au matin, cette larme, sur l'oreiller.

Les misérables défiances que nous avons vues de nos jours *(l'Italie veut agir seule, — l'Allemagne veut agir seule)*, elles n'auraient tombé alors à personne dans l'esprit. La France ne faisait point un pas dans la Liberté, qui ne pénétrât l'Allemagne d'amour et de joie. Elle disait, garrottée : « Oh ! si la France venait ! » Au fond du Nord, une invisible main écrivait ces mots sur la table de Gustave : « Point de guerre avec la France. » Tous savaient bien alors qu'elle faisait l'affaire de tous, qu'elle ne voulait la guerre qu'afin de fonder la paix. Ils se confiaient à elle. Et combien ils avaient raison ! combien peu elle songeait à ses intérêts ! Elle n'en avait qu'un seul, le salut des nations. Hors ses annexes naturelles, Liège et la Savoie, deux peuples de même langue et qui sont nous-mêmes, la France ne voulait rien. Pour rien au monde, elle n'eût pas pris un pouce de terre aux autres. Personne, on l'ignore encore, n'est moins conquérant que la France, dans ces moments sacrés. Il faut du temps, des obstacles, la tentation du péril, pour qu'elle retombe aux intérêts et devienne injuste.

La France avait ce sentiment en 91, le sentiment de sa virginité puissante ; elle marchait la tête haute, le cœur pur, sans intérêt personnel ; elle se savait adorable, et, dans la réalité, adorée des nations.

Elle jugeait parfaitement que l'amour des peuples lui assurait pour toujours l'invariable haine des rois, des rois même qui auraient pu trouver leur compte à la Révolution. Elle sentait, d'instinct, cette vérité, si peu connue des diplomates, qui voient tout dans l'intérêt : « Les hommes, *même contre l'intérêt, suivent leur nature*, leurs habitudes ; et les suivant, ils s'imaginent consulter l'utilité. »

La seule différence qu'il y eût entre les rois, relativement à la Révolution, c'est que les uns auraient voulu l'égorger ; les autres, plus dangereux, arrivaient tout doucement pour l'étouffer, comme sous l'oreiller d'Othello.

Deux personnes haïrent la France nouvelle d'une haine profonde et féroce, la grande Catherine et M. Pitt.

On a beau dire que la première était trop loin pour prendre intérêt à la chose. Personne n'y mit plus de passion. Jusque-là, cette femme allemande, usant, abusant du grand peuple russe[*], marchait sans contradiction. Brillante, spirituelle et rieuse, de l'assassinat de Pierre III aux massacres immenses d'Ismaïl et de Praga, qu'elle ordonna elle-même*, elle allait riant de Dieu. La terrible Pasiphaé (dirai-je Pasiphaé, ou le Minotaure?), qui eut une armée pour amant, allait s'assouvissant sur tout peuple et sur tout homme. Il n'est besoin d'en rien dire, quand on a vu les portraits de cette vieille, sa grecque de cheveux blancs dressés vers le ciel, le sein nu, l'œil lubrique et dur, fixe vers la proie, l'insatiable abîme qui ne dit jamais: Assez.

Elle se sentit, au 14 Juillet 89, frappée à la face; l'éloignement n'y fit rien, ni la séparation des intérêts. Elle sentit sa barrière au bout de l'Occident, et que la tyrannie mourrait en ce monde, et que la Liberté était son héritière. Elle commença de souffrir. Elle tenait la Turquie, et elle allait dévorer la Pologne. Elle poussait les Allemands à l'Ouest; elle avait l'air de leur dire: « Allez, je vous le permets; je vous ai donné la France. » Les forts ne rougissent point : elle osa, dans une lettre effrontée, faire honte à Léopold de son inaction, de son mauvais cœur, lui demandant comment il pouvait délaisser sa sœur Marie-Antoinette. Pour un léger déplaisir fait à la sœur du roi de Prusse, ce prince chevaleresque avait envahi la Hollande; n'était-ce pas un exemple qui dût faire rougir l'Empereur?

Elle renvoya, sans l'ouvrir, la lettre par laquelle Louis XVI annonçait aux puissances qu'il acceptait la Constitution.

Elle envoya un ambassadeur aux émigrés de Coblentz. Elle flattait Gustave III de l'espoir qu'avec les subsides de l'Espagne et de la Sardaigne, elle lui donnerait une flotte, et le lancerait ainsi en Normandie, en Bretagne. Le 19 octobre, elle conclut un traité exprès pour cet armement.

M. Pitt et Léopold montraient moins d'impatience. Ce n'était pas que le premier haït moins la Révolution. De ses dunes, jetant sur la France un regard en apparence distrait, Pitt jouissait profondément. L'immense affaire de la conquête de l'Inde, que faisait alors l'Angleterre, ne lui permettait pas d'agir. Mais quelle jouissance intime, exquise et délicieuse n'était-ce pas pour cet Anglais, de voir, sans qu'il en eût la peine, descendre au fond de l'abîme le Roi qui avait sauvé l'Amérique? La Reine avait une peur effroyable de M. Pitt: « Je n'en parle pas, disait-elle naïvement, que je n'aie la petite mort. » Elle envoya, en août, à Londres, madame de Lamballe, pour intéresser et demander grâce. La Reine comprenait si peu la grandeur de la Révolution, qu'elle était toujours tentée d'y voir une vengeance des Anglais, un complot du duc d'Orléans, soutenu par eux. Dans la réalité, la grande majorité des Anglais redevenait favorable à Louis XVI. L'influence du livre de Burke avait été immense sur eux. L'affaire de Varennes les toucha vivement. Les Anglais, dans leur *loyalisme* féodal et monarchique, s'indignaient de voir la France, non pas décapiter son roi, comme ils avaient fait du leur, mais, ce qui était plus fier, l'absoudre et lui pardonner. Cette indignation, en réalité, couvrait une crainte secrète : La France gravitait à la République. Que serait-ce de la vieille Europe, en présence de ce phénomène, une République colossale, jeune, audacieuse, qui voudrait faire le monde semblable à soi ? Les constitutionnels qui dirigeaient alors la Reine, se faisaient fort, près des Anglais, d'empêcher cet événement. L'amie de la Reine venait dire à l'Angleterre que toute l'ambition de la France était de la copier; que la Révolution française, amendée et repentante, allait, dans la *revision*, marcher en arrière, et rapprocher sa Constitution de l'éternel modèle, la sage Constitution anglaise. Pitt répondit à ces avances, avec une sincérité farouche, que, certes, l'Angleterre ne souffrirait pas que la France devînt République, *qu'elle sauverait la monarchie*. Rien au monde ne put lui faire dire *qu'il sauverait le monarque*.

Ce qui convenait à l'Angleterre, ainsi qu'à l'Autriche, c'était que la France fût faible, impuissante, flottante, dans l'état bâtard d'une monarchie quasi anglaise. Sous un despote, elle était forte; et République, elle était forte. Avec l'unité de principe, la simplicité de gouvernement, elle devenait formidable. C'est ce qui faisait croire aux constitutionnels (Barnave le dit expressément) que la France constitutionnelle, comme ils la voulaient, tout occupée à l'intérieur de chercher un balancement impossible, entre la vieille fiction royale et la réalité nouvelle, entre la vie et le songe, serait tolérée de l'Europe. Et il aurait fallu être bien méchant en effet, pour se fâcher contre un vieux jeune peuple imbécile, qui serait resté bégayant, dans un radotage éternel, oscillant et branlant la tête, dans les limbes des petits enfants.

Cela allait à M. Pitt. Et cela ne pouvait déplaire à la vieille Autriche, au vieux prince de Kaunitz, âgé de quatre-vingt-deux ans, et plus jeune encore que son maître, Léopold, qui en avait quarante-quatre. Celui-ci, déjà caduc, parmi son sérail italien, qu'il avait transporté à Vienne, n'avait qu'un vœu, jouir encore, en dépit de la nature. Il avait quelques mois à vivre et les mettait à profit, réveillant, usant ses facultés défaillantes par des excitants meurtriers qu'il se fabriquait lui-même. Tel Empereur, tel Empire. L'Autriche aussi était malade, et si, dans sa dernière crise, elle s'était remise sur pied, elle le devait à l'usage d'excitants non moins funestes.

L'acharnement au plaisir n'est pas un trait particulier à Léopold. Il est commun à tous les princes du dix-huitième siècle. Partagés entre des idées contradictoires, moitié philosophes, moitié rétrogrades, fatigués du divorce qui travaillait leur esprit, ils se détournaient volontiers des idées, et cherchaient dans l'abus des sens l'oubli, la mort anticipée. De là, les étranges caprices de Frédéric et de Gustave, renouvelés de l'antiquité, de là, les trois cents religieuses du roi de Portugal, le Parc-aux-Cerfs de Louis XV, les trois cent cinquante-quatre bâtards d'Auguste de Saxe, etc., etc. Le gouvernement d'un seul devenant de plus en plus contre nature, en Europe, n'étant même qu'une fiction (le roi moderne, c'est la bureaucratie), qu'auraient fait la plupart des princes de leur énergie personnelle ? On leur disait encore qu'ils étaient dieux ; mais cette divinité, l'exerçant peu dans l'action, ils allaient incessamment la chercher dans la passion, dans l'épilepsie du plaisir. Le dix-huitième siècle, observé dans les mœurs de ses rois et la destruction de corps et de cœur qu'ils s'infligeaient eux-mêmes, peut être considéré comme le suicide de la monarchie.

L'Autriche, qui politiquement est un monstre, un Janus de races et d'idées, l'Autriche dévote et philosophe, imposait à ses princes une fatalité d'hypocrisie, un masque pesant, qu'ils étaient d'autant plus pressés de déposer en cachette. Le mortel ennui les plongeait au mortel abîme des sens. Quelque décence à la surface ; mais un trait permanent trahit le dessous, un signe éminemment sensuel, la lèvre autrichienne. La prude Marie-Thérèse se révéla dans ses enfants, contenue et gracieuse encore dans Marie-Antoinette, libertine en Léopold, hardie, débordée dans la reine de Naples, dans sa bacchanale au pied du Vésuve.

L'Autriche, énervée ainsi, ne pouvait conseiller à la Reine, par la voix du vieux Kaunitz, rien autre chose que la politique expectante que lui conseillaient Barnave et les constitutionnels. L'intention, à coup sûr, était différente; mais les mots étaient les mêmes. Barnave, je pense, était loyal ; il ne croyait pas que la France pût supporter un gouvernement plus démocratique. Il n'avait pas pour idéal une Constitution tout anglaise, ne voulant point de Chambre Haute, ni confier aux mains du Roi le pouvoir, qu'il a en Angleterre, de dissoudre l'Assemblée. C'est ainsi qu'il s'en explique lui-même dans ses derniers écrits, qui ont l'autorité d'un testament de mort.

Que voulaient Kaunitz et Léopold ? Nous le savons maintenant. D'abord, tenir la France bien fermée d'un bon cordon sanitaire, qui irait, se resserrant, l'environner peu à peu d'un mur épais de baïonnettes, *d'un cercle de fer*, c'est leur mot. Pendant ce temps, le Roi à l'intérieur exécuterait à la lettre la Constitution, de manière à bien montrer qu'elle était inexécutable. La Constitution étouffée par cette littéralité même, *exécutée* au sens propre, comme le patient par le bourreau, les Français s'en dégoûteraient: « Ils ont la tête légère. » Ils se feraient quelque autre mode ; la Liberté *passerait* (comme le café et Racine, selon madame de Sévigné). C'était tout de gagner du temps, de laisser la France se refroidir et s'ennuyer d'une Révolution impossible, de lui faire perdre le premier moment de la *furie française*, qui est toujours dangereux. Fascinée alors de négociations captieuses, menaçantes tour à tour, éblouie et comme hébétée des tours, passes et détours que joueraient autour d'elle les singes de la diplomatie, elle tomberait la tête en bas, comme un oiseau étourdi, dans les pattes des renards. Engourdie, peureuse, énervée de corruption et de mensonges, elle finirait par se laisser faire. Et alors, insinuaient finement les Kaunitz et les Mercy, on pourra faire davantage. La révolution de Pologne sera écrasée alors ; la Russie, ayant la proie dans les dents, ne mordra pas l'Allemagne. L'Empereur et le roi de Prusse seront bien à même d'agir plus directement.

Ceci fait comprendre à merveille les contradictions apparentes. La Reine, à Kaunitz, à Barnave, répondait également : *Oui*. Tous deux disaient : *Constitution*. Seulement, pour le second, la Constitution était le but où la France devait s'asseoir dans la Liberté ; pour Kaunitz, c'était le circuit par lequel elle devait se promener, se fatiguer, pour arriver, lasse et rendue, au repos du despotisme.

Cette équivoque explique tout. Le ministère de la Marine se trouvant vacant, la Cour choisit comme ministre un contre-révolutionnaire hypocrite, Bertrand de Molleville ; et le Roi, la Reine, à sa première audience, lui déclarèrent qu'il fallait suivre la Constitution, rien que la Constitution. Dumouriez ayant cependant envoyé un *mémoire* au Roi dans ce sens, le *mémoire* fut mal reçu. Le frère de madame Campan, agent français à Pétersbourg, écrivant à sa sœur qu'il était vraiment constitutionnel, la Reine, qui vit la lettre, dit que « ce jeune homme était *égaré*, » que sa sœur devait lui répondre avec d'adroits ménagements. La pensée réelle de la Cour, ici trahie par un mot, se révéla par un acte : lorsque en juillet l'Assemblée songeait à envoyer des commissaires dans les provinces avant les élections, le jacobin Buzot s'y opposa, et l'on eut le surprenant spectacle de voir Buzot appuyé par l'homme de la Cour, Dandré. Plus tard, aux élections municipales, le constitutionnel La Fayette se présentant en concurrence du jacobin Pétion, la Reine dit aux royalistes de voter pour le Jacobin, pour celui dont la violence devait pousser la Révolution plus vite à son terme, en fatiguer bientôt la France.

Cela eut lieu en novembre, et c'est le terme où Barnave dut comprendre enfin, où il dut pénétrer le vrai sens des paroles qu'elle lui donnait. Elle n'avait osé le revoir qu'au 13 septembre, le jour de l'*acceptation*. Depuis, elle le reçut, mais toujours avec mystère, de nuit souvent, se tenait elle-même à la porte pour ouvrir, ainsi que nous l'avons dit. Louis XVI était-il toujours en tiers ?

On est tenté de le croire ; la femme de chambre toutefois ne le dit point expressément. Septembre, octobre, en tout deux mois, ce fut le règne de Barnave, qu'il a payé de sa vie. En novembre, convaincue du peu d'action qu'il conservait sur l'opinion et sur l'Assemblée, la Reine ne le ménagea plus, ni les constitutionnels ; elle fit voter les royalistes contre eux, contre ceux qu'appuyait Barnave. Courte faveur, retirée brusquement, sans égards ni respect humain ; il retourna, brisé, dans son désert de Grenoble.

Le Roi, malgré son éducation jésuitique et la duplicité ordinaire aux princes, avait un fond d'honnêteté qui l'empêchait de bien comprendre le plan, trop ingénieux, de détruire la Révolution par la Révolution même. La seule personne qu'il aimât, la Reine, n'avait sur lui qu'une influence extérieure, superficielle en quelque sorte. De cœur, il appartenait aux prêtres, ainsi que Madame Élisabeth. On pouvait bien tirer de lui quelques mensonges politiques, quelques faux dehors, lui faire faire gauchement quelques pas dans l'imitation de la royauté constitutionnelle ; au fond, il était toujours le Roi d'avant 89. Il avait ses rapports directs avec l'émigration, avec les puissances. En 90, il avait Flachslanden, à Turin, auprès du comte d'Artois. Jusqu'en juin 91, Breteuil négociait pour lui avec l'Empereur et les autres princes. En juillet, quoiqu'il eût donné ses pouvoirs écrits à Monsieur, il ne s'en rapportait pas aux agents de Monsieur ; il tenait près du roi de Prusse, à côté de l'ambassadeur constitutionnel, son ministre, à lui, le vicomte de Caraman. Ces agents, la plupart fort indiscrets, étaient connus de tout le monde, si bien qu'en 90, M. de Ségur, nommé à l'ambassade de Vienne, déclara que, M. de Breteuil ayant déjà dans ce poste la confiance personnelle du Roi, il ne pouvait accepter.

Louis XVI n'avait nullement l'adresse que sa situation aurait demandée. Allemand et de la maison de Saxe par sa mère, il n'avait pas seulement l'obésité sanguine de cette maison, il tenait aussi de sa race de violentes échappées de brusquerie allemande ; sa sœur les avait aussi, et plus fréquentes, étant moins habituée à se contenir, plus naïve et plus sincère.

Le plan modéré, constitutionnel, de Dumouriez, un autre d'un secrétaire de Mirabeau, ne réussirent pas auprès du Roi. Il accueillit, au contraire, un discours hautain, véhément, que l'américain Morris avait fait pour lui, et que Bergasse avait corrigé pour le style ; il n'osa pas s'en servir, mais il fit dire à l'auteur qu'il en ferait plus tard la règle de sa conduite. Chose bizarre, Morris, homme d'affaires et banquier, plus tard ministre des États-Unis, homme, ce semble, positif et grave, fit communiquer cette pièce à une enfant, Madame, fille du Roi, âgée de treize ou quatorze ans. Passionnée, violente, hautaine, vivement impressionnée de l'humiliation de sa famille, et surtout depuis Varennes, cette enfant devait exercer déjà quelque influence sur son père et sur sa tante, auxquels elle ressemblait bien plus qu'à sa mère.

Cette préférence diverse pour les moyens de ruse ou de violence qui se prononçait au sein de la famille royale, le combat des influences intérieures, les plans contradictoires qu'on apportait du dehors, tiraillaient l'âme du Roi, lui brouillaient l'esprit. Il sentait bien d'ailleurs qu'il y avait en sa conscience tel point délicat où il lui deviendrait impossible de feindre davantage, et alors, sans doute, il serait brisé. Lui-même il en jugeait ainsi. Le 8 août 91, il disait à M. de Montmorin, qui le redit à Morris : « Je sais bien que je suis perdu. Tout ce qu'on fera maintenant, qu'on le fasse pour mon fils. »

Il jugeait beaucoup mieux que la Reine de l'impuissance des constitutionnels, et considérait la Constitution de 91 comme l'anéantissement de la monarchie. Une circonstance d'étiquette, en apparence peu grave, lui représenta sa propre pensée d'une manière si expressive qu'il ne put se contenir ; son cœur déborda. Le jour de l'*acceptation de la Constitution*, 13 septembre 91, le président (c'était Thouret), se levant pour prononcer son discours et voyant que le Roi l'écoutait assis, crut devoir s'asseoir. Thouret était, comme on sait, un homme fort modéré ; mais, dans cette grave circonstance qui n'était pas moins qu'une sorte de contrat entre le Roi et le peuple, il avait voulu, par ce signe, constater l'égalité des deux parties contractantes.

« Au retour de la séance, dit madame Campan, la Reine salua les dames avec précipitation, et rentra fort émue. Le Roi arriva chez elle par l'intérieur ; il était pâle, ses traits extrêmement altérés. La Reine fit un cri d'étonnement en le voyant ainsi. Je crus qu'il se trouvait mal. Mais quelle fut ma douleur quand je l'entendis s'écrier, en se jetant dans son fauteuil et mettant le mouchoir sur ses yeux : « Tout est perdu... Ah ! Madame ! « Et vous avez été témoin de cette humiliation ! « Quoi ! vous êtes venue en France pour voir... » Ces paroles étaient coupées par des sanglots. La Reine se jeta à genoux devant lui, et le serra dans ses bras. — Une demi-heure après, la Reine me fit appeler. Elle faisait demander M. de Goguelat, pour lui annoncer qu'il partirait, la nuit même, pour Vienne. Le Roi venait d'écrire à l'Empereur. La Reine ne voyait plus d'espoir dans l'intérieur, etc. »

Ce jour même (13 septembre), ou le lendemain, la Reine revit Barnave pour la première fois depuis le retour de Varennes. Son courage fut un peu relevé. Elle replaça quelque espérance dans l'influence que les chefs de la Constituante auraient sur l'Assemblée nouvelle.

Qu'avait écrit Louis XVI à l'Empereur ? On peut

le deviner sans peine : l'expression de son dépit, le récit de son humiliation, l'outrage fait à la royauté.

Ainsi, avant que ne partît la notification officielle où le Roi annonçait son *acceptation*, partait la lettre personnelle qui en était le démenti. L'Europe était avertie de ce qu'elle devait penser de la comédie constitutionnelle ; dans l'acte même du contrat solennel entre le Roi et le peuple, elle trouvait l'injure prétendue qui rendait le contrat nul. Il ne faut pas s'étonner si les puissances firent des réponses insolentes et dérisoires, ou du moins affectèrent de répondre personnellement à Louis XVI, nullement à la France.

Le Roi s'adressait aux rois plus qu'aux émigrés. Il se fiait peu à ses frères. Il connaissait bien, surtout depuis l'affaire de Favras, l'ambition personnelle de Monsieur, les conseils qu'il recevait de faire prononcer la déchéance de Louis XVI. Ce fut à Monsieur, comme régent de France, que l'impératrice de Russie envoya un ministre, en octobre 91. Ce qui peut-être blessait le Roi encore plus, c'était la légèreté cruelle des émigrés, qui, hors de France, en sûreté, avaient plaisanté du malheur de Varennes, chansonné « le cocher Fersen. » — Ces plaisanteries revenaient au Roi par les journaux de Paris.

Les émigrés ne se contentaient pas de l'avoir abandonné : ils augmentaient ses périls par leurs démarches irréfléchies. Ils demandèrent ainsi, brusquement, à l'étourdie, au général patriote qui commandait à Strasbourg, qu'il leur livrât cette place. L'intérêt du Roi était que les maladroits champions de sa cause, qui, sans souci de son danger, prétendaient travailler pour lui, fussent éloignés de la frontière. Ce fut, je crois, sincèrement qu'il signa la lettre que ses ministres, Duport-Dutertre et Montmorin, écrivaient en son nom pour rappeler les émigrés, et celle où il priait les puissances de dissoudre l'armée de l'émigration (14 octobre 91).

Le point réel où le Roi était dans un désaccord profond, irréconciliable avec la Révolution, c'était la question des prêtres. La vente des biens ecclésiastiques, la réunion d'Avignon, le serment civique exigé, c'étaient là trois questions qui lui pesaient sur le cœur. Très probablement, si l'on savait l'histoire de sa conscience, de ses confessions, de ses communions, on saurait qu'il avait plus de mal encore avec ses directeurs qu'avec toute l'Assemblée et toute la Révolution.

Comment lui mesurait-on la faculté de tromper, de mentir, sur tel ou tel point ? A quel prix payait-il au confessionnal la duplicité de ses démarches quasi révolutionnaires ? Tout ce qu'on sait, c'est qu'au moins sur l'article des biens des prêtres, sur celui de la répression des prêtres rebelles, les prêtres étaient inflexibles auprès de leur pénitent.

L'Assemblée constituante avait pourtant fait

plusieurs choses pour les regagner. Son dernier acte fut d'assurer la pension de ceux qui n'auraient aucun traitement public. Ses mesures, à l'égard des réfractaires, furent très généreuses. Un grand nombre d'églises leur étaient ouvertes pour y dire librement la messe; dans une seule paroisse de Paris, celle de Saint-Jacques-du-Haut-Pas, ils en avaient sept. Le Clergé constitutionnel les recevait parfaitement dans ses églises. Il ne tenait qu'à eux d'accepter le partage, comme il a eu lieu si longtemps sur le Rhin, entre deux communions bien autrement différentes, les protestants et les catholiques, une même église était desservie à des heures différentes par les uns et par les autres. Pourquoi donc ici, où c'étaient des catholiques des deux parts, divisés, non sur le dogme, mais sur une question de police et de discipline, pourquoi ce divorce obstiné? Les prêtres citoyens du moins n'en furent pas coupables; plusieurs poussèrent aux dernières limites la déférence fraternelle, l'abnégation et l'humilité. On vit à Caen le curé constitutionnel offrir de servir la messe au réfractaire, et celui-ci, abusant de l'humilité de son rival, le tenir ainsi à ses pieds, le montrer avec insolence, donner cet acte chrétien comme une pénitence, une expiation.

Les prêtres réfractaires, étroitement liés avec le Roi, avec l'émigration, avec les nobles non émigrés, avec les magistrats constitutionnels et fayettistes qui avaient pour eux d'infinis égards, tenaient le haut du pavé. Leur attitude était celle d'un grand parti politique, et elle ne trompait pas. Ils étaient, en réalité, le cœur et la force, toute la force populaire de la contre-révolution.

Redoutables dans les campagnes, ils étaient faibles à Paris. Paris, ruiné par le départ des nobles et des riches, Paris, sans travail ni ressources, à l'entrée d'un cruel hiver, imputait l'interminable durée de la révolution à la résistance des prêtres. Il commençait à les regarder comme des ennemis publics. Le faubourg de la famine, le pauvre quartier Saint-Marceau, perdit le premier patience. On attendit aux portes d'un couvent, pour les insulter, les dévotes qui allaient aux sermons des réfractaires. La municipalité réprima ces désordres, en exigeant toutefois que le culte réfractaire eût lieu dans les églises ordinaires, et non dans les chapelles des couvents, que l'imagination du peuple envisageait comme les mystérieux foyers de la contre-révolution. Le directoire du département, au contraire, somma la municipalité, au nom de la tolérance religieuse, de laisser aux prêtres rebelles la plus complète liberté de tenir leurs conciliabules partout où il leur plairait. Le jeune poète André Chénier, organe en ceci des Feuillants, des royalistes en général, réclama aussi la tolérance au nom de la philosophie. Il fut égalé, dépassé par l'évêque constitutionnel Torné, qui plaida pour ses ennemis devant l'Assemblée législative, avec une charité vraiment magnanime.

A ces apôtres de la tolérance, il y avait malheureusement une réponse à faire; non un argument, mais un fait. Si les rebelles voulaient de la tolérance à Paris, ils n'en voulaient pas en France. Ils entendaient, non pas être tolérés, mais régner et persécuter. Ils exerçaient une sorte de Terreur sur les prêtres constitutionnels. Toutes les nuits, on tirait des coups de fusil autour de leurs presbytères, et parfois dans leurs fenêtres. Le 16 octobre, en Beaujolais, le nouveau curé d'un village vit l'ancien, à la tête de cinq cents montagnards qu'il avait été chercher, envahir l'église et le chasser de l'autel. Ce vaillant prêtre s'empara de la caisse des pauvres, que le curé constitutionnel avait mise dans les mains de la municipalité. Beaucoup de prêtres effrayés, des magistrats municipaux même, donnaient leur démission. Ces derniers n'avaient aucun moyen d'assurer la paix publique, parmi ces foules furieuses qui confondaient le nouveau Clergé et ses défenseurs dans les mêmes menaces de mort. Dans tels villages de l'Ouest, les paysans commençaient à désarmer les Gardes nationaux qui tenaient pour le Clergé constitutionnel. Trois villes, dans la Vendée, se voyaient comme assiégées par ces paysans fanatiques, dont les anciens prêtres étaient en quelque sorte les capitaines et les généraux.

Il n'était pas facile de ne rien faire, comme le demandaient froidement les Sieyès et les Chénier, lorsque les voies de fait avaient commencé, lorsque les prétendues victimes commençaient la guerre civile.

Les philosophes, uniquement préoccupés de Paris, ne voyaient en ce parti que quelques prêtres isolés, quelques pauvres femmes crédules. Pour celui qui voyait la France, ce grand parti sacerdotal, ravivé de sa longue mort par la haine de la Révolution, effrayait par sa violence, par la puissance et la variété de ses moyens. Il trônait dans la chaumière, il trônait aux Tuileries. Il exploitait le Roi de deux manières à la fois, comme pénitent au confessionnal, comme martyr, comme légende, dans les prédications populaires. C'est en larmoyant toujours sur *le pauvre Roi, le bon Roi, le saint Roi*, qu'il saisissait le cœur des femmes, opposant au règne de la Justice et de la Révolution une révolte, la plus redoutable : la révolte de la pitié.

C'est par l'intime union du Roi et du prêtre que la France finit par comprendre que le Roi, c'était l'ennemi.

Ennemi de nature, de tempérament, par accès brusques et colériques. Nous l'avons vu, le jour même où il accepta la Constitution, lorsque l'Assemblée venait, par le massacre du Champ-de-Mars et par la *revision*, de relever le trône en s'immolant elle-même, le Roi pleura pour l'étiquette, et le soir, *ab irato*, écrivit à l'Empereur.

Ennemi d'éducation et de croyance. Le Roi, élevé par La Vauguyon, le chef du parti jésuite, eut toujours, et de plus en plus, à mesure qu'il fut malheureux, son cœur dans la main des prêtres.

Enfin, fatalement ennemi, comme centre naturel, involontaire et nécessaire, de tous les ennemis de la Liberté. Sa situation le posait comme tel, invinciblement : quoi qu'il dît ou fît, absent ou présent, il était le chef obligé de la contre-révolution. Louis XVI, sans vouloir suivre les plans de l'émigration, était avec elle à Coblentz. Louis XVI était en Vendée, dans tous les sermons des prêtres, et partout ailleurs où le fanatisme dressait ses machines. Dans tous les conseils des prêtres ou des nobles, absent, il n'en siégeait pas moins ; c'était pour lui, par lui, ce fatal martyr de la royauté, que tous les rois de l'Europe rêvaient d'exterminer la France.

Jamais il n'y eut Assemblée plus jeune que la Législative. Une grande partie des députés n'avaient pas encore vingt-six ans. Ceux qui venaient de voir sortir la Constituante, qui l'avaient encore dans les yeux, harmonique et variée d'âges, de positions, de costumes, furent saisis, presque effrayés, à l'entrée de cette Assemblée nouvelle. Elle apparut comme un bataillon uniforme d'hommes presque de même âge, de même classe et de même habit. C'était comme l'invasion d'une génération entièrement jeune et sans vieillards, l'avènement de la jeunesse, qui, bruyante, allait chasser l'âge mûr, détrôner la tradition. Plus de cheveux blancs ; une France nouvelle siège ici en cheveux noirs.

Sauf Condorcet, Brissot, quelques autres, ils sont inconnus. Où sont ces grandes lumières de la Constituante, ces figures historiques qui se sont associées pour toujours dans la mémoire des hommes au premier souvenir de la Liberté? les Mirabeau? les Sieyès? les Duport? les Robespierre? les Cazalès? Leurs places, bien connues, ont beau être remplies maintenant ; elles n'en semblent pas moins vides. Nous n'essayerons pas, pour leurs successeurs, de les caractériser d'avance, comme individus. Leur air impatient, inquiet, la difficulté qu'ils ont de tenir en place, nous répondent qu'ils ne tarderont pas à se révéler par leurs actes. Qu'il suffise, pour le moment, de montrer là-bas, en masse, la phalange serrée des avocats de la Gironde.

Un témoin fort respectable, nullement enthousiaste, Allemand de naissance, diplomate pendant cinquante ans, M. de Reinhart, nous a raconté qu'en septembre 91, il était venu de Bordeaux à Paris par une voiture publique qui amenait les Girondins. C'étaient les Vergniaud, les Guadet, les Gensonné, les Ducos, les Fonfrède, etc., la fameuse pléiade en qui se personnifia le génie de la nouvelle Assemblée. L'Allemand, fort cultivé, très instruit des choses et des hommes, observait ses compagnons et il en était charmé. C'étaient des hommes pleins d'énergie et de grâce, d'une jeunesse admirable, d'une verve extraordinaire, d'un dévouement sans bornes aux idées. Avec cela, il vit bien vite qu'ils étaient fort ignorants, d'une étrange inexpérience, légers, parleurs et batailleurs, dominés (ce qui diminuait en eux l'invention et l'initiative) par les habitudes du barreau. Et toutefois, le charme était tel qu'il ne se sépara pas d'eux. « Dès lors, disait-il, j'ai pris la France pour patrie, et j'y suis resté. » Je n'en tirai pas davantage ; la voix du vieillard changea quelque peu, il se tut, et regarda d'un autre côté. Je respectai ce silence d'un homme infiniment réservé, mais je ne pus m'empêcher de croire qu'il se défiait de son cœur et craignait de sortir de sa froideur obligée, sous l'impression puissante de ce trop poignant souvenir.

Jeunesse aimable et généreuse, qui devait vivre si peu !... La plupart d'entre eux étaient nés pour les arts de la paix, pour les douces et brillantes muses. Mais ce temps était la guerre même. Eux, qui arrivaient alors à la vie politique, ils naissent d'un souffle de guerre. La Gironde, qui parlait alors de marcher tout entière au combat, les envoyait comme avant-garde. La situation leur donna je ne sais quoi d'inquiet, de trouble, d'aveuglement politique, qui les jeta dans bien des fautes, et les diminuerait beaucoup dans l'Histoire, s'ils ne se relevaient majestueux des grandes ombres de la mort.

Si l'on veut mesurer l'intervalle entre la nouvelle Assemblée et l'ancienne, qu'on observe une seule chose : Ici, plus de côté droit. La droite aristocratique a disparu tout entière. L'Assemblée semble d'accord contre l'aristocratie ; elle arrive spécialement animée contre les nobles et les prêtres, son mandat est précisément d'annuler leurs résistances. Quant au Roi, on va le voir, elle est encore flottante, peu sympathique, il est vrai, pour le roi des prêtres et des nobles, irritable à son égard, sans avoir contre lui de plan déterminé de guerre. Au reste, la royauté, même avant d'être attaquée, a baissé encore depuis la Constituante. *Les seuls défenseurs qu'ait le Roi dans l'Assemblée législative l'appellent le pouvoir exécutif*, oubliant eux-mêmes la part qu'il a au pouvoir législatif, avouant tacitement que l'Assemblée, seul représentant du peuple souverain, a seule aussi le droit de faire les lois auxquelles obéira le peuple.

Le premier coup d'œil de l'Assemblée sur la salle où elle entrait ne lui fut point agréable. On avait d'avance, et sans attendre qu'elle eût un avis là-dessus, réservé deux grandes tribunes où devaient siéger seuls les députés sortants de la Constituante. On remarqua amèrement qu'ils semblaient une Chambre Haute, pour dominer l'Assemblée. On se demanda quel était ce Comité censorial qui se tenait là pour juger, noter les actes et les paroles, diriger par des signaux, intimider par des regards, que sait-on? se charger peut-être, en cas de doute, d'interpreter la Constitution, avec l'autorité de ceux mêmes qui l'avaient faite. Un tel Comité eût, au besoin, appuyé d'une *protestation* le *veto* royal, donné au Roi un faux droit d'agir contre l'Assemblée. Les Constituants eux-mêmes fortifièrent ces hypothèses en manifestant dans une question grave leur dissentiment du haut de leurs tribunes. Ils firent si bien que l'Assemblée décréta qu'il n'y aurait point de privilège, que toute tribune serait ouverte au public. Devant l'invasion d'une foule turbulente et familière, l'ombre intimidée de la Constituante s'évanouit et ne reparut plus.

Son œuvre cependant, la fameuse Constitution, faisait, le 4 octobre, son entrée solennelle dans l'Assemblée législative, entourée, gardée de douze députés des plus âgés, « les douze vieillards de l'Apocalypse. » Camus, l'archiviste, n'avait pas même voulu leur confier ce trésor; il ne le lâchait pas, le tenait dans ses pieuses mains; il l'apporta à la tribune, le montra au peuple, comme un autre Moïse.

A ce moment, *les curieux observent malicieusement comment l'Assemblée va jurer la Constitution*, que plusieurs de ses membres ont attaquée, et qu'elle va briser tout à l'heure. Elle jure froidement, tristement, et n'en hait que davantage la puissance défunte, qui lui arrache encore cette cérémonie peu sincère.

Le Roi débuta avec l'Assemblée par une étrange maladresse. Quand on alla lui demander l'heure où il recevrait la députation, il ne répondit pas lui-même, mais par un ministre : il fit dire qu'il ne recevrait pas tout de suite, mais à trois heures. A la députation, il dit qu'il n'irait pas tout de suite à l'Assemblée, mais qu'il attendrait trois jours. L'Assemblée crut voir dans ces retards affectés une insolente tentative de la Cour pour constater la supériorité de celui des deux pouvoirs qui ferait attendre l'autre. Plusieurs députés, entre autres Couthon, demandèrent et firent décréter que l'on supprimerait le titre de Majesté ; qu'on s'en tiendrait au titre de *Roi des Français ;* qu'à l'entrée du Roi on se lèverait, mais qu'ensuite *on pourrait s'asseoir et se couvrir ;* enfin, qu'au bureau il y aurait sur la même ligne *deux fauteuils semblables*, et que celui du Roi serait à la gauche du président. C'était supprimer le trône et subordonner le Roi.

Le ciel eût tombé sur la terre que les constitutionnels n'auraient pas été plus frappés qu'ils ne le furent par cette suppression du trône. Ils étaient devenus des gardiens plus inquiets de la royauté que les royalistes eux-mêmes.

Les banquiers, non moins effrayés, traduisirent leurs craintes par une baisse énorme de fonds. C'était du quartier de la Banque, du bataillon des Filles-Saint-Thomas, qu'étaient sortis la plupart des Gardes nationaux qui, joints à la Garde soldée, avaient tiré au Champ-de-Mars ; ces Gardes nationaux étaient des agioteurs ou des fournisseurs du château, des gens de la Maison du Roi, des officiers nobles. Tous ces gens-là, fort compromis, commençaient à craindre. Le 9 octobre, l'armée parisienne, qui faisait leur force, venait de perdre son chef, celui qui depuis si longtemps en était l'âme et l'unité morale ; je parle de La Fayette. Aux termes de la Loi nouvelle, il avait dû donner sa démission ; il n'y avait plus de commandant général ; chacun des six chefs de division commandait à tour de rôle.

Royalistes et fayettistes, tous alarmés, s'agitaient, se multipliaient, travaillaient Paris, au point de croire qu'il allait se faire dans l'opinion une vraie réaction royaliste. Plusieurs même y étaient trompés, dans la Presse, dans les hommes qui observaient de plus près d'où soufflait le vent populaire. Hébert, l'infâme Père Duchêne, cet excrément du journalisme, toujours bassement occupé à chercher, à servir toute mauvaise passion du peuple, crut qu'il tournait au royalisme, et se mit pendant quelques jours à royaliser sa feuille, jurant, sacrant contre l'émeute. Que dis-je ? par une indigne capucinade, cet athée parlait de Dieu, menaçait les méchants de Dieu et de l'autre monde.

L'Assemblée, naïve encore, se trompa aussi, crut Paris plus royaliste qu'il n'était en réalité, craignit d'avoir été trop loin. Toute la nuit, du

5 au 6, les députés, pris un à un, entourés, priés, séduits, par les femmes, par les intrigants, par les hommes de réputation et d'autorité, leurs aînés de la Constituante, furent tournés et convertis. On leur dit que le Roi, si l'on maintenait le décret, n'ouvrirait point la session, qu'il enverrait ses ministres. Fallait-il devant l'Europe laisser paraître d'une manière si éclatante la discorde des pouvoirs publics ? L'Assemblée, toute changée au matin, défit son œuvre de la veille. Elle ne rapporta pas le décret, mais en décréta l'ajournement.

Grande joie chez les royalistes, insolente. Ils passent tout à coup de la crainte à la menace. Royou, dans *L'Ami du Roi*, fit ressortir avec dédain l'inconséquence de l'Assemblée, lui donna une leçon dont elle profita depuis : « Toute autorité qui mollit est perdue. On ne peut ni respecter, ni craindre un pouvoir qui retire aujourd'hui la loi qu'il a faite hier. »

Ce fol esprit de provocation ne s'en tint pas aux paroles. Il y avait alors dans les officiers nobles de la Garde nationale, dans la Garde constitutionnelle du Roi qu'on travaillait à former, beaucoup de bretteurs, des gens qui, sûrs de leur adresse, allaient insultant tout le monde. La Cour aimait beaucoup cette espèce d'hommes, qui lui faisaient chaque jour une infinité d'ennemis. L'un d'eux, un M. d'Ermigny, officier de la Garde nationale, fit un acte infiniment grave. Le 7, jour de la séance royale, au matin, il entre dans la salle : il y avait encore peu de députés ; il marche au hasard vers l'un d'eux, Goupilleau, qui, le 5, s'était prononcé nettement dans la question du trône. Il lui met le poing sous le nez, et dit : « Nous vous connaissons bien... Prenez garde ! Si vous continuez, je vous fais hacher à coups de baïonnettes !... » Des huissiers accourent, indignés ; mais le président Pastoret ne s'indigne pas ; il refuse la parole au député insulté, qui veut dénoncer le fait. Plusieurs députés insistent ; d'Ermigny, cité à la barre, en est quitte pour quelques excuses.

Cependant, les royalistes, fort nombreux dans les tribunes, repaissaient leurs yeux et leur cœur de ce trône disputé, que l'Assemblée leur paraissait avoir concédé à la peur, et qui leur semblait le symbole prophétique de la défaite prochaine de la Révolution. Ils applaudissaient ce morceau de bois, sans s'inquiéter si leur joie ne devait pas être prise par l'Assemblée pour une nouvelle insulte. Un député y répondit. Le paralytique Couthon, montrant une vigueur d'initiative que son état impotent et sa figure douce ne faisaient nullement attendre, souleva la question la plus personnelle au Roi, celle qui lui touchait au cœur, autant et plus que le trône : il demanda et obtint qu'on examinât bientôt les mesures à prendre à l'égard des prêtres, relativement à la Terreur que les prêtres réfractaires faisaient peser sur le Clergé soumis à la Loi.

Le Roi entre. D'unanimes applaudissements s'élèvent. L'Assemblée crie : « *Vive le Roi !* » Les royalistes des tribunes, pour faire dépit à l'Assemblée, crient : « *Vive Sa Majesté !* » Dans un discours touchant, habile, ouvrage de Duport-Dutertre, le Roi énumérait les lois nouvelles que l'Assemblée *allait donner à la France, dans l'esprit de la Constitution. Il supposait* la Révolution finie. Mais lui-même, comme roi des prêtres, comme chef volontaire ou involontaire de *l'émigration, de tous les ennemis de la France, il* était justement l'obstacle contre lequel la Révolution devait poursuivre sa lutte, si elle ne voulait périr.

L'Assemblée, toute jeune encore, ne s'expliquait pas bien ceci ; elle ne prévoyait rien de ce qu'elle allait faire elle-même. Elle fut émue, tout entière, quand le président, Pastoret, faisant allusion à un mot du Roi, qui disait avoir besoin d'être aimé : « Et nous aussi, nous avons besoin, Sire, d'être aimés de vous. »

Même impression, le soir, au théâtre, où le Roi alla avec sa famille ; il fut applaudi par les hommes de tous les partis, et beaucoup pleuraient. Lui-même versa des larmes.

Les faits sont les faits, cependant : les difficultés de la situation restaient tout entières. Le *rapport*, sage et modéré, de MM. Gallois et Gensonné, sur les troubles religieux de la Vendée, fit, par sa modération même, une impression profonde (9 octobre). Nul soupçon d'exagération. Le *rapport* avait été écrit, en grande partie, sous l'inspiration d'un politique très clairvoyant, le général Dumouriez, qui commandait dans l'Ouest, homme d'autant plus tolérant qu'il était très indifférent aux questions religieuses. De son avis, les deux commissaires avaient modifié la décision sévère des directoires de ces départements, qui ordonnaient aux prêtres réfractaires de quitter les villages qu'ils troublaient, et de se rendre au chef-lieu.

Ce *rapport* ouvrit les yeux de la France. Elle se vit amenée par le fanatisme au bord de la guerre civile.

Les premières mesures proposées furent néanmoins assez douces. Fauchet demanda seulement que l'État cessât de payer les prêtres qui déclaraient ne point vouloir obéir aux lois de l'État, en donnant, toutefois, des pensions et des secours à ceux qui seraient vieux ou infirmes. L'Assemblée arrivait si neuve encore, si attachée aux principes absolus, que plusieurs des députés les plus révolutionnaires, le jeune et généreux Ducos, entre autres, réclamèrent contre Fauchet, au nom de la tolérance. Mais personne ne le fit avec plus de chaleur que l'évêque constitutionnel Torné, qui, justifiant ses ennemis, autant qu'il était en lui, déclara « que leur refus même tenait à de grandes vertus, qu'il fallait moins s'en prendre à eux qu'à la mauvaise volonté du pouvoir exécutif, qui, sous main, encourageait les résistances. » Ce dernier mot était exact. On en eut bientôt les preuves par le Calvados, où le ministre Delessert avait encouragé vivement les adversaires de Fauchet à travailler contre lui.

Voilà le début de la guerre intérieure; l'affaire des prêtres en était le côté le plus redoutable. La question de la guerre extérieure se posa en même temps, d'abord à l'occasion des mesures à prendre contre les émigrés. L'émigration, pour laquelle on demandait la tolérance aussi bien que pour les prêtres, prenait, comme eux, l'offensive; une offensive qui, pour n'être pas toujours directe, n'en était que plus irritante. Les émigrés faisaient par tout le royaume un vaste travail d'embauchage, essayant de gagner les troupes, recrutant parmi les nobles, de gré ou de force, menaçant les gentilshommes ou leurs clients qui ne partaient pas. Les routes étaient couvertes de voitures qui allaient à la frontière, emportant des masses d'argent réalisées à tout prix. La frontière était bordée de ce peuple d'émigrés qui s'agitaient sur l'autre rive, appelaient ou faisaient signe, se créaient des intelligences, tâtaient les places fortes, frétillaient d'entrer. Les ministres de Louis XVI, les administrations centrales ou départementales, fermaient les yeux ou aidaient. Telle administration financière, par exemple, multipliait, entassait ses employés les plus actifs sur la frontière même, les approchant de la tentation, les tenant prêts ou à passer, ou à recevoir les émigrés qui passeraient et à leur prêter main-forte.

La France était comme un malheureux qu'on tient immobile, pendant qu'une nuée d'insectes le harcèle, cherchant la partie tendre à l'aiguillon, l'inquiète, le chatouille et l'agace, le pique ici et là, boit sa vie et pompe son sang.

Brissot entama la question (20 octobre 91), d'une manière élevée, humaine, qui donne, même aujourd'hui, le principe selon lequel l'Histoire doit la juger encore. Il demanda qu'on distinguât entre l'émigration de la haine et l'émigration de la peur, qu'on eût de l'indulgence pour celle-ci, de la sévérité pour l'autre. Il déclara, conformément aux idées de Mirabeau, qu'on ne pouvait enfermer les citoyens dans le royaume, qu'il fallait laisser les portes ouvertes. Il rejeta également toute mesure de confiscation. Seulement, il demanda que l'on fît cesser l'abus ridicule de payer encore des traitements à des gens armés contre nous, à un Condé, à un Lambesc, à un Charles de Lorraine, etc., etc. Il proposa d'exécuter le décret de la Constituante, qui mettait sur les biens des émigrés triple imposition. Il voulait qu'on frappât surtout les émigrés fonctionnaires, les chefs, les grands coupables; il parlait des frères du Roi.

Puis, derrière les émigrés, il atteignit leurs protecteurs, les rois de l'Europe, montra l'orage à l'horizon. L'alliance imprévue, monstrueuse, de la Prusse et de l'Autriche, tout à coup amies. La Russie insolente, violente, défendant à notre ambassadeur de se montrer dans les rues, envoyant un ministre russe à nos fuyards de Coblentz. Les petits princes flattant les grands avec des outrages à la France. Berne punissant une ville pour avoir chanté les airs de la Révolution. Genève armant ses remparts, dirigeant contre nous la gueule de ses canons. L'évêque de Liège ne daignant recevoir un ambassadeur français.

Brissot ne dit pas tout encore sur la haine furieuse des puissances contre la Révolution. Il ne dit pas qu'à Venise on trouva un matin sur la place un homme étranglé, la nuit, par ordre du Conseil des Dix, avec ce laconique écriteau : « Étranglé comme franc-maçon. » En Espagne, un pauvre émigré français, royaliste, mais voltairien, fut saisi par l'Inquisition, comme philosophe et déiste. Il était déjà revêtu de l'horrible *san-benito ;* on voulait lui arracher une honteuse confession, contraire à sa conscience. L'infortuné aima mieux se donner la mort. Nous tenons ce fait lamentable d'un agent des inquisiteurs, qui vit, entendit, écrivit tout, du greffier même, Llorente (1791).

Brissot indiqua avec précision ce que voulaient nos ennemis, le genre de mort qu'ils réservaient à la Révolution : le fer ? non ; mais l'étouffement, « la médiation armée, » pour parler le doux langage de la diplomatie. Et il ajouta, avec la même netteté, que l'on nous prierait, l'épée à la main, de nous faire anglais, d'accepter la Constitution anglaise, leur Pairie, leur Chambre Haute, leurs vieilleries aristocratiques. Qu'on lise aujourd'hui les *Mémoires*, alors inédits, soit des ministres étrangers, soit de nos constitutionnels, on y apprend peu de choses qui n'aient été devinées par Brissot, dans ce remarquable discours.

« Eh bien ! dit-il, si les choses en viennent là, vous n'avez pas à balancer : *il faut attaquer vous-mêmes.* » Un applaudissement immense partit des tribunes, et de la majorité de l'Assemblée.

Les événements se chargèrent d'applaudir et confirmer avec une bien autre force. Des desastres, des mécomptes, des mouvements audacieux de la contre-révolution, venaient, de moment en moment, frapper l'Assemblée, et, comme autant de messagers de guerre, jeter le gant à la France.

Vers la fin d'octobre, on apprit comment toutes les puissances avaient reçu la lettre du Roi qui annonçait son *acceptation*. Pas une ne parut croire à sa sincérité. La Russie et la Suède renvoyèrent la dépêche, non ouverte, et, le 29, elles conclurent un traité pour un armement naval, une descente sur nos côtes. L'Espagne répondit qu'elle ne répondrait pas, ne recevrait rien de la France. L'Empereur, et d'après lui la Prusse, se montrèrent peut-être plus menaçants en réalité sous forme plus douce (23 octobre), la menace pour la France, la douceur pour Louis XVI : « Nous désirons, disait l'Empereur, *que l'on prévienne la nécessité de prendre des précautions* sérieuses contre le retour des choses qui donnaient lieu à de tristes augures... » Quelles précautions? Il éclaircissait ce mot obscur, dans une circulaire aux puissances, où il les avertissait qu'il fallait rester en observation, et déclarer à Paris « *que la coalition subsistait.* »

Il ne convenait pas aux rois d'attaquer encore. Ils attendaient que la guerre civile ouvrît la France et la livrât. Deux faits effroyables, que l'Assemblée apprit coup sur coup, vers la fin du même mois, pouvaient leur en donner l'espoir.

On vit, pour ainsi parler, une affreuse colonne de flammes s'élever sur l'Océan. Saint-Domingue était en feu.

Digne fruit des tergiversations de la Constituante, qui, dans cette question terrible, flottant du Droit à l'utilité, semblait n'avoir montré la Liberté aux malheureux Noirs que pour la leur retirer ensuite et ne leur laisser que le désespoir. Un mulâtre, un jeune homme héroïque, Ogé, député des hommes de couleur près de l'Assemblée, ayant emporté de France les premiers décrets, les décrets libérateurs, avait sommé le gouverneur d'appliquer la Loi. Poursuivi, livré par les autorités de la partie espagnole de Saint-Domingue, il fut barbarement roué vif. Une sorte de Terreur suivit ; les planteurs multiplièrent les supplices. Une nuit, soixante mille nègres se révoltent, commencent le carnage et l'incendie, la plus épouvantable guerre de sauvages qu'on ait vue jamais.

L'autre événement, moins grave matériellement, mais terrible, tout près de nous, contagieux pour le Midi, et qui pouvait commencer l'éruption d'un vaste volcan, fut la tragédie d'Avignon.

La contre-révolution venait d'y frapper le coup le plus audacieux. Le dimanche (16 octobre 91), elle fit assommer par la populace, au pied de l'autel, Lescuyer, un Français, le chef du parti français contre les papistes. Le crime de cet homme, nullement violent, et le plus modéré de son parti, était d'avoir commencé la vente des biens des couvents, et, comme magistrat, demandé aux prêtres le serment civique. Un miracle de la Vierge avait poussé le peuple à cet acte horrible. Les hommes lui avaient écrasé le ventre à coups de bâtons. Les femmes, pour punir ses blasphèmes, avaient découpé, *festonné* ses lèvres à coups de ciseaux. Les papistes s'étaient rendus maîtres des portes de la ville. Mais le parti révolutionnaire, ayant repris le dessus, avait, la nuit même, vengé Lescuyer par le massacre de soixante personnes, qui furent égorgées au palais des papes, et jetées au fond de la tour de la Glacière.

La contre-révolution, vaincue à Avignon, avait

néanmoins tiré de sa tentative impuissante un grand avantage, celui d'avoir poussé à bout le parti révolutionnaire, de sorte qu'aveugle et furieux, par ces représailles horribles, il se rendit exécrable.

CHAPITRE II

RÉVOLUTION D'AVIGNON, EN 90 ET 91
MEURTRE DE LESCUYER

(16 OCTOBRE 1791)

Comment le parti français d'Avignon, en 90, sauva le Midi. — Du droit du pape. — Le règne des prêtres. — Irritation de la Bourgeoisie. — Révolution du 11 juin 90. — Le parti français puni du service qu'il a rendu à la France. — Avignon entreprend, pour la France, la conquête du Comtat. — Duprat, Rovère et Mainvielle. — Leur première expédition à Carpentras (janvier 91); leur échec. — Meurtre de La Villasse (avril 91). — Seconde expédition de Carpentras. — Jourdan coupe-tête. — La France envoie des médiateurs (mai 91). — Influence des dames d'Avignon sur eux. — Le médiateur Mulot est séduit. — Il est obligé de fuir Avignon (août). — Le peuple dégoûté de la Révolution. — L'Assemblée décrète la réunion, 15 septembre. — Mulot relève le parti français royaliste. — Les papistes reprennent courage. — La Vierge fait des miracles. — Lescuyer assassiné dans l'église, 16 octobre 91.

A fatale affaire d'Avignon, toute locale qu'elle paraît, eut sur la Révolution en général, on va le voir, une très grande influence. Il faut bien s'arrêter ici.

Avignon fut le point où les deux principes, le vieux, le nouveau, se trouvant tout d'abord face à face et violemment contrastés, montrèrent, dès le commencement, l'horreur d'une lutte furieuse. Elle produisit d'avance, en petit, comme en un miroir magique, l'image des scènes sanglantes que la France allait présenter. Septembre était en ce miroir, la Vendée et la Terreur.

Et non seulement Avignon, sur son étroit théâtre, montra et prédit ces horreurs; mais, ce qui est terrible à dire, c'est qu'elle les autorisa d'avance, en quelque sorte, les conseilla de son exemple, donna, pour une grande partie des actes les plus barbares, un modèle que le crime inepte imita servilement. Avignon elle-même avait imité, et elle le fut à son tour. Nous expliquerons *tout à l'heure cette génération du mal, sa hideuse fécondité.*

Mais avant de raconter les crimes de ce peuple infortuné, qui furent en partie ceux de sa situation, de la triste fatalité de ses précédents, il est bien juste de dire aussi tout ce que lui dut la France.

On se rappelle que les premières tentatives de la contre-révolution furent faites en Languedoc, sur la trace, brûlante encore, des vieilles guerres religieuses. Des millions de catholiques se trouvant là en présence de quelques cent mille protestants, si l'on pouvait identifier la Révolution et le protestantisme, la Révolution, comme protestante, risquait fort d'être égorgée. Cette combinaison ingénieuse échoua par l'attitude des catholiques du Rhône, spécialement d'Avignon, qui, se montrant aussi révolutionnaires que les protestants du Languedoc, démentirent ce beau système ; la guerre resta toute politique, elle ne devint pas une guerre religieuse ; elle fut violente et sanglante, mais sans pouvoir entièrement se greffer sur les vieilles racines maudites, qui se sont l'une sur l'autre enfouies dans la terre, des Albigeois à la Saint-Barthélemy, aux massacres des Cévennes. Si l'épilepsie fanatique, cette maladie éminemment contagieuse, qui dans la guerre des Cévennes frappa tout un peuple, le fit délirer et prophétiser, si par malheur elle eût repris, nous aurions eu un spectacle étrange, horriblement fantastique, tel que la Terreur elle-même n'en a pas offert.

En deux mots : La question s'embrouillait en Languedoc d'un élément très obscur, infiniment dangereux. Le jour se fit sur le Rhône, un jour terrible, qui pourtant diminuait le péril.

Le parti français d'Avignon se fit Français, il faut le dire, sans la France et malgré la France. Il lui rendit, en dépit d'elle, un service signalé. Il avait contre lui, généralement, les autorités royalistes, fayettistes, constitutionnelles. Il trouva en lui toutes ses ressources, naquit de lui-même, vécut de lui-même. Renié cruellement de la

France, sans se rebuter, il se jetait dans les bras de cette mère, si peu sensible, qui le rejetait toujours. Il ne l'en servit pas moins d'un dévouement obstiné. Que serait-il arrivé, en juin 1790, si l'homme de Nîmes, Froment, qui avait semé partout sa traînée de poudre, qui, par Avignon et les Alpes, se rattachait aux émigrés, que serait-il advenu s'il eût pu choisir son heure ? Avignon ne le permit pas. La contre-mine, allumée, éclata le long du Rhône. Froment fut obligé d'agir trop tôt, et à contre-temps ; tout le Midi fut sauvé.

Ce fut cet infortuné Lescuyer qui, dans ce jour mémorable, arracha des murs d'Avignon les décrets pontificaux. Lescuyer était un Français, un Picard ardent, et avec cela, réfléchi, plus capable d'idées suivies que ses furieux associés. Il n'était pas jeune. Établi depuis longtemps à Avignon en qualité de notaire, il n'avait aucun préjugé contre le gouvernement pontifical ; il adressa, dans une occasion publique, des vers spirituels au légat (1774). Mais quand il connut l'horreur de ce gouvernement vénal, de la tyrannie des prêtres et des maîtresses des prêtres, de leurs agents italiens, de leurs courtiers de Justice, qui vendaient aux débiteurs le droit de ne pas payer, qui même, à un prix convenu, s'engageaient à faire rendre telle ordonnance pour faire gagner tel procès, quand il vit l'absence absolue de garantie, les procédures d'inquisition, la torture et l'estrapade, etc., alors il retourna les yeux vers sa patrie, la France, il appela le jour où la France, affranchie, affranchirait Avignon.

Cent fois le Parlement d'Aix avait rappelé à nos rois la nullité du titre des papes. Ce malheureux pays avait été, non vendu, mais donné par Jeanne de Naples, une toute jeune femme mineure, pour l'absolution d'un assassinat qu'avaient commis ses amants. Devenue majeure, elle réclama contre la cession, et affirma qu'elle avait été involontaire, arrachée à sa faiblesse.

Qu'importait, d'ailleurs, cette vieille histoire? Ce droit eût-il été bon, le pape devait encore le perdre, « pour cause d'indignité. » Dans quel état de corruption et de barbarie avait-il laissé ce peuple? L'abominable guerre civile, dont l'expulsion du pape fut l'occasion, est elle-même une accusation contre lui. Cette Provence, jadis policée, cette terre adorée de Pétrarque, autrefois l'une des grandes écoles de la civilisation, qu'était-elle devenue dans les mains des prêtres?

Depuis longtemps Avignon avait la guerre en elle-même, avant qu'elle n'éclatât. Dans son peuple de trente mille âmes, il y avait deux Avignon, celle des prêtres, celle des commerçants. La première, avec ses cent églises, son palais du pape, ses cloches innombrables, la *ville carillonnante*, pour l'appeler comme Rabelais. La seconde, avec son Rhône, ses ouvriers en soierie, son transit considérable; double passage, de Lyon à Marseille, de Nîmes à Turin.

La ville commerçante, en rapport avec le commerce protestant du Languedoc, avec Marseille et la mer, l'Italie, la France et le monde, recevait de tous les côtés un grand souffle qu'on lui défendait d'aspirer. Elle gisait, étouffée, asphyxiée, mourante; île infortunée au sein de la France, comme les morts de Virgile, elle regardait à l'autre bord, brûlant de désir et d'envie.

La pire torture qu'ils éprouvaient, ces pauvres Français d'Avignon, c'était d'être une terre de prêtres, d'avoir le Clergé pour seigneur. C'était pour eux un constant serrement de cœur de voir ces prêtres de Cour, oisifs, élégants, hardis, rois du monde et des salons, sigisbées des belles dames, selon la mode italienne, maîtres chez la femme du peuple qui les recevait à genoux et baisait leur blanche main. L'original de ces prêtres italo-français du Comtat fut le bel abbé Maury, fils d'un cordonnier, plus aristocrate que les grands seigneurs; Maury, l'étonnant parleur, le libertin, l'entreprenant, orgueilleux comme un duc et pair, insolent comme un laquais. Le masque de ce Frontin reste précieux pour les artistes, comme type de l'impudence et de la fausse énergie.

Nulle part ailleurs que dans les villes de prêtres on n'apprend à bien haïr. Le supplice de leur obéir créa dans Avignon un phénomène, qui ne s'est jamais vu peut-être au même degré : un noir enfer de haine, fort au delà de tout ce qu'a rêvé Dante. Et chose étrange, cet enfer se trouva dans des jeunes cœurs. Sauf le notaire et un greffier, tous les meneurs ou acteurs principaux des Saint-Barthélemy d'Avignon furent des jeunes gens sortis de familles commerçantes. Il est rare de naître haineux, furieux; ceux-ci apportaient de loin, dans le souffle et dans le sang, dans le plus profond du cœur, le diabolique héritage des longues inimitiés. Au moment où ils virent en face éclater du sein de la France ce divin flambeau de Justice qui jugeait leurs ennemis, ils crurent toutes leurs vieilles haines autorisées par la Raison nouvelle, et, violemment épris de la ravissante lumière, ils se mirent à haïr encore en proportion de leur amour.

Quel que fût le parti qui l'emportât, des amis de la liberté ou de la contre-révolution, on pouvait s'attendre à d'affreux forfaits. Les uns et les autres avaient un terrible instrument tout prêt dans la populace, mobile et barbare, une race métis et trouble, celto-grecque-arabe, avec un mélange italien. Nulle n'est plus inquiète, plus bruyante, plus turbulente. Ajoutez une organisation de confréries, de corporations, infiniment dangereuse, des bandes de mariniers, d'artisans, de portefaix, les plus violents des hommes. Et si cela ne suffit, les rudes vignerons de la montagne, race âpre et féroce, viendront frapper au besoin.

Éléments vraiment indomptables, qu'on lâchait

fort aisément; mais qui les eût dirigés? On dirige le Rhône encore, et les torrents qui déchirent les âpres vallées du Comtat; mais les tourmentes subites qui tout à coup, noires et terribles, flottent autour du Ventoux, qui pourra les arrêter? Il faut, quand elles descendent, qu'elles hachent, brisent, déracinent, emportent tout devant elles.

Dans un pays ainsi préparé, tout devait tourner en fureurs. Le beau moment de juin et juillet 90, celui des fédérations, à Avignon, fut marqué de sang. La ville, ralliée à la France, avait, pacifiquement, avec égards et respect, prié le légat de partir. Elle créait des magistrats; elle fondait, dans la ferveur d'une foi jeune et touchante, son autel de la Liberté. Une raillerie, une insulte, fit passer le peuple, en un moment, au plus épouvantable orage. Les papistes ayant, la nuit, pendu un mannequin décoré des trois couleurs, Avignon sembla se soulever de ses fondements; on arracha de leurs maisons quatre papistes soupçonnés de ce sacrilège (deux marquis, un bourgeois, un ouvrier); ils furent eux-mêmes pendus à la place du mannequin, avec des risées féroces (11 juin 1790). Les meneurs révolutionnaires, qu'ils le voulussent ou non, n'auraient jamais pu les soustraire à la vengeance du peuple.

Leur situation était véritablement difficile, entre ce peuple, ingouvernable dans sa liberté nouvelle, et la France, qu'ils appelaient et qui ne leur répondait pas. Elle les mettait dans cette alternative, ou de périr, ou de se sauver par l'emploi de la violence. Ils se jetaient dans ses bras, et elle les renvoyait au crime, ou aux supplices.

C'était la foire de Beaucaire; tout le Midi y était, attiré par le commerce et par la Fédération. Les libérateurs d'Avignon vinrent fraterniser avec ceux qu'ils appelaient leurs concitoyens, ceux qu'ils avaient si bien servis, par la diversion d'Avignon, au moment terrible de Nîmes. Quel triste désappointement! ils trouvèrent les autorités malveillantes, le peuple, tout occupé d'affaires, médiocrement sympathique, l'oreille aux mensonges de l'aristocratie.

L'Assemblée constituante poussa l'indifférence pour eux jusqu'à la barbarie. Elle ménageait le pape dans la grande question du Clergé, elle ménageait le Roi, les scrupules de sa conscience; mais elle ne ménageait pas le sang et la vie de ceux qui venaient de se dévouer pour nous, de ceux qui donnaient au royaume la moitié de la Provence, qui lui restituaient le Rhône, lui assuraient le Midi. C'était alors le premier essai de réaction; l'Assemblée remerciait Bouillé pour le massacre de Nancy. Elle *ajourna* l'affaire d'Avignon (28 août 90), et par là donna au parti antifrançais un funeste encouragement, d'insolentes espérances. La réaction eut son cours. Le pape écrivit hardiment qu'il ordonnait d'annuler tout ce qui s'était fait dans le Comtat, de rétablir les privilèges des nobles et du Clergé, *de relever l'Inqui-*

sition dans la plus grande rigueur. Ceci, daté du 6 octobre 90, du même jour où Louis XVI écrivait au roi d'Espagne sa première *protestation*, celle qu'il adressa ensuite à tous les rois de l'Europe.

Avignon se trouvait dans une position intolérable, isolée, comme assiégée. A sa porte, à la distance qu'on peut voir du haut de ses tours, les petites villes, Lisle, Cavaillon, qui avaient un moment voulu arborer les armes françaises, reprenaient celles du pape. Le mot d'ordre leur était donné par la vieille rivale d'Avignon, l'orgueilleuse et imperceptible Carpentras, le nid de l'aristocratie. Les Avignonais ayant fait sur Cavaillon une entreprise pour y relever le parti patriote, ils y trouvèrent quinze ou vingt maires de communes françaises, gentilshommes du voisinage, qui étaient là pour le pape et contre le parti. Carpentras avait dans ses prisons les meilleurs amis de la France, qu'elle avait enlevés de Cavaillon et de Lisle.

L'Assemblée constituante, suppliée d'intervenir, en octobre 90, avait envoyé à Avignon le régiment de Soissonnais et quelques dragons de Penthièvre. Ce fut un merveilleux encouragement pour l'aristocratie. Nos officiers, pour la plupart, étaient de cœur pour elle. Carpentras crut, en ce moment, avoir mis garnison dans Avignon même. Elle fit, à Cavaillon, et partout, renouveler le serment au pape (20 décembre 90). Par représailles, Duprat et les autres chefs du parti français allèrent à Aix, à Toulon, à Marseille, demander appui. Ils se rendirent à Nîmes, et firent aux protestants les offres les plus tentantes, demandant à les établir, en masse, en grande colonie, au sein de la ville papale. Ils furent écoutés froidement. Un riche marchand, toutefois, leur fit secrètement un don de quelques milliers de cartouches.

Pour l'argent, ils en avaient, ayant commencé, dès octobre, à prendre l'argenterie des couvents et des églises. Ils tirèrent de fortes recrues des petites villes et de Carpentras même, d'où la minorité patriote était obligée de fuir. Ils en trouvèrent enfin jusque dans ce régiment français qui avait donné tant de confiance à l'aristocratie. Ils caressèrent, gagnèrent une partie des soldats, les rendirent favorables ou neutres. Tout cela fait, ils éclatèrent, reprirent leur Hôtel de Ville, leur arsenal, leurs portes. Les officiers aristocrates étaient trop peu sûrs des soldats pour livrer bataille.

Ce n'est pas tout : avec une audace incroyable, la nuit du 10 janvier, sans s'inquiéter de ces officiers, ni des soldats fidèles au parti des officiers, ni d'une grande population encore papiste qu'ils laissaient dans Avignon, ils partirent pour ramener dans Cavaillon les patriotes de cette ville. Ils avaient avec eux cent soixante soldats français qui marchaient devant, afin que leur uniforme intimidât l'ennemi. Les hardis meneurs de l'entreprise, les chefs réels de l'armée, étaient deux jeunes gens, Duprat, de vingt-neuf ans, et Mainvielle, de vingt-cinq. Pour ménager les amours-propres, ils avaient pris pour général, selon les usages italiens, un étranger, le chevalier de Patrix, Catalan établi à Avignon. La ville, peu fortifiée, fut attaquée et défendue avec beaucoup de courage, d'obstination, d'acharnement. Elle fut prise et pillée. La terreur de ce pillage fut telle, dans Carpentras, qu'elle arbora sur-le-champ les armes françaises, comme une sorte de paratonnerre, sans toutefois changer de parti, sans relâcher les patriotes qu'elle avait dans ses prisons.

Les Avignonais étaient ivres de leur succès de Cavaillon. C'étaient donc eux, Français d'hier, non acceptés de la France, qui venaient de porter le premier coup à la contre-révolution. Ce grand mouvement de guerre qui commençait à agiter le royaume, il en était encore aux parades, aux vaines paroles; mais ici, l'on agissait. Avec combien peu de ressources! quels faibles moyens! N'importe. La petite Rome du Rhône se mettait, pour son coup d'essai, à l'avant-garde du monde dans la guerre de la Liberté.

C'étaient des jeunes gens surtout, on n'a pas besoin de le dire, qui parlaient ainsi; c'étaient spécialement les trois que nous avons déjà nommés, Duprat aîné, Mainvielle et Rovère, trois hommes qui frappaient tout d'abord par la beauté, l'énergie, la facilité méridionales. Seulement ils avaient quelque chose d'étrange et de discordant. Tous trois, outre leur violent fanatisme, étaient furieux d'ambition, mais chacun à sa manière. Duprat, sous formes modérées, ex-secrétaire de M. de Montmorency, habitué à se contenir; mais il avait un besoin terrible de pouvoir, une âme de tyran, impérieuse, au besoin, atroce. Tout ce qu'il avait au dedans, les autres l'avaient en dehors. Rovère était le mouvement; Mainvielle, la tourmente et l'orage. Le premier, d'une figure noble et militaire, actif, intrigant, avait fait son chemin sous l'ancien régime; Garde du pape, il s'était dit des illustres Rovère d'Italie, avait fait un riche mariage, acheté un marquisat; la Révolution venue, il avait prouvé que son grand-père était boucher. Aidé d'abord des Girondins, il quitta bientôt la Gironde; ardent Montagnard, puis Thermidorien et zélé réactionnaire, il fut victime en Fructidor de ses variations rapides, et alla mourir au désert de Sinnamary.

Des trois, le plus jeune, Mainvielle, était peut-être le plus sincère, le plus violemment convaincu. En revanche, c'était le plus furieux. Il était très beau, d'une molle figure de femme, et il faisait peur. Bouleversé à chaque instant par son orage intérieur, on reconnaissait en lui un homme tragique et fatal, un de ceux qu'une violence innée semble vouer aux furies. Cruel par accès, il ne portait pas le signe ignoble de la barbarie; sa tête avait plutôt la beauté des Euménides.

Mainvielle n'exprimait que trop la jeunesse d'Avignon. Fils d'un riche marchand de soie, nourri dans les mœurs galantes et féroces de son étrange pays, il avait, pour achever de brouiller son âme trouble, deux amours, tous deux adultères, la femme de son ami Duprat, et la Révolution française, dont il fut l'un des plus funestes, des plus illégitimes amants. Du moins, il mourut pour elle, avec un bonheur frénétique, le jour où périt la Gironde. Dans ce temps où tout le monde mourait en héros, il effraya l'assistance par la sauvage ardeur dont il chanta la *Marseillaise* sur la guillotine et sous le couteau.

Tels furent les trois audacieux qui, sans ressources, n'ayant ni finances, ni armée, entreprirent de conquérir le Comtat au profit de la France. Ils appelaient le ban et l'arrière-ban des proscrits du parti français qui de toute la province refluaient vers Avignon, et ils réunirent jusqu'à 6,000 hommes. D'argent, ils n'eurent que celui qu'ils avaient pu tirer de l'argenterie des couvents. Si Lescuyer et les autres qui réglaient le matériel parvinrent à leur équiper tellement quellement cette armée, il est bien visible que, loin de profiter du pillage, comme on le leur a reproché, ils durent faire, la plupart, des sacrifices personnels, et combattre de leur fortune aussi bien que de leur vie.

Ils partirent en plein janvier, Patrix et Mainvielle en tête, celui-ci sur un fougueux cheval blanc, qui semblait souffler la victoire. Toutes les femmes sur les portes, les dames aux fenêtres, regardant défiler cette armée bizarre, mêlée d'hommes de toutes sortes ; fort peu d'uniformes ; tel brillant, tel en guenilles. Beaucoup de sourires aux fenêtres et de blancs mouchoirs agités, peu de vœux sincères.

Le 20, près de Carpentras, l'armée rencontra les magistrats français d'Orange, qui, par humanité, peut-être aussi par sympathie pour la ville aristocrate, essayaient d'intervenir. Il était bien tard. Mainvielle s'opposa à la conférence avec beaucoup de hauteur, d'impatience ; il brûlait d'en venir aux mains.

A peine en vue de Carpentras, on mit les canons en batterie, et l'on tira quelques coups. Mais voici que, du Ventoux, descendent des nuages noirs, le vent, la pluie et la grêle, une pluie froide et glacée, une grêle acérée, violente. Ces bandes peu aguerries, gens de ville pour la plupart, commencent à s'étonner. Ils courent chercher des abris, et finissent par tomber dans un désordre complet. Ce n'est point un rapide orage d'été, c'est une longue tempête d'hiver ; les plaines sont inondées, les torrents grossis. Peu à peu, en grelottant, nos gens reviennent à toutes jambes.

Qui avait vaincu ? la Vierge. C'est elle, les dames de Carpentras l'assurèrent ainsi, qui, sensible à leurs prières, se chargea seule de répondre à cette farouche armée, et, sans armes qu'un peu de pluie jetée aux visages, les renvoya pour être chansonnés des femmes et des petits enfants. Une table de bronze éternisa la mémoire de ce miracle ; une fête votive dut reproduire d'année en année le triomphe de la Vierge, l'humiliante déconfiture des sacrilèges d'Avignon.

Ceux-ci, rentrés à petit bruit, eurent cruellement à souffrir de la joie des aristocrates. On n'osait les railler en face ; mais, de loin, mille petites flèches leur étaient lancées, qui leur revenaient par voies indirectes. Les demi-sourires des femmes, les plaisanteries que des amis charitables s'empressent toujours de rapporter à ceux qui en sont l'objet, les remplissaient de fureur. Ils commencèrent à se sentir tout entourés d'ennemis ; pleins de défiance et de crainte, ils se tournèrent vers leur adversaire naturel, le Clergé, exigèrent de lui le serment civique. Mais leur échec de Carpentras les avait fait baisser dans l'opinion. Le fanatisme, enhardi, tenta un coup désespéré, qui, s'il restait impuni, brisait le parti français. Les magistrats patriotes de la ville de Vaison, Anselme et La Villasse, leur avaient demandé d'envoyer d'Avignon un curé constitutionnel, l'ancien ayant émigré. Ce fut l'arrêt de leur mort. On lança les paysans ; l'assemblée aristocratique les autorisa au crime. Ils s'emparèrent de Vaison, égorgèrent dans leurs maisons La Villasse et Anselme (23 avril 91). Cet assassinat, autorisé, légalisé, cet essai pour terroriser les magistrats patriotes, fut pour tout le Rhône un coup électrique. Le maire d'Arles, Antonelle, noble patriote, militaire, philosophe, qui avait quitté les lettres pour se précipiter dans la Révolution, vint s'offrir aux Avignonais avec des troupes et du canon ; il monta en chaire à la cathédrale, et somma le peuple de venger le sang de ses magistrats, indignement égorgés.

Duprat et Mainvielle partirent immédiatement d'Avignon, avec trois mille hommes, sans argent, sans vivres, se fiant au brigandage, aux contributions forcées. Mais, quelque diligence qu'ils fissent, Carpentras était préparée. On n'avait pas résolu le meurtre de La Villasse, sans se mettre d'abord en défense. Toute l'aristocratie française, royaliste et fayettiste, semblait s'être entendue ici pour faire éprouver au parti français d'Avignon un honteux échec, ce n'étaient pas des secours officiels qu'avait reçus Carpentras. Tout avait été hasard : c'est par hasard que des officiers français, allant en Italie, s'arrêtèrent à Carpentras ; par hasard, que des artilleurs de Valence vinrent servir les pièces ; par hasard, que des fondeurs lorrains vinrent fondre de l'artillerie. Il en était venu aussi de Provence, que Carpentras disait avoir achetée. Celle des Avignonais, mal servie par des artilleurs novices, ne fit aucun mal à la place. La population assiégée, quand elle vit l'innocence de ces boulets impuissants, allait avec des risées les ramasser dans la campagne. Pour comble d'humiliation, des femmes avaient pris les armes, une dame noble du Dauphiné, entre autres; de sorte que les infortunés Avignonais entendaient dire que les femmes suffisaient pour leur résister.

L'inexpérience et l'indiscipline expliquaient assez ce revers. Duprat et Mainvielle l'attribuaient à la trahison. Ils soupçonnaient le chevalier Patrix, ce Catalan qu'ils avaient fait général. Il avait fait évader un prisonnier considérable. Lui-même, ils le firent tuer. Ils le remplacèrent par un homme illettré, grossier, tout à fait à eux.

Pour conduire ces bandes mal disciplinées, mêlées de portefaix, de paysans, de déserteurs français, il fallait un homme du peuple. Ils choisirent un certain Mathieu Jouve, qui se faisait appeler Jourdan. C'était un Français, né dans un des plus rudes pays de France, pays de glace et de feu, terre volcanique, éternellement rasée par la bise, les hauteurs quasi désertes qui entourent le Puy-en-Velay. Il était d'abord muletier, puis soldat, puis cabaretier à Paris. Transplanté à Avignon, il y vendait de la garance. Bavard et vantard, il faisait croire au petit peuple que c'était lui qui avait coupé la tête au gouverneur de la Bastille, puis encore coupé la tête aux Gardes du corps du 6 Octobre. A force de le lui entendre dire, on l'appelait Jourdan *coupe-tête*. La sienne était fort burlesque, par un mélange singulier de bonhomie et de férocité. Entre autres singularités, cet homme, très cruel dès qu'il avait vu le sang, n'en avait pas moins les larmes faciles ; il s'attendrissait sans peine, parfois pleurait comme un enfant.

Le siège fut changé en blocus. L'armée vécut comme elle put, par des contributions forcées. Pour tout ce qu'elle prenait, elle donnait des bons à payer sur les biens nationaux d'Avignon. Il y eut d'affreux désordres. Après une petite bataille où les Avignonais vainquirent, le malheureux village de Sarrians, qui s'était défendu contre eux, fut traité comme il l'eût été par des Caraïbes. Des femmes suivaient l'armée, qui se faisaient gloire de manger de la chair humaine.

Ces atrocités rendirent force au parti papiste. Il créa, à Sainte-Cécile, une assemblée fédérative des communes, en face de celle que le parti français avait formée à Avignon. Celle-ci, chassée d'Avignon même par une réaction violente, se trouva errante, siégeant tantôt à l'armée, tantôt à Sorgues ou à Cavaillon. Pour comble, l'Assemblée constituante, réactionnaire elle-même, déclara, le 4 mai, qu'elle n'acceptait pas Avignon. Ceci semblait le coup de grâce. La France exterminait d'un mot ceux qui s'étaient perdus pour elle. L'armée qui bloquait Carpentras se révolta contre ses chefs, réclama sa solde ; Jourdan montra les caisses vides et pleura devant ses soldats. Tout était perdu ; déjà de soi-disant constitutionnels d'Avignon avaient, dans leur Club des Amis de la Constitution, déclaré les chefs du parti français « traîtres à la patrie. »

Tout ce parti n'avait qu'une chose à attendre, d'être partout massacré. Une scène immense d'assassinats allait s'ouvrir, par le décret de la Constituante. Elle-même frémit devant son œuvre, recula. Le 24 mai, elle accorda, par humanité, l'envoi de quelques troupes et de trois médiateurs, pour désarmer les partis.

Les médiateurs n'étaient nullement les hommes imposants qui, jetés dans cette tempête, en auraient dominé les flots. C'étaient trois hommes de lettres, écrivains agréables de l'ancien régime, connus par des productions légères et galantes : l'un, par ses *Amours d'Essex;* l'autre, par ses *Poésies fugitives;* l'abbé, par une traduction gracieuse de *Daphnis et Chloé*. Loin de pouvoir rien arrêter, ils furent emportés, comme paille, dans le brûlant tourbillon. Les dames d'Avignon les saisirent sans difficulté et s'en emparèrent. Sans être belles, comme celles d'Arles, elles sont diaboliquement vives, adroites et jolies. Nulle part, ni en France, ni en Italie, la physionomie n'est si expressive, la passion si impétueuse. Ce sont les filles du Rhône; elles en ont tous les tourbillons; comme lui, elles sont à la fois tyranniques et capricieuses. Ce sont les filles de l'air, du vent qui rase la ville, ce vent fixe à l'agitation, mais tantôt vif, sec, agaçant et crispant les nerfs, tantôt lourd, fiévreux, portant avec lui un trouble passionné. Une tête étrangère résiste peu au triple vertige des eaux, du vent, des regards ardents et mobiles. Une chose aussi l'enivre et l'hébète, c'est ce qu'on entend toujours aux rues d'Avignon, l'éternel *zou! zou!* qui siffle, et ce sifflement, ce bruit de vertige, imité par l'homme du peuple, c'est pour lui le cri de l'émeute, le signal de la mort.

Les dames Duprat et Mainvielle (celle-ci choisie plus tard pour déesse de la Liberté) exercèrent, dit-on, sur tels des médiateurs une influence irrésistible, les rallièrent à leur devoir, à l'intérêt de la France et de la Révolution. L'abbé Mulot, qui venait dans des intentions non moins bonnes, dévia bientôt de l'autre côté. C'était un homme faible et doux, de cette génération plus passionnée que forte des électeurs de 89, un collègue des Bailly, des Fauchet, des Bancal, etc. Il connaissait, aimait déjà un jeune homme d'Avignon, fils d'un imprimeur de cette ville, qui était venu à Paris se perfectionner dans son art. Ce jeune homme ou cet enfant, charmant de cœur et de figure, s'empara de Mulot, au débarquer, et le mena chez sa mère. Madame Niel, c'était son nom, jeune encore, aussi belle que son fils, était, dans son imprimerie, une dame tout à fait de Cour, élégante et gracieuse ; toute la Noblesse d'Avignon ayant émigré, madame Niel et quelques autres de sa classe se trouvaient l'aristocratie. Le pauvre abbé Mulot crut voir Laure et se crut Pétrarque. Mais cette Laure, plus impérieuse, plus passionnée que l'ancienne, une Laure toute politique, était violemment royaliste. Elle était naturellement reine, il lui fallait une cour. Madame Niel exerça une domination souveraine sur tous les nouveaux venus, non seulement sur l'ordonnateur, mais sur les exécuteurs, je veux dire sur les officiers, plus ou moins aristocrates, qui amenaient les troupes françaises. Une municipalité royaliste fut constituée sous cette influence.

Le point capital de la situation était de savoir si, dans l'extrême pénurie où se trouvait la ville, abandonnée de tous les gens riches, on toucherait aux biens ecclésiastiques. Les médiateurs licenciaient l'armée de Vaucluse, mais il fallait la payer. Ce licenciement, brusque, immédiat, ressemblait à l'ingratitude; brigands ou non, ces gens-là avaient combattu pour la France. On les renvoyait dispersés chez eux, et presque partout ils étaient reçus à coups de fusil. Faute de solde, il leur avait bien fallu vivre de pillage, de violences; voilà qu'on leur demandait compte. Les vengeances exercées sur eux furent atroces; elles ont été obscures: on ne sait pas le nombre des morts. Ce qui porte à le croire très grand, c'est que dans un seul village il y eut onze hommes de tués. La Garde nationale d'Aix fut si indignée de voir égorger impunément les alliés de la France, qu'elle vint en masse à ce village, exhuma les corps et força les aristocrates de leur demander pardon à genoux.

Ces gens, repoussés de partout, refluèrent dans Avignon; Lescuyer, Duprat, se retrouvèrent maîtres. La municipalité leur refusait le payement des troupes, qui ne pouvait s'opérer que par la vente des ornements d'église, des cloches, des biens ecclésiastiques. La foule furieuse des soldats s'empara de la municipalité, la jeta prisonnière dans le palais des papes, avec la dame Niel et son fils, en tout une quarantaine de personnes. Mulot, obligé de sortir d'Avignon, réclama en vain pour eux. Il parla comme médiateur, il pria comme homme, demanda, comme justice, ou comme faveur, qu'on les lui rendît. Dans le pressentiment sinistre qui le torturait, il alla jusqu'à avouer l'intérêt passionné qu'il portait à tels des captifs : « Quoi ! disait-il dans sa lettre, je n'aurais eu qu'un ami en arrivant à Avignon, et je le verrais dans les fers ! » Douze prisonniers lui furent rendus, des étrangers, des indifférents ; on garda les autres, la mère surtout et le fils.

La municipalité nouvelle procéda à la grande et nécessaire opération de la vente des biens d'Église. On décida que les petites communautés, où il y avait moins de six religieux, seraient tout d'abord supprimées, que toutes donneraient état de leurs biens. On commença à fondre les cloches, à réunir les ornements d'église, à les mettre en vente. Ces opérations étaient menées par Duprat et les violents à grand bruit, sans ménagement pour les croyances du peuple. Lescuyer leur remontrait en vain qu'il fallait procéder d'une manière régulière et dans les formes légales. Il ne voulait rien que la Loi. Ce fut en son nom qu'il se présenta au chapitre d'Avignon, somma les chanoines d'élire un chef constitutionnel du Clergé, et leur déféra le serment civique, qu'ils ne voulurent point prêter.

Tout annonçait un orage. L'opinion populaire avait tout à fait changé. La solitude et l'abandon de la ville, la cessation du commerce et des travaux, la misère croissante, l'attente d'un rude hiver, assombrissaient Avignon. « Comment, disaient-ils, s'étonner si l'on meurt de faim maintenant, quand les églises sont violées, le saint-sacrement arraché de l'autel et vendu aux juifs!... » Ce qui les blessait le plus, c'était de voir briser les cloches; il n'y avait pas un coup de marteau frappé sur elles qui ne frappât au cœur des femmes; la ville, tout à coup muette, leur semblait condamnée de Dieu.

La position du parti français, réduit à un petit nombre, devenait fort dangereuse. Il fit un nouvel effort près du Conseil de Louis XVI; les ministres proposèrent la réunion à l'Assemblée constituante. Le rapporteur, Menou, la demanda. « Au nom de l'humanité... n'exposez pas, dit-il, cent cinquante mille individus à s'égorger en maudissant la France. »

La réunion fut décrétée le 13 septembre, et le Roi la sanctionna le lendemain. Comment s'était-il décidé à ce sacrilège énorme d'accepter la terre papale, c'est ce qui n'est pas expliqué. Un article du décret accordait indemnité au pape pour ses domaines *utiles*, mais non pour la *souveraineté*. Très probablement on fit entendre au Roi que, le décret de réunion entraînant la dissolution de l'armée de Jourdan qui tyrannisait le pays, le parti français apparaîtrait dans sa minorité minime, la masse délivrée rétracterait le vote en faveur de la France qu'on lui avait extorqué et rétablirait le pape. La Cour était si bien informée qu'elle comptait qu'une fois quitte de la Constituante, elle allait avoir dans la Législative une Assemblée royaliste, qu'elle mènerait aisément. Cette Assemblée n'aurait garde de repousser Avignon, qui, au nom de son indépendance nationale et de la souveraineté du peuple, redemanderait son maître; le décret de réunion serait aisément révoqué.

C'était là le roman des prêtres, et celui du Roi, sans nul doute. Il n'était pas invraisemblable. Le peuple d'Avignon, sous le pape, ne payait aucun impôt; par vexation, extorsion, à peu près comme en Turquie, on rançonnait, non le peuple, mais les riches, ceux qui avaient. Le commerce, serré et gêné, étouffait entre les douanes de France; mais cela même empêchant les denrées de se vendre hors du pays, les faisant consommer sur place, mettait tous les vivres à vil prix. Pour un sol ou deux, m'ont dit les vieillards, « on avait pain, vin et viande. » Tout cela était cruellement changé depuis la Révolution. La culture se trouvant presque interrompue par la guerre civile, les vivres s'écoulant au dehors, la cherté était grande. Le peuple, on pouvait le prévoir, allait, comme Israël au désert, regretter les oignons d'Égypte ; il aimerait mieux retourner en arrière, et renoncer pour toujours à cette terre promise de la Liberté qu'il lui fallait acheter par l'abstinence et le jeûne.

Que fallait-il faire ? rien qu'attendre, envoyer peu de troupes, et les plus aristocrates, empêcher surtout les directoires des départements voisins de laisser partir les vaillantes Gardes nationales de Marseille, d'Aix et de Nîmes, qui ne demandaient qu'à soutenir les patriotes d'Avignon. Ces directoires agirent parfaitement dans la pensée de la Cour.

Les commissaires nommés pour exécuter le décret furent retenus à Paris. Des médiateurs anciens, deux revinrent, Verniac, Lescène ; un seul resta, le royaliste, l'abbé Mulot, qui, ayant laissé aux prisons du palais des papes un trop cher otage, voulait à tout prix l'en tirer.

Mulot ne pouvait agir directement sur Avignon. Il ne disposait pas des troupes. Les officiers étaient aristocrates, ainsi qu'une partie des soldats, surtout les hussards ; mais le général était

Jacobin. Il lui fallait une occasion pour forcer celui-ci d'agir, pour frapper, au nom de la France, un coup assez fort, qui terrifiât les patriotes, encourageât contre eux le petit peuple d'Avignon, et délivrât les prisonniers. L'occasion se présenta le jour même où l'on reçut la nouvelle de la réunion. La petite ville de Sorgues, frappée de rudes contributions par les patriotes, en avait égorgé, mutilé plusieurs. Elle avait été désarmée, et le parti patriote y avait repris le dessus. A la nouvelle de la réunion, les papistes de Sorgues, sûrs désormais de l'appui de nos troupes aristocrates, voulurent reprendre leurs armes. L'abbé Mulot, appelé par eux, obligea le général d'envoyer des troupes; une mêlée s'ensuivit, nos troupes tirèrent et tuèrent entre autres un officier municipal du parti des patriotes, qui se sauvait sur son toit.

L'abbé Mulot, vainqueur à Sorgues, ne résista pas à la tentation d'instruire la belle prisonnière du coup de vigueur qu'il avait frappé. Il lui écrivit ce billet : « Nous venons de porter le coup que nous devions porter au nom de la France ; j'en attends tout ; *n'en voulez point* à l'ami de votre fils. » Ce dernier mot était écrit sans doute pour que, si le billet était surpris en chemin, on n'accusât point madame Niel d'avoir conseillé cette répression violente. Peut-être aussi cette dame, qui avait bien plus que l'abbé d'esprit et de sens, l'avait-elle détourné d'un acte odieux, dangereux, qui ne la délivrait point, irritait ses ennemis et pouvait la perdre. Le parti réellement fort dans Avignon, le parti papiste, celui des confréries et du petit peuple, travaillait à part, par ses voies à lui, et n'obéissait nullement au signal des royalistes constitutionnels, tels que les Niel et Mulot.

La fatal billet fut surpris. Les patriotes d'Avignon écrivirent au médiateur des reproches amers, ces paroles entre autres, ironiquement copiées de son billet même : « Nous ne croyons pas que vous vouliez *porter, au nom de la France, un coup* dans le seul dessein de délivrer celui que vous croyez votre ami. »

Autre imprudence encore plus grave. Un autre admirateur de madame Niel, M. de Clarental, capitaine de hussards, hasarda de lui écrire : « Du calme, ma belle dame, du secret, et voilà tout. Armez-vous de patience, leur règne ne sera plus long ; ils jouent de leur reste, *ils seront punis.* »

Ces menaces, surprises par les meneurs d'Avignon, les rendaient d'autant plus furieux, qu'elles n'étaient que trop vraisemblables. Le parti français, réduit à un petit nombre*, à ses soldats licenciés qui restaient pour se faire payer, était assis sur un volcan. Ce n'était pas seulement Mulot et les royalistes constitutionnels qu'il avait à craindre, mais bien les papistes. Les premiers, sans trop s'entendre avec les seconds, leur rendaient pourtant le service d'empêcher les patriotes des départements voisins de venir à leur secours.

Les prêtres, enhardis de se retrouver peu à peu à la tête d'un grand peuple, commençaient à conter ou faire des miracles. Ils contèrent d'abord ceci : un patriote, enlevant d'une église un ange d'argent, lui cassa le bras ; sa femme peu après accouche d'un enfant sans bras. Les esprits ainsi préparés, on fit jouer le grand ressort.

La Vierge, depuis 89, se montrait fort aristocrate. Dès 90, elle s'était mise à pleurer dans une église de la rue du Bac. Vers la fin de 91, elle commença d'apparaître derrière un vieux chêne, au fond du Bocage vendéen. Tout juste à la même époque, elle effraya le peuple d'Avignon d'un signe terrible : son image, dans l'église des Cordeliers, se mit à rougir, ses yeux s'allumèrent de pourpre sanglante, elle semblait entrer en fureur. Les femmes y venaient en foule, peureuses et curieuses, pour voir, et elles n'osaient regarder.

Les hommes, moins superstitieux, auraient peut-être laissé la Vierge rougir à son aise. Mais un bruit se répandit qui les émut davantage.

Un grand coffre d'argenterie d'église avait passé dans la ville. On le dit, on le répéta, et ce ne fut plus un coffre, ce furent dix-huit malles toutes pleines qui, la nuit, avaient été transportées hors de la ville. Et que contenaient ces malles ? Les effets du Mont-de-Piété, que le parti français, disait-on, allait emporter avec lui.

L'effet fut extraordinaire. Ces pauvres gens,

qui, dans une si grande misère, avaient engagé tout ce qu'ils avaient, petits joyaux, meubles, guenilles, se crurent ruinés. « Il n'y a qu'une chose à faire, leur dit-on, c'est de s'emparer des portes de la ville et des canons qui s'y trouvent, d'arrêter, s'ils veulent sortir, Lescuyer, Duprat, Mainvielle et tous nos voleurs. » C'était le dimanche matin (16 octobre), une foule de paysans étaient venus dans Avignon, tous armés ; on ne marchait pas autrement dans ces campagnes. La chose fut faite à l'instant, les portes occupées ; les royalistes constitutionnels, profitant de ce grand mouvement papiste, prirent les clefs de la ville et coururent à Sorgues les porter à l'abbé Mulot, supposant apparemment qu'il allait leur donner des troupes.

La foule cependant affluait aux Cordeliers, femmes et hommes, artisans des confréries, portefaix et paysans, les blancs et les rouges, tous criant qu'ils ne s'en iraient jamais tant que la municipalité, son secrétaire Lescuyer, ne leur auraient rendu compte.

Il y avait dans l'église douze ou quinze soldats de l'armée de Jourdan, qui avaient cru probablement empêcher le trouble, qui regardaient et ne bougeaient ; leur vie tenait à un fil. La foule en envoya quatre pour appréhender Lescuyer, le forcer de venir ; on le trouva dans la rue, qui allait se réfugier à la municipalité, et on l'amena au peuple.

Il monta en chaire, ferme et froid d'abord :

« Mes frères, dit-il avec courage, j'ai cru la Révolution nécessaire ; j'ai agi de tout mon pouvoir... » Il allait confesser sa foi.

Peut-être sa contenance digne, sa probité visible en son visage, en ses paroles, aurait ramené les esprits. Mais on l'arracha de la chaire, et dès lors il était perdu.

Jeté à la meute aboyante, on le tira vers la Vierge, vers l'autel, pour qu'il y tombât comme un bœuf à assommer aux pieds de l'idole.

Le cri meurtrier d'Avignon, le fatal *zou ! zou !* sifflait de toute l'église sur le malheureux.

Il arriva vivant au chœur, et là se dégagea encore ; il s'assit, pâle, dans une stalle ; quelqu'un qui voulait le sauver lui donna de quoi écrire. Suspendre la rupture des cloches, ouvrir et montrer le Mont-de-Piété, satisfaire le peuple, c'était le sens du billet. Mais jamais on ne put le lire ; ceux qui voulaient sa mort le couvraient de leurs huées.

Un voyageur, un étranger, un gentilhomme breton, M. de Rosily, allant, dit-on, à Marseille[*], était entré dans l'église avec la foule. Il essaya, avec un extrême péril, de sauver le malheureux. Il se jeta devant lui : « Messieurs, au nom de la Loi !... » Mais on ne l'entendait plus... « Au nom de l'honneur, de l'humanité !... » Les sabres se tournaient vers lui ; d'autres le couchaient en joue ; d'autres le tiraient pour le pendre. — On ne le sauva qu'en disant qu'il était juste de tuer Lescuyer d'abord.

Le pauvre Lescuyer, misérable objet du débat, n'espérant rien et voyant son avocat même en si grand danger, se lève brusquement de la stalle, court à l'autel...

Un homme compatissant lui montrait, derrière, une porte où s'échapper. Mais, à ce moment, un ouvrier taffetassier lui assène un coup si raide, que le bâton fut brisé et vola en deux. Il tomba juste où on voulait, au marchepied de l'autel.

Le trompette de la Ville entrait, au moment même, sonnait pour faire faire silence, publier une proclamation. Le formidable *zou! zou!* crié par des milliers d'hommes fit taire la trompette. Cette foule énorme, serrée sur un point, était comme suspendue sur le corps gisant : les hommes lui écrasaient le ventre à coups de pieds, à coups de pierres ; les femmes, de leurs ciseaux, pour qu'il expiât ses blasphèmes, découpèrent, avec une rage atroce, les lèvres qui les avaient prononcés.

Dans cette torture épouvantable, une voix faible sortit encore de ce je ne sais quoi sanglant qui n'avait plus forme humaine ; il pria humblement qu'on lui accordât la mort. Un terrible éclat de rire s'éleva, et on ne le toucha plus, pour qu'il savourât la mort tout entière.

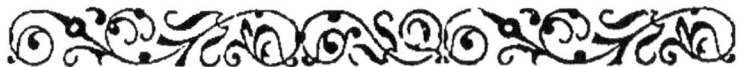

CHAPITRE III

VENGEANCE DE LESCUYER, MASSACRE
DE LA GLACIÈRE

(16-17 OCTOBRE 1791)

Duprat et Jourdan reprennent l'avantage. — Essai informe de jugement. — Le massacre est décidé. — La tour Trouillas, ou de la Glacière. — Ce qu'elle dut être pour l'Inquisition. — De quelles classes et quelles opinions étaient les victimes. — Le massacre. — Les meurtriers veulent s'arrêter. — On les oblige de continuer. — Enterrement de Lescuyer, 17 octobre. — Fin du massacre. — Suites fatales qu'il a eues pour la France.

IL était une heure de l'après-midi, à peu près, et depuis longtemps Duprat et Jourdan étaient avertis, mais leurs hommes étaient dispersés. Ils s'avisèrent, pour les réunir, de sonner au château la fameuse cloche d'argent, qui ne sonnait jamais qu'en deux occasions solennelles, le sacre ou la mort d'un pape. Ce son étrange, mystérieux, que plusieurs n'avaient jamais entendu une seule fois en leur vie, frappa les imaginations, glaça les cœurs d'un froid subit. Ce fut très probablement ce qui hâta l'écoulement de la foule venue des campagnes; elle s'en alla, dans l'attente que quelque événement terrible allait avoir lieu dans la ville.

L'effet fut moindre, à ce qui semble, sur les soldats de Jourdan : si braves pour réclamer la solde, ils se montrèrent fort lents ici; on ne pouvait les retrouver. Jourdan en réunit à grand'-peine trois cent cinquante, avec lesquels il reprit les portes de la ville. Les portes assurées, il n'avait plus que cent cinquante hommes; pour marcher aux Cordeliers, il traînait deux pièces de canon, assez inutiles dans les rues sinueuses, étroites; mais leur bruit, leur retentissement formidable sur le pavé, ne laissait pas de faire effet. Grâce au retard, le rassemblement était à peu près dissipé; il restait des badauds, des femmes. Il tira tout au travers, tua, blessa, au hasard. Dans l'église, il ne trouva plus que la Vierge et Lescuyer; le malheureux, après un si long temps, agonisait encore, noyé dans son sang, et ne pouvait pas mourir. On l'emporta, avec des cris de fureur, étalant cet objet horrible et ses habits tout sanglants. Chacun fuyait, fermait portes et fenêtres.

On profita de la Terreur. Le petit nombre

reprit l'avantage sur le plus grand. Ces quelques centaines d'hommes, maîtres de trente mille âmes, firent, tout le jour, dans Avignon une barbare *razzia*. Tous ceux qu'on prenait soutenaient qu'ils n'étaient point entrés aux Cordeliers. Cependant, une douzaine d'hommes de Jourdan, qui avaient été dans l'église, pouvaient bien les reconnaître. Plusieurs furent arrêtés par leurs ennemis personnels, plusieurs par leurs amis, tant le fanatisme était atroce des deux parts.

Le jour baisse vite en octobre, il était déjà fort noir. Les amis des prisonniers étaient parvenus à franchir les portes, et couraient à Sorgues avertir Mulot et le général Ferrier. Celui-ci recevait aussi les envoyés de Duprat; il avertissait Ferrier que le moindre mouvement de sa part allait relever les aristocrates, détruire la seule force du parti français, la Terreur; Avignon allait se souvenir qu'elle avait trente mille hommes, écraser Jourdan. Quoi que pût dire l'abbé Mulot, le général s'obstina à répondre qu'il n'était pas en force. Mulot, désespéré, envoya un tambour, puis un trompette, à la Ville; on n'y fut nulle attention.

Il paraît qu'à cette heure même, il y avait hésitation, division entre les meneurs. Les hommes de plume voulaient un massacre général; les militaires, un jugement. Jourdan, sur qui l'exécution devait retomber, semblerait avoir été du dernier avis. Il était un peu étonné de sa solitude; il n'avait pu encore réunir que cent cinquante hommes pour garder l'immense étendue du palais des papes. Le bruit du massacre n'allait-il pas attirer sur le palais tout le peuple réveillé de sa stupeur ? Parmi les gens arrêtés, il y avait un certain Rey, un membre de la corporation redoutable des portefaix d'Avignon, homme populaire, aimé, connu par sa force singulière. Et les autres, ces aristocrates, d'entre eux tous pas un n'était noble ; la femme d'un imprimeur, celle d'un apothicaire, un curé, un maître menuisier, qui était officier municipal en août, c'étaient les plus distingués ; les autres étaient gens de petits métiers, ouvriers, ouvrières en soie, des boulangers, des tonneliers, des couturières ou blanchisseuses, deux paysans, un manœuvre, un mendiant même. Des femmes, il y en avait deux enceintes.

On s'arrêta à l'idée de jugement ; on fit siéger dans une salle du palais les administrateurs provisoires de la Ville pour juger les prisonniers. C'est à eux que Jourdan envoyait ceux qu'on arrêtait encore, une femme, par exemple, qu'il sauva, à un coin d'une rue, de ceux qui voulaient la tuer.

Ces administrateurs étaient, outre le greffier Raphel, un prêtre de langue populacière, grand braillard de carrefour, Barbe Savournin de La Rocca, auquel on avait adjoint trois ou quatre pauvres diables, un boulanger, un charcutier, qui n'avaient osé refuser. Duprat était là, menaçant et sombre, pour les surveiller, et voir comment ils marcheraient. La première personne qu'on leur amena, une femme, la Auberte, la femme d'un menuisier, fut interrogée doucement, et en l'envoyant en prison ils recommandèrent qu'on eût bien soin d'elle. Si la chose allait ainsi, Duprat et les autres, qui voyaient dans le massacre et la Terreur la seule voie de salut, n'avaient rien à espérer. L'un d'eux, un moment après (il était neuf heures du soir), entre furieux, du sang au front, il frappe sur la table, et crie : « Cette fois-ci, il ne faut pas qu'il s'en sauve un seul ; le sang doit couler ; mon ami Lescuyer est mort ; toute cette canaille mourra, et si quelqu'un s'y oppose, nous ferons faire feu sur lui... » Les autres baissaient la tête. Les seuls Raphel et Jourdan répétèrent, lâchement, comme en chœur : « Oui, il nous faut venger la mort de notre ami Lescuyer. »

L'homme qui se lançait ainsi à travers le jugement et commandait le massacre n'était autre que Mainvielle.

Ce qui n'influa pas peu sur Duprat, Mainvielle, et ceux qui résolurent le massacre, ce fut l'exemple de Nîmes. L'idée malheureuse et fausse que le massacre de 90 y avait fondé la Révolution était prêchée par des Nîmois, dans une auberge, la nuit même du 16 octobre.

Effroyable génération de crimes, des Albigeois à la Saint-Barthélemy, et de là aux Dragonnades, aux carnages des Cévennes. Nîmes se souvint des Dragonnades. Avignon imita Nîmes. Paris imita Avignon.

Rien de plus imitateur, rien de moins original, on peut l'observer, que le crime.

Le lieu même où ce nouveau crime va s'exécuter dit ceci bien haut. On y voit le sang du 16 octobre, la trace des fureurs d'une nuit. *Mais* on y voit, lentement accumulée, aux chambres sépulcrales de l'Inquisition, au savant bûcher intérieur (si habilement construit, pour étouffer les morts secrètes), on y voit la grasse suie que laissa la chair brûlée. Le mobilier de l'Inquisition est là, heureusement conservé, la chaudière est prête encore, le four attend, dans lequel rougissait le fer des tortures; les souterrains, les oubliettes, les sombres passages cachés dans l'épaisseur des murs, ce qu'on a ailleurs caché et nié, tout cela se voit ici; on n'y a pas plaint la dépense, ni le soin, ni l'art. La torture y est artiste.

On voit bien que ce n'est point barbarie, fureur passagère; c'est une guerre systématique contre la pensée humaine, savamment organisée, triomphalement étalée.

Tout cela, c'est le palais. Au dehors, tout est informe, c'est un monstrueux château fort. Une gigantesque tour, qui n'est ni bien carrée, ni ronde, *Trouillas*, ou la Glacière, s'allonge pour voir au loin. Babel affreuse que bâtit, dans son orgueil, le pape qui le premier, n'ayant ni sujet ni terre, se donna la triple couronne. *Trouillas*, c'est la *Tour du Pressoir;* peut-être dans l'origine fut-elle le pressoir féodal. Mais, de bonne heure, elle fut un pressoir d'hommes, une prison à presser la chair humaine. Au plus haut, et au plus bas, comme dans tout ancien château fort, on mettait des prisonniers. L'ami de Pétrarque, le tribun de Rome, Rienzi, enfermé au sommet, parmi le sifflement de l'éternelle bise, put à loisir méditer sur sa folle confiance au pape. Le fond, l'abîme de la tour, sans autre ouverture qu'une trappe à l'étage du milieu, fut-il un vaste cachot? un charnier? on doit le croire, c'est l'opinion du pays. Une tradition d'Avignon, que j'ai recueillie de la bouche des personnes âgées, dit que, quand on exhuma les victimes des fureurs révolutionnaires, on trouva plus bas encore quantité d'autres ossements jetés là par l'Inquisition. La chose paraît bien vraisemblable, quand on sait que ses victimes ne pouvaient pas être enterrées. Les jeter aux champs, c'eût été les rendre aux mains pieuses des familles, leur sauver la partie du supplice qui effrayait le plus peut-être les faibles imaginations. Ne rentrer jamais dans la terre, ne reposer jamais au sein maternel de la nourrice commune, c'était, pour ainsi parler, la damnation du corps ajoutée à celle de l'âme. Cette âme, non calmée au cercueil, errait, larve infortunée, pour l'épouvante des vivants; elle se traînait le soir, et, dans l'ombre, venait avertir ses parents du redoublement du supplice attaché par la vengeance de l'Église à ceux qu'elle avait condamnés.

L'exemple le plus célèbre est celui de l'Empereur Henri IV, qui, comme excommunié et souillant les éléments, ne put, à sa mort, rester ni sur terre ni dans la terre. Son corps gisait, longues années, caché, mais non inhumé, dans une profonde cave de Worms.

Tout grand centre d'Inquisition devait avoir un tel charnier pour ceux que la sentence condamnait à rester sans sépulture. Lieu de mort, lieu de supplice. Le plus terrible, sans nul doute, pour les âmes de fer que rien ne pouvait dompter, qui riaient de la torture, c'était d'être jeté vivant dans la grande chambre des morts, d'y marcher sur les ossements, de voir, au faible jour qui pouvait pénétrer au fond de l'abîme, la grimace des squelettes, leur rire ironique. Du haut, on jetait un peu de pain à la bête, on l'observait vivante dans la terrible compagnie, on mesurait les degrés de son affaiblissement, l'alanguissement de sa fermeté, le point où le corps, sans défaillir tout à fait, a déjà paralysé l'âme. On pouvait alors le reprendre, idiot, et en tirer quelque signe qui le démentît lui-même, le produire au jour, le lugubre oiseau de nuit, clignotant, ignoble, éteint, dire à la pensée humaine : « Voilà ton héros !... » De sorte qu'en ce duel barbare de la force contre une âme, le simple peuple pût croire que celle ci était vaincue, et que la force des tyrans était celle même de Dieu.

Voilà le lieu du massacre. Maintenant, examinons ceux sur qui il va tomber.

Les soixante ou quatre-vingts qu'on allait tuer pêle-mêle n'étaient pas du même parti. Les quarante derniers arrêtés appartenaient, presque tous, au petit peuple papiste des confréries d'Avignon. C'étaient de pauvres gens, aveugles, qui, poussés par leurs meneurs, n'avaient su ce qu'ils faisaient. Peu, très peu avaient agi ; la plupart, crié. Quant aux trente arrêtés en août, ce n'étaient point des fanatiques, ni même, vraiment, des aristocrates. C'était, comme les Niel, le parti français, royaliste-constitutionnel, la nuance de Mulot.

Les Machiavels qui crurent frapper ici un grand coup de politique n'avaient pas la tête à eux. Ils prirent des mesures tout à fait contradictoires.

D'une part, voulant donner au massacre l'aspect d'une vengeance du peuple, d'une invasion fortuite, ils firent pratiquer un trou au mur des prisons, de manière que le concierge, les geôliers, pouvaient dire qu'ils n'avaient pas ouvert les portes. Elles furent ouvertes toutes grandes.

D'autre part, plusieurs des chefs vinrent expressément donner l'ordre du massacre.

L'un d'eux, le major Peytavin, se présentant dans la cour, avec le commis du journaliste Tournal, aux hommes qu'on avait rassemblés, leur dit : « Au nom de la Loi, nous avons décidé d'être Français, nous le sommes ; faites votre devoir. »

Ils avaient l'air hébété et semblaient ne pas comprendre. Le commis du journaliste, pour mieux expliquer la chose, leur crie aux oreilles : « Il nous faut les tuer tous ; s'il s'en sauvait un seul, il servirait de témoin. »

Il n'y avait qu'une vingtaine d'hommes dans la cour, tous du petit peuple d'Avignon, un perruquier, un savetier, un cordonnier pour femmes, un jeune ouvrier menuisier, un maçon, etc. Sauf quelques-uns qui avaient servi quelques mois dans l'armée de Jourdan, ils n'avaient jamais eu d'armes dans les mains. Plusieurs se trouvaient là par hasard, en quelque sorte, parce qu'ils avaient aidé à amener des prisonniers. Ils étaient fort mal armés : tel avait une barre de fer ; tel, un sabre, un bâton durci au feu.

Pour mettre en mouvement cette belle troupe, il fallait des moyens extraordinaires. On en trouva un, exécrable. Le beau-frère de Duprat, l'apothicaire Mende, s'établit dans la cour avec des liqueurs préparées exprès. Quels furent ces horribles breuvages? On l'ignore ; les effets ne furent que trop visibles. A mesure qu'ils burent, ils devinrent exaltés, furieux, ils se ruèrent à la sanglante besogne. Il y en eut pourtant qui, les premiers coups portés, défaillirent et se trouvèrent mal. Ils redescendaient dans la cour, et l'apothicaire leur versait une dose nouvelle d'ivresse et de fureur.

Personne ne les conduisit, ne les dirigea, ne les surveilla. Duprat, l'âme de l'entreprise, ne parut nulle part. Jourdan s'enferma chez lui, avec son énorme dogue qui ne le quittait jamais. Il était ivre tous les soirs, et, ce soir-là, il but encore plus qu'à l'ordinaire. Il voulut tout ignorer; seulement, à travers l'ivresse, il entendit (dit-il plus tard) *quelque tapage* aux prisons.

Le massacre, livré ainsi au hasard, à l'inexpérience de gens si mal armés et qui ne savaient pas tuer, fut infiniment plus cruel que s'il eût été fait par des bourreaux. Il n'eut pas lieu à une même place. Les uns furent tués à l'entrée même des prisons, d'autres dans une des cours, d'autres encore dans un escalier. Les portes étaient ouvertes. Il venait des gens de la ville, les uns pour réclamer tel ou tel, d'autres attirés par les cris, par une invincible curiosité; mais ils ne pouvaient rester, le cœur leur manquait; quelques-uns pourtant parvinrent à obtenir quelques prisonniers. Un de ces hommes, qui venait pour en sauver un, perdit la tête dès qu'il vit le sang, et se mit, sans savoir pourquoi, à tuer avec les autres.

Il n'y eut aucune espèce d'ordre, tout fut laissé au caprice de ces brutes que l'on avait, par une effroyable ivresse, poussés au premier degré de l'aliénation d'esprit. Quelques soldats de Jourdan espéraient d'abord leur faire faire distinction entre les personnes arrêtées le jour même et les prisonniers du 21 août, qui, se trouvant enfermés depuis cette époque, n'avaient pu certainement tremper dans la mort de Lescuyer. Ils n'obtinrent rien : hommes, femmes, tout y passa pêle-mêle. Si la seule prison des hommes eût été envahie d'abord, on aurait plus aisément peut-être sauvé celle des femmes, les bourreaux étant lassés. Malheureusement plusieurs femmes, pour certaines haines locales, certains propos injurieux, paraissent avoir été les objets voulus, prémédités, du massacre.

Dès neuf heures et demie du soir, lorsqu'il n'y avait encore que très peu d'hommes tués, on vint à la prison des femmes ; on en tira la dame Crouzet, femme d'un apothicaire, et, dans cette même cour, où le beau-frère de Duprat, l'apothicaire Mende, versait les liqueurs, elle fut barbarement assommée. C'était une toute jeune femme, des plus jolies d'Avignon, très vivante et très parlante, très attachée à la vie. Elle fit des supplications déchirantes, elle dit (ce qu'on voyait bien) qu'elle était enceinte, supplia pour son enfant ; elle n'en fut pas moins frappée, égorgée, puis traînée à un escalier obscur, livrée à la curiosité infâme de ses bourreaux.

La petite couturière, Marie Chabert, qui n'était pas moins jolie, avait inspiré à plusieurs le désir de la sauver ; mais pas un n'osa. Elle avait pourtant réussi à se réfugier au bas d'un escalier obscur où elle s'était assise, enveloppée et cachée dans un grand manteau d'indienne. Un homme la désigna à un autre, qui la reconnut, tomba sur elle à coups de sabre et la massacra.

Une autre périt encore. Mais il semble que ces morts de femmes, cruellement pathétiques, ralentissaient les bras et troublaient les cœurs. On n'en tua plus jusqu'à minuit. Les meurtriers, à cette heure, un peu moins ivres déjà, n'étaient guère en train de tuer, mais ils ne savaient pas trop où ils pouvaient s'arrêter ; ils se défiaient les uns des autres. Mainvielle leur avait dit que si quelqu'un voulait arrêter la chose, il fallait faire feu sur lui. Ils avaient parmi eux un enfant ivre, d'une férocité singulière, le fils de Lescuyer, âgé de quinze ou seize ans. Il mettait une horrible ostentation à venger son père, à en faire plus que les hommes.

A cette heure de minuit, où les femmes vivaient encore presque toutes, plusieurs des bourreaux cherchèrent Duprat et Jourdan. Ils étaient allés souper, avec Mainvielle, et Tournal le journaliste, à une auberge voisine, et mangeaient tranquillement le mets du pays, la soupe au fromage. Les bourreaux entrèrent, tout couverts de sang, contant à grand bruit leurs prouesses ; il y en avait un qui montrait un fusil qu'il avait brisé en deux à force de frapper, disait-il, sur la tête des prisonniers. — L'un d'eux : « Il y en a beaucoup de tués ! » — Un autre : « Ils sont tous expédiés. »

— Un autre : « Il ne reste qu'une femme enceinte, c'est la Ratapiole... » En réalité, il restait encore onze femmes et deux hommes, tous deux aimés, populaires, le prêtre Nolhac et le portefaix Rey. Le major Peytavin avait expressément demandé, obtenu des massacreurs, la vie de Rey et celle de la Ratapiole ; mais il voulait apparemment avoir l'assentiment des chefs, et il leur envoyait cet homme, qui n'osa parler de Rey, mais seulement de la femme. Duprat ne répondant rien, Jourdan comprit sa pensée, et dit : « Il faut l'expédier. » Là-dessus, silence. Un autre s'avance, se hasarde à dire : « Et pourtant, elle est enceinte. — Enceinte, ou non, dit Jourdan, il faut qu'elle y passe. »

Les meurtriers retournèrent, mais ils ne tuèrent ni Rey ni Nolhac. Ils se mirent à tuer des femmes. Trois furent d'abord prises au hasard, une blanchisseuse et deux ouvrières en soie. A mesure qu'elles passaient, elles donnaient leurs bijoux ou on les leur arrachait ; ils étaient remis au geôlier. Une des ouvrières opposa une résistance désespérée : « Personne, disaient-ils, ne fut plus dur à mourir. »

Ils rentrèrent ensuite, et appelèrent madame Niel ; elle était déjà avertie par les cris affreux qu'elle venait d'entendre. Malade, elle était sur son lit. L'un d'eux lui dit durement : « Levez-vous ; vos amis sont morts, et votre fils, tous les prisonniers ; c'est maintenant votre tour... Où sont vos bijoux ? » Elle se leva, s'habilla, remit ses boucles d'oreilles, ses anneaux. Elle reconnut parmi eux un jeune menuisier, Belley, et le supplia, lui disant que, s'il voulait la sauver, elle lui ferait des rentes, à lui et aux autres. A quoi Belley répondit : « Je ne veux pas me faire pendre pour vous. » On la fit descendre à la cour, et on lui porta un coup... « Va trouver ton abbé Mulot. — Seigneur, miséricorde, mon Dieu ! » criait-elle. — Puis, tout à coup, elle vit un corps à la lueur des torches : « Ah ! mon bel enfant ! » C'était le corps de son fils. Elle fut tuée très cruellement.

Les femmes, pour la plupart, étaient jetées, râlantes et mourantes, sur l'escalier que j'ai dit. Mais tous les hommes, immédiatement traînés par les pieds, furent précipités, à mesure qu'on les tuait, au fond de la tour Trouillas. Plusieurs d'entre eux, blessés, meurtris par une chute de soixante pieds, y arrivaient encore vivants. Neuf femmes, précipitées à quatre heures par-dessus les hommes, durent les assommer dans leur chute.

Les cris entendus la nuit, les bruits qui se répandaient sur l'affreuse exécution, avaient glacé de stupeur. On commença à croire les meurtriers bien nombreux, puisqu'ils avaient osé cela ; ils le devinrent en effet. Tous les soldats de Jourdan reparurent en foule. Une cérémonie lugubre, l'enterrement de Lescuyer, qui eut lieu dans l'après-midi, leur donna occasion de se montrer dans les rangs. Ce fut une armée entière qui traversa Avignon.

On fit parcourir au convoi une grande partie de la ville. Malgré l'état repoussant, impossible à regarder, où se trouvait le cadavre, n'offrant qu'une masse sanglante, on l'enterra à visage découvert. L'abbé Savournin marchait à côté, avec toutes les contorsions d'un capucin frénétique, pleurant, et criant vengeance. Mainvielle était effrayant; sa douleur mélodramatique semblait mendier du sang. A chaque halte, il soulevait la tête du cadavre pour montrer ses lèvres hideusement découpées; puis s'échappait en sanglots, et le laissait retomber.

Cette terrible fête de mort où figuraient, bien lavés, proprement vêtus de noir, les exécuteurs de la dernière nuit, semblait en promettre une autre. La ville était dans une affreuse prostration d'horreur et de peur, chacun s'attendant à tout, et disant : « N'est-ce pas moi? » On fut trop heureux quand on sut que le nouveau massacre se bornait aux quatre personnes qui vivaient encore aux prisons. Il y avait deux hommes et deux femmes. L'un, l'abbé Nolhac, était un prêtre, estimé, charitable, chez qui beaucoup de personnes mettaient de l'argent en dépôt; c'est peut-être ce qui le perdit. L'autre était Rey, le portefaix, l'un de ceux qui avaient poussé au mouvement contre le pape. Il était d'une force et d'une adresse extraordinaires ; seul et sans armes, il lutta contre six hommes armés ; la lumière s'éteignit dans la lutte, et les assassins faillirent se tuer eux-mêmes. Il échappa, se réfugia dans la conciergerie, où la lutte recommença ; enfin il eut le ventre décousu d'un coup de sabre : il fut emporté à quatre, et jeté vivant dans la tour ; trois quarts d'heure après, il appelait encore tous ses meurtriers par leurs noms, et demandait la charité d'une pierre ou d'un coup de fusil.

Deux femmes restaient seulement, la Auberte ou madame Aubert, et la Ratapiole. La première, femme d'un menuisier, avait eu chez elle pour apprenti l'un des meurtriers, le jeune Belley. Dès le commencement elle l'avait prié de la sauver. La chose était bien difficile. La Auberte était la sœur d'un maçon du parti papiste qui s'était signalé en juin, et que le parti français avait mis à mort. Belley se frappa le front de la main, et se frappa deux ou trois fois la tête contre le mur. « J'ai sauvé votre mari, lui dit-il, mais vous, comment puis-je le faire ?... Cachez-vous là (il la poussa au fond de la prison, et derrière les bancs). Si vous passez cette nuit, vous serez sauvée. » Elle l'avait passée, cette première nuit. Mais, dans celle du lundi, elle était encore en plus grand péril.

L'autre femme, la Ratapiole, tout au contraire de la Auberte, s'était montrée très ardente pour la Révolution ; elle s'était fort remuée, en juin, de la langue et autrement. Au 16 octobre, elle avait été enlevée au hasard, dans cette aveugle razzia ; elle n'avait pas d'autre crime, disait-elle, que de s'être moquée de madame Mainvielle.

N'osant sauver les deux femmes, et voulant à tout prix sauver l'aristocrate, Belley avait bien envie d'égorger la patriote.

Vers minuit, suivi de deux autres meurtriers, des plus féroces, il entre dans la prison, et dit à la Ratapiole que le frère de M. Duprat est arrivé de Paris, qu'il est chez le général Jourdan, qu'il faut venir lui parler, qu'elle en sera quitte pour quelques excuses. La Ratapiole se mit à pleurer bien fort, à lui dire qu'elle était enceinte, qu'il eût pitié de son enfant. Ils insistaient pour l'emmener. Mais elle avait avec elle une petite fille de neuf ans, qui, le dimanche, quand on enleva sa mère de chez elle, se prit à ses jupes ; on ne put jamais l'en détacher, il fallut les traîner ensemble. Cette petite, ici encore, se pendit à sa mère pour l'empêcher de marcher. Puis, elle sauta sur Belley, l'embrassa ; il la repoussa, et la jeta à dix pas. Elle revint, d'un même bond, lui serra les bras au col : « Je veux que tu sauves maman. » Il commença d'être bien embarrassé. Les autres aussi perdaient contenance. « Et moi, dit naïvement Belley, qu'est-ce que je vais donc dire aux Mainvielle, qui m'avaient tant recommandé de vous tuer ? Nous serons obligés de dire que vous y avez passé avec les autres. »

Ces deux femmes, et un vieux frère convers de quatre-vingt-dix ans qui se retrouva encore, furent sauvés effectivement. Jourdan mit des sentinelles à la porte des prisons, pour que personne ne pût y monter.

Cependant une odeur affreuse commençait à s'élever des profondeurs de la Glacière. Elle indiquait assez la décomposition rapide des tristes débris. Une seule des victimes respirait peut-être encore, le portefaix Rey, qui fut si dur à mourir.

Jourdan, le mardi 18, sans s'occuper d'éclaircir qui était mort ou en vie, fit jeter par le trou, au fond de la tour, sur cette montagne de chair, plusieurs baquets de chaux vive.

On eut beau verser partout des torrents d'eau pour laver les traces ; jamais on ne put faire disparaître l'horrible traînée de sang, qui marque encore les arêtes du mur intérieur de la tour ; chaque corps lancé par le trou avait frappé là, et laissé sa trace, sa réclamation éternelle. Le sang resta pour témoigner.

Et, non loin, reste de même, dans ce lugubre palais, la trace des forfaits, plus anciens, que l'aveugle fureur révolutionnaire crut venger par un forfait : c'est la noire et dégoûtante suie du bûcher pyramidal que l'Inquisition longuement engraissa de chair humaine.

Pourquoi me suis-je si longtemps arrêté, malgré l'horreur et le dégoût, sur cette abominable histoire? Hélas! je l'ai déjà dit, c'est qu'elle est un commencement. L'atrocité même du crime, l'ébranlement qu'en reçurent les imaginations, le rendirent contagieux. Les soixantes victimes d'Avignon remuèrent tous les esprits, que les trois cents morts de Nîmes avaient laissés froids. Le théâtre solennel du crime, l'horreur de cette affreuse tour, cet abîme où tombaient pêle-mêle les morts et les vivants, leurs longues plaintes et la pluie de feu qui leur fut versée dessus, tout cela prêta à l'événement une exécrable poésie. Il entra dans la mémoire par la voie la plus sûre, la peur. Il y fut ineffaçable.

La tour de la Glacière s'inscrivit au souvenir effrayé des hommes près de la tour d'Ugolin.

Qu'il y reste, ce fait maudit, pour être à jamais déploré. C'est la première de ces hécatombes humaines où tombèrent sans distinction les révolutionnaires modérés et les adversaires de la Révolution, les amis de la Liberté pêle-mêle avec ses ennemis.

Le massacre du 16 octobre est le hideux original des massacres de Septembre. Ceux-ci, qui, un an après, semblent sortis d'un élan de fureur toute spontanée, n'en furent pas moins, pour les Méridionaux, qui eurent tant de part à l'exécution, une imitation en grand du carnage de la Glacière. Plusieurs des bourreaux disaient être venus exprès pour enseigner leur méthode aux massacreurs de Paris.

Les suites de ces événements ont été incalculables. Ils ont créé contre la France innocente une cruelle objection. La Révolution allait au monde, les bras ouverts, naïve, aimante et bienfaisante, désintéressée, vraiment fraternelle. Le monde se reculait, le monde la repoussait d'un mot, toujours Septembre et la Glacière.

Qu'on ne nous accuse donc pas d'avoir fait trop longue halte, à ce tragique moment.

Une sombre carrière commence d'ici ; nous nous sommes assis un moment sur cette pierre de douleur qui marque l'effrayante entrée. Ceci est la porte d'enfer, la porte sanglante. La voilà maintenant ouverte, et le monde y passera.

CHAPITRE IV

DÉCRETS
CONTRE LES ÉMIGRÉS ET LES PRÊTRES
RÉSISTANCE DU ROI

(NOVEMBRE-DÉCEMBRE 1791)

Inertie calculée du pouvoir. — Débats sur les émigrés. — Début de Vergniaud et d'Isnard. — Vergniaud et mademoiselle Candeille. — Décret contre les émigrés, 8 nov. 91. — Veto du Roi, 12 nov. — Décret contre les prêtres, 29 nov. — Veto du Roi, 19 déc. — La question de la guerre (nov.-déc. 91).

ON est étonné, effrayé presque, du peu de traces qu'on trouve dans les monuments contemporains de l'affreuse affaire d'Avignon. Visiblement, il y a là-dessus, dans la Presse et dans le public, un silence de stupeur. On se tait, on détourne la tête, plutôt que de regarder.

Qui accuser de ce désastre? on le savait trop.

Ce n'étaient pas seulement les furieux qui firent les crimes. C'était aussi la fausse et perfide politique qui avait différé les mesures de pacification, de réunion à la France, c'étaient la Cour et le ministère. La réunion à la France, qui devait tout arrêter, fut votée par l'Assemblée constituante le 14 septembre, et le ministère, pour nommer les nouveaux commissaires, attendit jusqu'en octobre. Ils n'arrivèrent à Avignon que vers le milieu de novembre, si longtemps après le crime !

Le retard était visiblement calculé par la Cour, dans l'idée et dans l'espoir d'une réaction papiste, qui ferait croire à l'Assemblée que le peuple d'Avignon ne voulait point être français.

Dans tous les malheurs de l'époque, on retrouve comme cause principale l'inertie calculée de la Cour et du ministère.

Qui accuser encore des désastres de Saint-Domingue, sinon la réaction, et Malouet, et Barnave? Ne résultaient-ils pas de l'ajournement arbitraire des décrets libérateurs?

Mêmes retards dans l'organisation des volontaires qui allaient à la frontière.

Le 29 octobre, l'Assemblée manda le ministre Duportail et le somma de s'expliquer sur ce dernier point. Il répondit assez brusquement « qu'il avait donné des ordres. » Était-ce assez pour décharger sa responsabilité? Ne devait-il pas encore surveiller l'exécution? On allègue, en faveur de Louis XVI et de ses ministres, que dans l'affaiblissement du pouvoir, dans le relâchement de tout lien hiérarchique, la volonté la plus sincère donnait peu de résultats. Il est bien permis de douter de cette bonne volonté, quand la simple acceptation des décrets les plus urgents, sans autre peine que de prendre la plume et signer *Louis*, entraînait de longs retards, souvent n'était décidée que par les plaintes menaçantes qui s'en faisaient dans l'Assemblée.

Le 2 novembre, sur des plaintes nouvelles, le jeune et ardent Ducos demanda, obtint que l'Assemblée déclarât qu'elle ne regardait pas les réponses du ministre comme suffisantes, et qu'elle voulait « *que tous les huit jours il lui rendît compte.* » L'administration de la Guerre allait se trouver bientôt transportée du Cabinet et du Conseil dans les Comités de l'Assemblée.

Les deux grandes discussions sur les émigrés et les prêtres se ressentirent fort de cet état de méfiance et d'irritation croissante. Le crescendo est curieux, facile à marquer.

Le 20 octobre, on l'a vu, Brissot se contentait encore d'une triple imposition sur les biens des émigrés. Le 25, Condorcet, plus sévère, voulait qu'on mît un séquestre universel sur leurs biens, et qu'on exigeât d'eux le serment civique. Mais Vergniaud, Isnard, répondant mieux à la pensée du moment, déclarèrent ces mesures insuffisantes. Que signifiait, en effet, de demander un serment légal à des ennemis armés ?

Ce fut le premier jour où ces puissantes voix, organes magnifiques et terribles de l'indignation publique, commencèrent à maîtriser l'Assemblée. Elle retrouva dans Vergniaud les moments nobles et solennels de Mirabeau, la majesté de son tonnerre, sinon les éclats de sa foudre. Mais si l'accent de Vergniaud était moins âpre et moins vibrant, la dignité, l'harmonie de sa parole, exprimaient celles d'une âme bien autrement équilibrée, et qui toujours habita les hautes et pures régions. Noble de nature, au-dessus de tout intérêt et de tout besoin, personne n'a plus que lui honoré la pauvreté. C'était un enfant de Limoges, très heureusement né, doux, et un peu lent, qui fut distingué entre tous par le grand Turgot, alors intendant du Limousin, et envoyé par lui aux écoles de Bordeaux. Il justifia à merveille cette sorte de paternité. Au barreau, à l'Assemblée, parmi des crises si violentes, Vergniaud garda une âme profondément humaine. Il avait beau être orateur, il fut toujours homme; dans ses sublimes colères de tribune, on entend toujours quelque accent de nature ou de pitié. Au sein d'un parti violent, aigri, disputeur, il resta étranger à l'esprit de dispute qui rabaisse tout. On accusa son indécision, une sorte de mollesse et d'indolence dont son caractère n'était pas exempt. On disait que son âme semblait souvent errer ailleurs. Ce n'était pas sans raison. Cette âme, il faut l'avouer, dans le temps où la patrie l'eût réclamée tout entière, elle habitait dans une autre âme. Un cœur de femme, faible et charmant, tenait comme enfermé ce cœur de lion de Vergniaud. La voix et la harpe de mademoiselle Candeille, la belle, la bonne, l'adorable, l'avaient fasciné. Pauvre, il fut aimé, préféré de celle que la foule suivait. La vanité n'y eut point part, ni les succès de l'orateur, ni ceux de la jeune muse dont une pièce obtenait cent cinquante représentations. Ils furent liés d'un lien indissoluble, par leur attribut commun, la bonté. Et ce lien fut si fort, que Vergniaud le préféra à la vie. Il aima mieux mourir près d'elle que de s'en éloigner un instant. Lorsque la mort se présenta, il pouvait bien s'y soustraire ; il semble avoir dit tranquillement : « Mourir tout à l'heure? volontiers. Mais je veux aimer encore. »

Ce doux sujet m'a mené un peu loin de la bataille ; j'y reviens. La nécessité de proposer des mesures efficaces et fortes contre les émigrés dicta à Vergniaud un discours sévère, mais qui ne confirme pas moins ce que nous venons de dire du caractère profondément humain du grand orateur. Dans cette dure circonstance, où le Roi allait avoir à sanctionner une loi qui menaçait ses frères d'un châtiment capital, Vergniaud seul posa l'objection du cœur et de la nature. Il s'adressa au Roi lui-même et s'efforça de le transporter dans la région héroïque de ces antiques pères du peuple qui immolèrent la nature à la patrie. Il dit noblement : « Si le Roi a le chagrin de ne pas trouver en ses frères l'amour et l'obéissance, qu'ardent défenseur de la Liberté, il s'adresse au cœur des Français, il y trouvera de quoi se dédommager de ses pertes. »

Ce discours, noblement équilibré de qualités si contraires, posant fortement la Justice, mais nullement oublieux de l'humanité, laissa beaucoup d'admiration, peu d'entraînement. L'orateur établissait les principes. Quant au succès, insoucieux, dans la majesté du courage, il s'en remettait au destin. L'Assemblée salua son grand orateur, en le portant le lendemain à la présidence. Elle n'adopta pas ses conclusions sévères et donna la priorité au *projet* de Condorcet; *projet* faible, un peu ridicule, si l'on ose dire : il déférait le serment des ennemis armés, s'en rapportait à leur parole, continuait le payement des pensions et traitements à ceux qui, sans respect du serment, n'hésiteraient point de jurer. Au contraire, les gens d'honneur, qui aimeraient mieux sacrifier leurs traitements que leur conscience, Condorcet les punissait par le séquestre de leurs biens.

Il fut combattu (31 octobre) par un député provençal, Isnard, qui changea violemment les dispositions de l'Assemblée. Jamais on ne vit mieux à quel point la passion est contagieuse. Au premier mot, la salle entière vibra, sous une impression électrique ; chacun se crut personnellement interpellé, sommé de répondre, quand ce député inconnu, débutant par l'autorité et presque la menace, lança cet appel à tous : « Je demande à l'Assemblée, à la France, à vous, monsieur (désignant un interrupteur), s'il est quelqu'un qui, de bonne foi, et dans l'aveu secret de sa conscience, veuille soutenir que les princes émigrés ne conspirent pas contre la patrie? Je demande, en second lieu, s'il est quelqu'un dans cette Assemblée qui ose soutenir que tout homme qui conspire ne doive pas être au plus tôt accusé, poursuivi, et puni? S'il en est quelqu'un, qu'il se lève!... »

Vergniaud lui-même qui présidait fut si surpris de cette forme impérieuse et violente, qu'il arrêta l'orateur et lui fit observer qu'il ne pouvait procéder ainsi par interrogation.

« Tant qu'on n'aura pas répondu, continua Isnard, je dirai que nous voilà placés *entre le devoir et la trahison*, entre le courage et la lâcheté, entre l'estime et le mépris... Nous reconnaissons bien tous qu'ils sont coupables; si nous ne les punissons pas, est-ce donc parce qu'ils sont princes?... Il est temps que le grand niveau de l'Égalité passe enfin sur la France libre... C'est la longue impunité des grands criminels qui rend le peuple bourreau. Oui, la colère du peuple, comme celle de Dieu, n'est trop souvent que le supplément terrible du silence des Lois... Si nous voulons être libres, il faut que la Loi seule gouverne, que sa voix foudroyante retentisse également au palais, à la chaumière, qu'elle ne distingue ni rang, ni titres, inexorable comme la mort quand elle tombe sur sa proie... »

Un frisson passa sur la foule, et après un court silence, s'éleva un applaudissement terrible. Une sombre ivresse de colère remplit l'Assemblée, les tribunes. Par un mouvement machinal, tous suivaient ce brûlant parleur, cette sauvage parole africaine ; tous étaient devenus le même homme, emportés de son tourbillon et ne touchant plus la terre.

Il ajouta alors, avec une violence extraordinaire de voix et de gestes : « On vous a dit que l'indulgence est le devoir de la force, que certaines puissances désarment... Et moi, je dis qu'il faut veiller, que le despotisme et l'aristocratie n'ont ni mort ni sommeil, que si les nations s'endorment un instant, elles se réveillent enchaînées... Le moins pardonnable des crimes est celui qui a pour but de ramener l'homme à l'esclavage ; si le feu du ciel était au pouvoir des hommes, il faudrait en frapper ceux qui attentent à la liberté des peuples. »

Ce discours désordonné, comme une trombe du Midi, enleva tout sur son passage. Condorcet essaya de répondre, et personne n'écouta. On décréta, séance tenante, pour première mesure : « Que si Louis-Stanislas-Xavier, prince français, ne rentrait pas dans deux mois, il abdiquait son droit à la régence. » — Le 8 novembre, décret général contre les émigrés, d'après Vergniaud et Isnard : « S'ils ne rentrent au 1ᵉʳ janvier, coupables de conjuration, poursuivis, punis de mort. — Les princes, les fonctionnaires, sont spécialement coupables. — Les revenus des contumaces, perçus au profit de la nation, sauf les droits des femmes, des enfants, des créanciers. — Les officiers, punis comme le soldat déserteur. — L'embauchement, puni de mort. — Dans les quinze premiers jours de janvier, pourra être convoquée la Haute Cour nationale. »

On apprit le surlendemain la tentative de la contre-révolution à Caen, qui avait failli renouveler, sur un curé constitutionnel, l'horrible scène de Lescuyer, égorgé dans l'église d'Avignon. Ici, les nobles armés, avec leurs domestiques armés, étaient venus soutenir le curé réfractaire; ils avaient menacé la Garde nationale, frappé, tiré sur elle, jusqu'à ce qu'elle les désarmât. Le plus grave, c'est que la Commune et le district, pour prévenir le renouvellement de ces collisions, ayant voulu fermer l'église aux réfractaires jusqu'à la décision de l'Assemblée, les administrateurs du département refusèrent d'en signer l'ordre. Tel était le funeste esprit de ces administrations, leur connivence avec les factieux aristocrates, que partout elles paralysaient l'action des lois, les mesures les plus indispensables de police et de salut public. Cambon demanda que l'on convoquât immédiatement la Haute Cour nationale. L'on fit venir le lendemain le ministre Delessert, pour avoir des explications ; on le soupçonnait à bon droit d'avoir contribué lui-même à troubler le Calvados, en travaillant contre l'évêque Fauchet, et encourageant contre lui ces coupables administrateurs.

Pourquoi ce zèle du ministre contre les prêtres citoyens! Le Roi était reconnaissable ici, comme le centre et le chef de la résistance dévote. Ne l'était-il pas aussi de l'émigration armée? On le crut, le 12 novembre, lorsqu'on apporta le *veto* qu'il opposait au dernier décret de l'Assemblée.

Il alléguait que les articles rigoureux de ce décret lui semblaient « ne pouvoir compatir avec les mœurs de la nation et les principes d'une Constitution libre. » Il présentait les lettres qu'il avait lui-même écrites à ses frères et aux émigrés, pour les décider à revenir. Il y disait, entre autres choses, « que l'émigration s'était ralentie, » ce qui était visiblement faux ; « que plusieurs émigrés étaient rentrés, » ce qui n'était que trop vrai. En juin, M. de Lescure et autres Vendéens étaient rentrés avec l'espérance de la guerre civile. Le Roi réclamait la confiance ; et, au même moment, son ministre confident, Bertrand de Molleville, était convaincu d'avoir caché l'émigration des officiers de Marine. Bertrand affirmait hardiment qu'ils étaient tous à leur poste : et plus de cent étaient absents par congé ; près de trois cents, sans congé. La chose fut établie par le Conseil général du Finistère.

Les frères du Roi répondirent bientôt à ses Proclamations qu'elles n'étaient pas l'expression sincère de sa pensée. Monsieur, de plus, fit à l'Assemblée qui représentait la France une réponse dérisoire, une parodie indigne de la réquisition qui lui avait été faite de rentrer : « Gens de l'Assemblée française se disant nationale, la saine raison vous requiert, en vertu du titre I, chapitre I, section I, article I, des lois du sens commun, de rentrer en vous-mêmes, » etc.

La question la plus personnelle au Roi, celle des prêtres, fut bientôt tranchée, et rien n'y contribua davantage qu'un discours d'Isnard, le formidable interprète du ressentiment national. Parleur violent plus que profond, il trouva cependant dans la passion même qui était en lui cette juste et profonde parole, qui montrait la véritable portée de la question religieuse : « Il faut un dénoûment à la Révolution française. »

Le dénoûment politique est dans la question sociale; mais celle-ci elle-même n'a le sien, on le verra de plus en plus, que dans la question religieuse. Dieu seul sait trancher de tels nœuds. C'est dans un changement profond des cœurs, des idées, des doctrines, dans le progrès des volontés, dans l'éducation douce et tendre qui ramène l'homme à sa meilleure nature, que se font les vrais changements. Des lois coactives y font peu. Si le vrai concile de l'époque, l'Assemblée, ne voulait pas toucher au dogme, elle pouvait du moins, dans une question de discipline, le mariage des prêtres, amener à la nature, à la douce humanité, à l'esprit nouveau, une grande partie de ses adversaires. Elle ne s'expliqua pas nettement sur cette question si grave, qui lui fut présentée le 19 octobre, et dès lors elle s'ôta la plus forte prise qu'elle eût eue sur le Clergé.

Isnard avait droit d'invoquer la Loi contre les factieux, contre le prêtre rebelle qui voulait du trouble et du sang; mais, dans son emportement, il semblait près de confondre le crime avec l'innocence : « S'il existe des plaintes, le prêtre rebelle doit sortir du royaume, *il ne faut pas de preuves* contre lui ; car vous ne le souffrez là que par un excès d'indulgence. »

Terrible ivresse! qui lui faisait, au nom du Droit, oublier le Droit et le Juste. Tous la gagnaient en l'écoutant. L'Assemblée parut tout obscure, les ténèbres s'épaissirent, quand ce furieux fanatique se mit à crier : « Les factieux, je les combattrai tous ; je ne suis d'aucun parti. *Mon dieu, c'est la Loi ;* je n'en ai pas d'autres! »

Isnard avait le tempérament d'un sombre et violent dévot. Il l'était alors à la Loi, à la Raison, qui elle-même était bien Dieu aussi. Tout à l'heure, sous l'impression de la Terreur, nous verrons le même homme, environné de la mort, s'affaisser au mysticisme; puis, farouche dans la réaction, furieux dans le repentir, attiser les flammes civiles par des paroles meurtrières qui ajoutèrent cruellement à toutes les fureurs du Midi.

L'Assemblée hésita à décréter l'impression de ce malencontreux discours, et finalement la refusa. Mais peu après, l'on put voir qu'elle en avait reçu l'esprit. Le 22 novembre, elle nomma quatre Grands Juges pour l'affaire de Caen; le 25, elle créa un Comité de Surveillance; les noms furent significatifs : d'abord Isnard et Fauchet, Goupilleau (de la Vendée), Antonelle (des Bouches-du-Rhône); des Jacobins violents, Grangeneuve et Chabot, Bazire et Merlin, Lecointre, Thuriot, etc.

Ce choix fait pressentir assez le décret qu'on va porter (29 novembre 91); décret violent, passionné, qui fut reçu comme un défi du parti qu'on voulait frapper, et n'eut d'autre effet que celui d'un appel à la résistance.

Ses considérants, remarquables par un grand appareil logique, partent du *Contrat social*, « qui protège, mais qui lie tous les hommes de l'État. » Le serment, *purement civique*, est la caution que tout citoyen doit donner de sa fidélité à la Loi. — Si le ministre d'un culte refuse de reconnaître la Loi (qui assure la liberté religieuse, sans autre condition que le respect pour l'ordre public), il annonce par ce refus même que son intention n'est pas de respecter la Loi.

Le serment civique sera exigé sous le délai de

huit jours. — Ceux qui refuseront seront tenus *suspects* de révolte, et recommandés à la surveillance des autorités. — S'ils se trouvent dans une commune où il survient des troubles religieux, le directoire du département peut les éloigner de leur domicile ordinaire. — S'ils désobéissent, emprisonnés pour un an, au plus. — S'ils provoquent la désobéissance, deux ans. — La commune où la force armée est obligée d'intervenir en supportera les frais. — Le magistrat qui refuse ou néglige de réprimer sera poursuivi. — Les églises ne serviront qu'au culte salarié par l'État. Celles qui n'y sont pas nécessaires pourront être achetées par un autre culte, mais non pour ceux qui refusent le serment. — Les municipalités enverront aux départements, et ceux-ci à l'Assemblée, les listes des prêtres qui ont juré et de ceux qui ont refusé, avec des observations sur leur coalition entre eux et avec les émigrés, de sorte que l'Assemblée avise aux moyens d'extirper la rébellion. — L'Assemblée regarde comme un bienfait les bons ouvrages qui peuvent éclairer les campagnes sur les questions prétendues religieuses; elle les fera imprimer et récompensera les auteurs.

Ce décret était fondé en droit *à l'égard des prêtres*, qui ne sont nullement des citoyens ordinaires, qui ont un privilège énorme et se trouvent bien plus responsables, exerçant une magistrature, et la plus autorisée. Si vous dites qu'elle est antérieure, extérieure à l'action de l'État, voyez ce qui en résulte : c'est que cette autorité extérieure, placée aux fondements mêmes de la société, peut les ruiner à son aise et se trouver un matin avoir renversé l'État. Le partage entre l'État et le prêtre a ce résultat étrange ; l'État dit à l'autre : « Prends l'âme ; moi, je garderai le corps, je gouvernerai ses mouvements ; à toi la volonté, à moi l'action. » Division puérile, impossible : l'action dépend de celui dont dépend la volonté.

Le décret avait un grand défaut, c'était de faire porter justement la répression sur un point où tout le monde se ferait honneur de la mériter. Dans une question de conscience, elle portait une peine *d'argent!* Quel avantage elle donnait à l'ennemi ! Au défaut de fanatisme, l'honneur seul, l'honneur du gentilhomme, la noble folie de la vieille France, allait, à coup sûr, faire oublier toute considération de devoir public, d'amour de la paix. Ceux mêmes qui, au nom du salut commun, du vrai Christianisme, se seraient soumis, on les ramenait, par cette pénalité basse, à la question du point d'honneur et de la dignité personnelle.

Il ne fallait point de décret, point de mesure générale. Il fallait des hommes, — des hommes dans la main de l'Assemblée, agissant sous la direction vigoureuse de ses Comités, mais d'une manière très diverse, selon l'état moral des provinces, qui différait infiniment.

Ces hommes ne se trouvaient guère, il est vrai, dans l'administration départementale, ni dans le pouvoir judiciaire, tous deux faibles, détendus, remis au hasard des élections, des influences locales. Spectacle étrange de ce grand corps de la France, non organisée encore, non centralisée. Le centre organique (je parle de l'Assemblée) pensait, voulait, menaçait, mais, du centre aux extrémités qui devaient exécuter, il n'y avait qu'un lien incertain et infidèle ; l'Assemblée, dans son décret, disait bien qu'elle voulait lever le glaive ; pour lever, il faut une main ; or, elle n'en avait pas.

C'était le triste spectacle d'un pauvre paralytique qui crie, menace de sa chaise, sans pouvoir bouger de là. S'il sortait de son impuissance, ce ne pourrait être que par une étrange révolution, un terrible accès de fureur.

La force manquant, la fureur vint au secours. N'ayant ni administration, ni tribunaux à elle, la Révolution agit par les Clubs, par l'appel à la violence, et elle réussit à agir, — en brisant tout, et se brisant.

Tel est le sort d'un État imprévoyant qui n'a su organiser ni l'action, ni la répression. Celui qui n'ayant ni le commencement, ni la fin, n'ayant point l'initiation morale et religieuse, la laissant au prêtre, n'a pas non plus dans sa main ce qui corrige et remédie, le pouvoir judiciaire, un tel État, dis-je, est perdu. Malheur à ceux qui, comme l'Assemblée constituante, abdiquent le glaive de Justice ! malheur à ceux qui, comme nous, par un respect superstitieux pour l'inamovibilité, le laissent à leurs ennemis. La Révolution, jugée chaque jour par la contre-révolution, périrait dans un temps donné.

Le décret fait, bon ou mauvais, il restait de le respecter. Peut-être eût-il fait peu de mal si on en eût modifié, ralenti l'application, spécialement dans l'Ouest. Mais il provoqua dans Paris une fatale résistance de la part de la Cour et des constitutionnels. Ceux-ci, exclus de toute action, même indirecte, sur l'Assemblée, furent ravis de lui faire obstacle. Ils étaient réfugiés dans un corps et dans un Club, le Club des Feuillants, le corps du département de Paris. L'un prépara, l'autre signa, une *protestation* adressée au Roi, où on le priait d'apposer son *veto* au décret relatif aux prêtres. Ne tenant nul compte des circonstances, restant dans les principes abstraits, paraissant croire qu'il s'agissait d'hommes inoffensifs et paisibles, faisant partout la confusion du prêtre et du citoyen, n'ayant pas l'air de soupçonner que le premier, investi d'une si dangereuse autorité, est plus responsable que l'autre, le directoire de Paris invoquait le *veto* du Roi, comme si le Roi, à cette époque, eût été vraiment une force. Mettre le Roi devant les prêtres contre le courant qui venait, c'était vouloir que prêtres, Roi et directoire de Paris, tout fût brisé du même coup.

Les signataires de cet acte insensé étaient pourtant des gens d'esprit, des Talleyrand, des Baumetz, etc. Voilà à quoi l'esprit sert, l'habitude de saisir finement les petits rapports des choses, de regarder à la loupe, de manier avec dextérité le monde et l'intrigue. Il ne faut pas de finesse en révolution. Le génie, pour embrasser les grandes masses, doit être grand, simple, grossier, si j'ose parler ainsi.

Une réponse, bien autrement spirituelle, aiguë et perçante (la pièce la plus française qui ait été écrite depuis la mort de Voltaire), leur fut lancée par Desmoulins, sous forme de pétition à l'Assemblée nationale. Lui-même l'apporta à la barre, et, se défiant de son organe embarrassé, il la fit lire par Fauchet. L'originalité de cette pièce, c'est que, dans une grande question politique et d'équité, le malicieux basochien n'attestait que le Droit strict, le texte des Lois, de ces mêmes Lois que les membres du directoire avaient faites comme membres de l'Assemblée constituante ; il les battait de leurs armes, les perçait de leurs propres flèches. *La loi contre ceux qui avilissent les pouvoirs publics*, celle qui punit *les pétitions collectives*, il montrait parfaitement qu'ici elles tombaient d'aplomb sur leurs propres auteurs, qu'ils étaient coupables d'avoir tenté d'avilir le premier pouvoir, l'Assemblée, et concluait à ce que le directoire fût mis en accusation.

Il qualifiait la pétition du directoire, comme : « le premier feuillet d'un grand registre de contre-révolution, une souscription de guerre civile, envoyée à la signature de tous les fanatiques, de tous les idiots, de tous les esclaves permanents, de tous les ci-devant voleurs, » etc.

Le plus grave en cette pièce, ce qui porta coup, ce fut la tranchante ironie par laquelle il arracha le voile de la situation, formula en pleine lumière ce qui nageait obscur dans tous les esprits; formule d'une netteté terrible, qui frappait le Roi en l'innocentant : elle reste le jugement de l'Histoire :

« Nous ne nous plaignons ni de la Constitution qui a accordé le *veto*, ni du Roi qui en use, nous souvenant de la maxime d'un grand politique, de Machiavel :

« Si le prince doit renoncer à la souveraineté, la
« nation serait trop injuste, trop cruelle, de trou-
« ver mauvais qu'il s'opposât constamment à la
« volonté générale, parce qu'il est difficile et
« contre nature de tomber volontairement de si
« haut. »

« Pénétrés de cette vérité, prenant exemple de Dieu même, *dont les commandements ne sont point impossibles,* nous n'exigerons jamais du ci-devant souverain un amour impossible de la souveraineté nationale, et nous ne trouvons point mauvais qu'il oppose son *veto* précisément aux meilleurs décrets. »

C'était toucher le fond du fond. L'Assemblée en fut frappée, reconnut son propre sentiment.

adopta la pièce comme sienne, décréta l'insertion au procès-verbal, et l'envoi du procès-verbal aux départements. Le lendemain, les membres qui appartenaient aux Feuillants, étant arrivés de bonne heure, au nombre de 260, firent une majorité contraire, annulèrent le décret de la veille, à la grande indignation des tribunes et du public. Dès lors, une guerre commença contre leur Club ; placé à la porte de l'Assemblée et dans ses bâtiments mêmes, l'affluence des deux foules devait y causer du tumulte, peut-être des collisions.

Cette lutte intérieure, qui ne laissait pas que d'agiter Paris, éclatait au moment même où l'autorité était désarmée, et par la retraite de La Fayette qui quittait le commandement, et par son échec aux élections municipales (17 novembre 91). La Reine, nous l'avons dit, en haine de La Fayette, fit voter les royalistes pour le jacobin Pétion, qui eut 6,700 voix contre les 3,000 de son concurrent. La Reine avait dit : « Pétion est un sot, un homme incapable de faire ni bien, ni mal. » Mais, derrière lui, venait Manuel, comme procureur de la Commune ; derrière Manuel, son substitut, le formidable Danton. La Reine, en favorisant le succès de Pétion, ouvrit la porte à celui-ci.

La guerre intérieure, contre les prêtres et le Roi qui les défend ; la guerre extérieure, contre les émigrés et les rois qui les protègent, se prononcent de plus en plus, non dans les actes encore, mais dans les paroles, les menaces, le bouillonnement visible des cœurs.

Le 22 novembre, l'Assemblée écouta un rapport de Koch sur l'état menaçant de l'Europe, sur les vexations dont les citoyens français de l'Alsace étaient l'objet de la part des émigrés et des princes qui toléraient leurs rassemblements. Ces vexations dénoncées à M. de Montmorin l'avaient médiocrement ému ; il avait répondu en termes vagues, et n'avait rien fait. L'Assemblée ne pouvait imiter cette indifférence. Le Comité diplomatique demandait qu'on rappelât aux princes la Constitution germanique, qui leur interdit tout ce qui peut entraîner l'Empire dans une guerre étrangère, et que le pouvoir exécutif prît des mesures pour les forcer à dissoudre ces rassemblements armés.

La question, resserrée par Koch, fut étendue par Isnard, replacée dans sa grandeur. C'était la question de la guerre. Il établit hardiment tout l'avantage qu'il y avait pour la France à forcer ses ennemis de se déclarer, et, s'il le fallait, à frapper les premiers coups.

« Élevons-nous dans cette circonstance à toute la hauteur de notre mission ; parlons aux ministres, au Roi, à l'Europe, avec la fermeté qui nous convient. Disons à nos ministres que jusqu'ici la nation n'est pas très satisfaite de la conduite de chacun d'eux ; que désormais ils n'ont à choisir qu'entre la reconnaissance publique et la vengeance des Lois ; et que par le mot responsabilité nous entendons la mort. — Disons au Roi que son intérêt est de défendre la Constitution; que sa couronne tient à ce palladium sacré; qu'il ne règne que par le peuple et pour le peuple; que la nation est son souverain, et qu'il est sujet de la Loi. Disons à l'Europe que le peuple français, s'il tire l'épée, en jettera le fourreau; que si, malgré sa puissance et son courage, il succombait en défendant la Liberté, ses ennemis ne régneraient que sur des cadavres. Disons à l'Europe que si les Cabinets engagent les rois dans une guerre contre les peuples, nous engagerons les peuples dans une guerre contre les rois. (On applaudit.) Disons-lui que tous les combats que se livreront les peuples par ordre des despotes... (Les applaudissements continuent.) N'applaudissez pas, n'applaudissez pas, respectez mon enthousiasme, c'est celui de la Liberté.

« Disons-lui que tous les combats que se livrent les peuples par ordre des despotes ressemblent aux coups que deux amis, excités par un instigateur perfide, se portent dans l'obscurité; si la clarté du jour vient à paraître, ils jettent leurs armes, s'embrassent et châtient celui qui les trompait. De même, si, au moment que les armées ennemies lutteront avec les nôtres, le jour de la philosophie frappe leurs yeux, les peuples s'embrasseront, à la face des tyrans détrônés, de la terre consolée et du ciel satisfait. »

Cette puissante colère d'Isnard était véritablement divinatrice et prophétique. Tout ce qu'il disait, le 29 novembre, sur la perfidie des rois et le besoin de les prévenir, commença à éclater bien peu après. Le 3 décembre, Léopold écrivait à Vienne un acte, modéré dans la forme, mais qui, posant la question sur un point vraiment insoluble, annonçait assez l'intention de se ménager une querelle éternelle et la pensée ultérieure d'agir, quand il serait prêt.

Sa conduite était évidemment double. Comme Léopold et comme Autrichien, il était ami de la France; il réprimait les insultes faites dans ses États aux Français qui portaient la cocarde nationale. Mais comme Empereur, il empêchait les princes possessionnés en Alsace d'accepter les dédommagements que la France leur offrait; il rompait même et annulait les arrangements qu'ils avaient pu prendre déjà, voulait les forcer à obtenir leur réintégration entière, annonçant la résolution *de les soutenir et de leur donner secours*. Et le motif qu'il alléguait était de ceux qui rendent la guerre inévitable, fatale : la question même de la souveraineté: Les terres en question, disait-il, n'étaient *pas tellement soumises à la souveraineté* du Roi, qu'il pût en disposer en indemnisant les propriétaires. Donc, il y voyait des enclaves purement germaniques de l'Empire au milieu de la France; la France, sans le savoir, avait l'Empire dans ses flancs, l'ennemi dans ses positions les plus dangereuses, derrière ses lignes les plus exposées. La question présentée ainsi, il était facile à prévoir qu'on ne voulait point la dénouer, mais la garder comme un *en-cas* de guerre, et la trancher par l'épée.

Le 14 décembre, le Roi vint déclarer à l'Assemblée qu'il ne verrait qu'un ennemi dans l'Électeur de Trèves, si, avant le 15 janvier, il n'avait dissipé les rassemblements armés. Il fut applaudi, mais sa popularité y gagna peu. Il ne s'expliquait pas sur l'étrange message de l'Empereur, qui occupait les esprits. Il annonçait qu'il ne s'écarterait jamais de la Constitution; mais à l'instant il l'appliquait de la manière la plus propre à soulever l'indignation publique, en apposant son *veto* au décret rendu contre les prêtres (19 décembre 91). L'indignation publique se tourna contre les Feuillants, dont les chefs conseillaient la Cour. Des scènes violentes eurent lieu à leur Club; et l'Assemblée décida qu'aucun Club ne pourrait se réunir dans les bâtiments où elle siégeait.

Le décret contre les prêtres, le *veto* du Roi, ce n'est pas moins que la guerre. C'est le point où la conscience rencontrant la conscience, le Roi se posant juste à l'encontre du peuple, l'un ou l'autre sera brisé.

Et sur cet orage bas, lourd, sombre, de la lutte intérieure, plane l'orage lumineux, grandiose, de la guerre européenne qui se prépare en même temps. Il détone de moment en moment, avec des éclats sublimes.

Il éclate, aux Jacobins, le 18 décembre, d'une manière originale, fantastique et sauvage, à laquelle cette société politique, mieux disciplinée qu'on ne croit, n'était guère habituée. Elle était présidée, ce jour-là, par le prophète de la guerre, le violent prédicateur de la croisade européenne ; on voit que je parle d'Isnard. Une scène infiniment touchante (que j'ai contée au long, plus haut, t. III) venait d'avoir lieu : on avait, en présence d'un député des sociétés anglaises, intronisé dans la salle les drapeaux des nations libres, française, anglaise, américaine. Le député, accueilli comme on n'accueille qu'en France, entouré de jeunes et charmantes femmes qui apportaient en présent pour leurs frères anglais les produits de leur travail, venait de répondre avec l'embarras d'une vive émotion. Un autre présent fut apporté, celui d'un Suisse de Neuchâtel, de ce Virchaux qui, en Juillet, écrivit, au Champ-de-Mars, la pétition pour la République. C'était une épée de Damas, qu'il offrait pour le premier général français qui vaincrait les ennemis de la Liberté. Cette épée donnée par la Suisse, esclave encore et suppliante, à la Révolution française qui allait la délivrer, c'était un touchant symbole. Quarante Suisses, les pauvres Vaudois du Régiment de Châteauvieux, étaient sur les galères de France, comme pour nous mieux rappeler le monde enchaîné qui espère en nous.

Isnard fut saisi d'un transport extraordinaire.

Il embrassa cette épée, et la brandissant bien haut, il parla mieux qu'Ézéchiel : « La voilà !... Elle sera victorieuse... La France poussera un grand cri, tous les peuples répondront. La terre se couvrira de combattants, et les ennemis de la Liberté seront effacés de la liste des hommes ! »

CHAPITRE V

SUITE DE LA QUESTION DE LA GUERRE
MADAME DE STAEL ET NARBONNE
AU POUVOIR

(DÉCEMBRE 1791 — MARS 1792)

Opposition de madame Roland et de Robespierre. — *Il est pour la guerre, au 28 novembre; depuis, pour la paix.* — *Madame de Staël fait M. de Narbonne ministre de la Guerre, 7 décembre.* — *Vues diverses de la Cour, des Feuillants, des Girondins.* — *La Cour craignait la guerre.* — *Robespierre suppose qu'elle veut la guerre, conspire avec les Feuillants et la Gironde.* — *Les Girondins ne peuvent répondre nettement à Robespierre.* — *Leur conduite double.* — *Impuissance de Narbonne, janvier 91.* — *Vague et nullité des moyens que propose Robespierre.* — *L'Europe veut ajourner la guerre; la Gironde, la décider.* — *Louvet contre Robespierre, Desmoulins contre Brissot.* — *Defiance et inertie des Jacobins.* — *La Cour et les prêtres organisent la guerre intérieure.* — *La Gironde confie les armes au peuple.* — *Piques et bonnet rouge, janvier-février 92.* — *La Gironde frappe la Cour par l'accusation des ministres, 18 mars 92.* — *La Cour accepte le ministère girondin.*

Au moment où Isnard brandit l'épée de la guerre, où toute la salle, illuminée par cette lueur d'acier, croulait presque d'applaudissements, Robespierre monta, d'un air sombre, à la tribune, et dit froidement, lentement : « Je supplie l'assemblée de supprimer ces mouvements d'éloquence matérielle ; ils peuvent entraîner l'opinion, qui a besoin, en ce moment, d'être dirigée par l'exemple d'une discussion tranquille. »

Il descendit, et un froid pesant retomba sur l'assemblée. Le paralytique Couthon, se soulevant de sa place, demanda l'ordre du jour. La société était si docile, si parfaitement disciplinée, qu'au grand étonnement de la Gironde, elle vota l'ordre du jour.

C'était ce dernier parti, qui, trois mois durant, avait presque toujours, par Brissot, Fauchet, Condorcet, Isnard, Grangeneuve, présidé les Jacobins. Sa chaleur et son élan avaient en quelque sorte, ravi la société hors d'elle-même. En réalité, il lui était extérieur et étranger, d'un génie essentiellement contraire ; il n'y pouvait avoir racine.

La dissidence profonde éclata sur la question

de la guerre. La Gironde voulait la guerre extérieure ; les Jacobins, la guerre aux traîtres, aux ennemis du dedans. La Gironde voulait la propagande et la croisade ; les Jacobins, l'épuration intérieure, la punition des mauvais citoyens, la compression des résistances par voie de terreur et d'inquisition.

Leur idéal, Robespierre, exprimait parfaitement leur pensée, quand il dit, ce même soir (18 décembre 91) : « La défiance est au sentiment intime de la Liberté ce que la jalousie est à l'amour. »

Nous avons perdu de vue, depuis quelque temps, ce sombre personnage. Membre de la Constituante, il se trouvait par cela même exclu de la Législative. Il venait de passer deux mois à Arras. Dans ce court voyage, le seul moment de rafraîchissement d'esprit qu'il ait eu avant la mort, Robespierre avait été vendre le foyer de sa famille. Il voulait, avant les grandes luttes qu'il prévoyait, ramasser son existence, la concentrer toute *chez lui;* chez lui, c'est-à-dire à Paris, rue Saint-Honoré, aux Jacobins, au sein de la société que nous avons vue, en septembre, réorganisée par lui, et dont, en décembre, nous le voyons toujours, en dépit de la Gironde, le dominateur.

Tout le voyage avait été un triomphe. Sorti de l'Assemblée constituante, presque sur les bras du peuple, Robespierre vit, de ville en ville, les sociétés patriotiques venir au-devant de lui. Son rôle dans l'Assemblée, cette position de défenseur unique du principe abstrait de la démocratie, l'avait mis bien haut. Il apparaissait déjà, aux regards des plus pénétrants, comme le premier homme, le centre et le chef probable des associations jacobines qui couvraient la France. Madame Roland en avait jugé ainsi, et de son désert où elle était retournée, elle lui avait écrit (13 septembre) une lettre très digne, mais flatteuse et bien calculée. Nous ne voyons pas qu'il ait répondu à ces avances. Du Girondin au Jacobin, il y avait différence, non fortuite, mais naturelle, innée, différence d'espèce, haine instinctive, comme du loup au chien. Madame Roland, en particulier, par ses qualités brillantes et viriles, effarouchait Robespierre. Tous deux avaient ce qui semblerait pouvoir rapprocher les hommes, et qui, au contraire, crée entre eux les plus vives antipathies : *avoir un même défaut*. Sous l'héroïsme de l'une, sous la persévérance admirable de l'autre, il y avait un défaut commun, disons-le, un ridicule. Tous deux ils écrivaient toujours, *ils étaient nés scribes*. Préoccupés, on le verra, du style, autant que des affaires, ils ont écrit la nuit, le jour, vivant, mourant; dans les plus terribles crises et presque sous le couteau, la plume et le style furent pour eux une pensée obstinée. Vrais fils du dix-huitième siècle, du siècle éminemment littéraire et *bellétriste*, pour dire comme les Allemands, ils gardèrent ce caractère dans les tragédies d'un autre âge. Madame Roland, d'un cœur tranquille, écrit, soigne, caresse ses admirables portraits, pendant que les crieurs publics lui chantent sous ses fenêtres : « La mort de la femme Roland. » Robespierre, la veille du 9 Thermidor, entre la pensée de l'assassinat et celle de l'échafaud, arrondit sa période, moins soucieux de vivre, ce semble, que de rester bon écrivain.

Comme politiques et gens de lettres, dès cette époque, ils s'aimaient peu. Robespierre, d'ailleurs, avait un sens trop juste, une trop parfaite entente de l'unité de vie nécessaire aux grands travailleurs, pour se rapprocher aisément de cette femme, de cette reine. Près de madame Roland, qu'eût été la vie d'un ami ? ou l'obéissance, ou l'orage. L'humble maison des Duplay lui allait bien mieux. Là, il était roi lui-même, que dis-je ? dieu plutôt, l'objet d'une dévotion passionnée. Toutefois, revenant d'Arras, il ne put y entrer encore : il ramenait sa sœur, la fière demoiselle Charlotte de Robespierre, qui n'était nullement d'humeur à céder son frère à personne. Il fallut qu'il s'établît avec elle, rue Saint-Florentin, au grand déplaisir de madame Duplay, qui, dès lors, entra avec la sœur en état de guerre, attendant impatiemment le moment de reconquérir Robespierre, et rôdant autour, comme une lionne dont on a volé les petits.

Robespierre, qui venait de traverser toutes ces campagnes guerrières, la Picardie émue et ne voulant que combats, s'était montré d'abord, en arrivant (le 28 novembre), aussi guerrier que personne. Il était même sorti de sa voie ordinaire, de son respect affecté pour la Constitution, pour hâter les mesures décisives. Il voulait que l'Assemblée, *au lieu de s'adresser au Roi* pour qu'il parlât à l'Empereur, allât tout droit à celui-ci, sommât Léopold de disperser les émigrés, sinon *qu'elle lui déclarât la guerre*, au nom de la nation, des nations ennemies des tyrans. « Traçons autour de l'Empereur le cercle que Popilius traçait autour de *Mithridate* » (il veut dire Antiochus), etc., etc.

Il eut bientôt quelque sujet de regretter sa précipitation. De graves considérations le rejetèrent brusquement au parti de la paix, qu'il ne quitta plus :

1° Pendant son absence, ses rivaux, les Girondins, s'étaient emparés de l'idée populaire de la guerre, s'étaient placés comme à la proue de ce grand vaisseau de la France, au moment où une impulsion énormément puissante qu'il contenait en ses flancs allait le lancer sur l'Europe. Ces hommes, la plupart légers, les Brissot et les Fauchet, disputeurs, comme Guadet, aveuglément violents, comme Isnard, tous peu capables à coup sûr de diriger la machine, siégeant à la proue, non au gouvernail, n'en faisaient pas moins l'effet de pilotes, revendiquaient pour eux-mêmes tout ce qu'allait faire la fatalité. Se décider pour la guerre, si Robespierre l'avait fait, c'était se mettre à la suite, et favoriser sans doute l'illusion publique qui leur en donnait tout l'honneur.

2° Le 5 décembre, la Cour, au grand étonnement de tout le monde, reçut des mains des Feuillants qu'elle haïssait et méprisait bien plus que les Jacobins, un ministre de la Guerre. Les Feuillants, maltraités par la Cour, pour qui ils avaient tant fait, La Fayette, repoussé par elle des élections municipales, s'étaient coalisés pour lui imposer, comme ministre, M. de Narbonne, amant de madame de Staël. Celle-ci, depuis le départ de Mounier et de Lally, représentait par le talent le parti anglais semi-aristocrate, celui qui voulait les deux Chambres. — Robespierre, avec son imagination prodigieusement défiante, et crédule à force de haine, s'empressa de croire que ses rivaux, les Girondins, étaient en accord avec le parti feuillant et anglais. L'un et l'autre parti, il est vrai, voulaient la guerre, mais avec cette différence : les Feuillants, pour relever le trône ; la Gironde, pour le renverser.

3° Le troisième point, qui peut sembler hypothétique et conjectural, mais qui pour moi n'est pas douteux, c'est que les sociétés jacobines des provinces, composées en partie d'acquéreurs de biens nationaux, et influencées par eux, ne voulaient nullement la guerre. Robespierre, en la repoussant, fut leur très fidèle organe.

Distinguons entre les acquéreurs. Le paysan qui

achetait quelque parcelle minime avec ses épargnes, une dot récemment reçue, ou, comme nous l'avons dit, avec les premiers fruits du bien, n'était pas embarrassé; n'ayant pas affaire au crédit, il ne craignait point le resserrement des capitaux, il ne redoutait point la guerre.

Mais l'acquéreur en grand, le spéculateur des villes, n'achetait généralement qu'au moyen de quelque emprunt. La proposition de la guerre lui sonnait mal aux oreilles; elle le surprenait dans une opération délicate, où, malgré les délais et le bon marché, il pouvait trouver sa ruine, si la banque tout à coup lui fermait ses coffres. Il ne faut pas demander si cet homme embarrassé se jetait aux Jacobins; il remplissait la société de sa ville de cris, de plaintes, de défiances, d'accusations de toute sorte, pour entraver le mouvement. Il ne se bornait pas à crier: il écrivait, il faisait voter, écrire, à qui? à la société-mère, aux Jacobins de Paris, au pur, à l'honnête, à l'irréprochable Robespierre. On le priait, on le chargeait d'arrêter ce funeste élan qui, dans le hasard d'une guerre, pouvait mettre la France aux mains des traîtres, livrer ses armées, ouvrir ses frontières, anéantir sa Révolution.

Robespierre, désintéressé lui-même (sinon de haine et d'orgueil), défendit ces intérêts.

D'abord favorable à la guerre, il avait paru sentir qu'elle était le mouvement naturel et spontané de la Révolution. Puis, sous une autre influence, il parvint à se persuader que cette grande chose était l'effet d'une intrigue.

Voici, en réalité, la part exacte que l'intrigue avait en ceci :

Madame de Staël, fille de Necker, née dans cette maison de sentimentalité, de rhétorique et d'emphase, de larmes faciles, avait de grands besoins de cœur, en proportion de son talent. Elle cherchait d'amour en amour, parmi les hommes du temps, à qui elle donnerait ce cœur; elle aurait voulu un héros; n'en trouvant pas, elle compta sur le souffle puissant, chaleureux, qui était en elle, et elle entreprit d'en faire un.

Elle trouva un joli homme, roué, brave, spirituel, M. de Narbonne. Qu'il y eût peu ou beaucoup d'étoffe, elle crut qu'elle suffirait, étant doublée de son cœur. Elle l'aimait surtout pour les dons héroïques qu'elle voulait mettre en lui. Elle l'aimait, il faut le dire aussi (car elle était une femme), pour son audace, sa fatuité. Il était fort mal avec la Cour, mal avec bien des salons. C'était vraiment un grand seigneur, d'élégance et de bonne grâce, mais mal vu des siens, d'une consistance équivoque. Ce qui piquait beaucoup les femmes, c'est qu'on se disait à l'oreille qu'il était le fruit d'un inceste de Louis XV avec sa fille. La chose n'était pas invraisemblable. Lorsque le parti jésuite fit chasser Voltaire et les ministres voltairiens (les d'Argenson, Machault encore, qui parlait trop des biens du Clergé), il fallait trouver un moyen d'annuler la Pompadour, protectrice de ces novateurs. Une fille du Roi, vive et ardente, Polonaise comme sa mère, se dévoua, autre Judith, à l'œuvre héroïque, sanctifiée par le but. Elle était extraordinairement violente et passionnée, folle de musique où la dirigeait le peu scrupuleux Beaumarchais. Elle s'empara de son père, et le gouverna quelque temps, au nez de la Pompadour. Il en serait résulté, selon la tradition, ce joli homme, spirituel, un peu effronté, qui apporta en naissant une aimable scélératesse à troubler toutes les femmes.

Madame de Staël avait une chose bien cruelle pour une femme; c'est qu'elle n'était pas belle. Elle avait les traits gros, et le nez surtout. Elle avait la taille assez forte, la peau d'une qualité médiocrement attirante. Ses gestes étaient plutôt énergiques que gracieux; debout, les mains derrière le dos, devant une cheminée, elle dominait un salon, d'une attitude virile, d'une parole puissante, qui contrastait fort avec le ton de son sexe, et parfois aurait fait douter un peu qu'elle fût une femme. Avec tout cela, elle n'avait que vingt-cinq ans, elle avait de très beaux bras, un beau col à la Junon, de magnifiques cheveux noirs qui, tombant en grosses boucles, donnaient grand effet au buste, et même relativement faisaient paraître les traits plus délicats, moins hommasses. Mais ce qui la parait le plus, ce qui faisait tout oublier, c'étaient ses yeux, des yeux uniques, noirs et inondés de flammes, rayonnants de génie, de bonté et de toutes les passions. Son regard était un monde. On y lisait qu'elle était bonne et généreuse entre toutes. Il n'y avait pas un ennemi qui pût l'entendre un moment, sans dire en sortant, malgré lui : « O la bonne, la noble, l'excellente femme ! »

Retirons le mot de génie, pourtant ; réservons ce mot sacré. Madame de Staël avait, en réalité, un grand, un immense talent, et dont la source était au cœur. La naïveté profonde, et la grande invention, ces deux traits saillants du génie, ne se trouvèrent jamais chez elle. Elle apporta en naissant un désaccord primitif d'éléments qui n'allait pas jusqu'au baroque, comme chez Necker, son père, mais qui neutralisa une bonne partie de ses forces, l'empêcha de s'élever et la retint dans l'emphase. Ces Necker étaient des Allemands établis en Suisse. C'étaient des bourgeois enrichis. Allemande, Suisse et bourgeoise, madame de Staël avait quelque chose, non pas lourd, mais fort, mais épais, peu délicat. D'elle à Jean-Jacques, son maître, c'est la différence du fer à l'acier.

Justement parce qu'elle restait bourgeoise, malgré son talent, sa fortune, son noble entourage, madame de Staël avait la faiblesse d'adorer les grands seigneurs. Elle ne donnait pas l'essor complet à son bon et excellent cœur, qui l'aurait mise entièrement du côté du peuple. Ses jugements, ses opinions, tenaient fort à ce travers. En tout, elle avait du faux. Elle admirait, entre tous, le peuple qu'elle croyait éminemment aristocratique, l'Angleterre, révérant la Noblesse anglaise, ignorant qu'elle est très récente, sachant mal cette histoire, dont elle parlait sans cesse, ne soupçonnant nullement le mécanisme par lequel l'Angleterre, puisant incessamment d'en bas, fait toujours de la Noblesse. Nul peuple ne sait mieux faire du vieux.

Il ne fallait pas moins que le grand rêveur, le grand fascinateur du monde, l'amour, pour faire accroire à cette femme passionnée qu'on pouvait mettre le jeune officier, le roué sans consistance, créature brillante et légère, à la tête d'un si grand mouvement. La gigantesque épée de la Révolution eût passé, comme gage d'amour, d'une femme à un jeune fat! Cela était déjà assez ridicule. Ce qui l'était encore plus, c'est cette chose hasardée : elle prétendait la faire dans les limites prudentes d'une politique bâtarde, d'une Liberté quasi anglaise, d'une association avec les Feuillants, un parti fini, avec La Fayette, à peu près fini. De sorte que la folie n'avait pas même ce qui fait réussir la folie parfois, d'être hardiment folle.

Un homme d'esprit, qu'on a de nos jours ridiculement exagéré comme prudence et prévoyance, Talleyrand, s'était aussi, à l'étourdie, embarqué dans cette sottise. A la légère, il se laissa envoyer en Angleterre par la petite coalition. Il fut à peine reçu ; partout on lui tourna le dos.

Qui ne voyait derrière ce parti mixte, impuissant, venir l'ardente Gironde ? Celle-ci n'avait pas eu la peine de rêver, d'inventer la guerre. Elle était fille de la guerre, c'est la guerre qui l'avait nommée. Elle arrivait, bouillonnante, sur la vague belliqueuse du grand océan de la Révolution, impatient de déborder. Madame de Staël avait son talent et son intrigue, son salon européen, et surtout anglais, les *débris* de la Constituante et feu M. de La Fayette. La Gironde avait l'élan, l'impulsion immense des six cent mille volontaires qui allaient se mettre en marche ; elle avait ses machines populaires dont elle battait à la fois les Feuillants et les Jacobins ; je parle surtout de la fabrication des piques, et du bonnet rouge, qu'elle inventa en décembre.

La Gironde laissait aller les Feuillants, madame de Staël et Narbonne ; elle les favorisait de ses vœux, trouvait très bon qu'ils travaillassent pour elle. Cette épée, une fois tirée, qui la manierait, sinon la Gironde ? Elle comptait en faire double usage : contre le Roi, contre les rois ; d'un revers abattre le trône, et la pointe, la porter à la gorge de l'ennemi du dehors, qui par derrière à ce moment verrait les peuples soulevés.

La Cour avait une peur effroyable de la guerre, nous le savons maintenant de la manière la plus certaine. Et quand nous ne le saurions pas, l'effort ne serait pas grand pour en faire la conjecture, quand on voit la désorganisation croissante où elle laissait l'armée, non le personnel seulement, qui était indiscipliné, mais le matériel même, pour lequel l'Assemblée votait toujours en vain des fonds. On a vu comment, sous l'influence de la Cour, la Constituante réduisit ses trois cent mille volontaires à moins de cent mille, dont le ministre déclara ne pouvoir armer que quarante-cinq mille, lesquels ne furent pas armés.

Ces faits étaient connus, palpables. Et cependant un témoin fort attentif, Robespierre, semble ne les avoir pas vus ; encore moins la Presse et les Clubs, qui le suivirent en ceci. Tous, sur sa trace, se lancèrent à l'envi dans le champ des conjectures, des vagues accusations, sans daigner relever les faits qui se trouvaient sous leurs pieds.

Robespierre partait d'un point de départ excellent et judicieux ; mais son imagination, sombre et systématique dans les déductions de la haine, en tirait un vaste ensemble de conjectures erronées.

Le point de départ très vrai, c'est que Narbonne et sa muse, les Feuillants, etc., ne pouvaient inspirer confiance, ni comme caractère ni comme parti, qu'il était très hasardeux de commettre à de telles mains la guerre de la Liberté.

Robespierre n'en savait pas plus. Voici ce qu'il y ajoutait de conjectural :

« Il est bien vraisemblable qu'il y a un accord profond, un complot bien arrêté, entre la Cour, d'une part, et, de l'autre, les Feuillants, Staël, Narbonne et La Fayette. Ils veulent compromettre les armées de la France, les amener mal organisées devant les cent mille vieux soldats allemands qui bordent nos frontières, simuler quelque opération, se faire battre, ou bien encore, par quelque petit avantage arrangé et convenu, se porter pour nos sauveurs, et revenir nous imposer leur Constitution anglaise, Pairie, aristocratie, etc., etc. » — Cela était spécieux, et pourtant cela était faux, quant à l'accord avec la Cour : Narbonne lui était imposé. Elle haïssait les Feuillants bien plus que les Jacobins ; et, pour La Fayette, bien loin de lui désirer un succès, elle venait de lui faire éprouver le plus humiliant échec aux élections de Paris.

« Il est bien vraisemblable encore, disait Robespierre, que Brissot et la Gironde s'entendent avec la Cour, les Feuillants, Narbonne et La Fayette. Brissot n'attaque pas Narbonne, etc., etc. » — Cela était faux encore. Brissot, qui, jusqu'au massacre du Champ-de-Mars, espérait dans La Fayette, Brissot ne le revit plus depuis cette époque, et, sans l'attaquer vivement, il lui fut hostile, appartenant sans retour au parti qui, malgré La Fayette, malgré les Feuillants, voulait renverser le trône.

Robespierre était à la fois trop méfiant et trop

subtil pour trouver la vérité. Le réel (aujourd'hui évident, incontestable) était que la Cour, les Feuillants, les Girondins, n'étaient nullement dans l'association intime qu'il supposait, que la Cour haïssait Narbonne et frémissait de ce projet aventureux de la guerre où on voulait la lancer; elle pensait avec raison que, le lendemain, au premier échec, accusée de trahison, elle allait se trouver dans un péril épouvantable, que Narbonne et La Fayette ne tiendraient pas un moment, que la Gironde leur arracherait l'épée, à peine tirée, pour la tourner contre le Roi.

« Voyez-vous, disait Robespierre, que le plan de cette guerre perfide, par laquelle on veut nous livrer aux rois de l'Europe, sort justement de l'ambassade du Roi, qui serait le général de l'Europe contre nous, de l'ambassade de Suède. » C'était supposer que madame de Staël était véritablement la femme de son mari, qu'elle agissait pour M. de Staël et d'après les instructions de sa Cour; supposition ridicule, quand on la voyait si publiquement éperdue d'amour pour Narbonne, impatiente de l'illustrer. La pauvre Corinne, hélas! avait vingt-cinq ans, elle était fort imprudente, passionnée, généreuse, à cent lieues de toute idée d'une trahison politique. Ceux qui savent la nature, et l'âge, et la passion, mieux que ne les savait le trop subtil logicien, comprendront parfaitement cette chose, fâcheuse, à coup sûr, immorale, mais enfin réelle : elle agissait pour son amant, nullement pour son mari. Elle avait hâte d'illustrer le premier dans la croisade révolutionnaire, et s'inquiétait médiocrement si les coups ne tomberaient pas sur l'auguste maître de l'ambassadeur de Suède.

Le 12 décembre, le 2 janvier, le 12, et plus tard encore, Robespierre exposa, avec une autorité extraordinaire, le vaste système de défiance et d'accusation où il mêlait tous les partis; une foule de rapprochements, plus ou moins ingénieux, venaient étayer, d'une manière plus ou moins heureuse, cet édifice d'erreurs. Tout cela, reçu à merveille des Jacobins, dont le génie propre était la défiance même, et qui écoutèrent, accueillirent avidement des pensées qui étaient les leurs, s'en pénétrèrent, en imbibèrent profondément leurs esprits. Le moment y prêtait aussi : un Paris triste, trouble, sinistrement orageux, une misère profonde, sans espoir, sans fin, ni terme. Un sombre hiver. Partout des ombres, des ténèbres, des brouillards : « Voyez-vous, là-bas, cette ombre qui file, *cette figure fantastique, ce chevalier du poignard* enveloppé d'un manteau?... Hier on a vu partir un fourgon des Tuileries... Il y a quelque chose là-dessous, etc., etc. » Tout cela, pris avec une crédulité extrême : l'ombre, on la voyait; le conte, on le croyait sans peine. Celui qui osait en douter était mal vu dans les groupes; on s'éloignait de lui, parfois on le menaçait.

Il faut voir comme la Presse est ardente, aveugle et crédule. Rien d'absurde que n'admettent Fréron et Marat. Pauvre peuple, dit celui-ci, te voilà trahi, livré par la guerre ! lorsque, pour tout terminer, des poignards, des bouts de corde auraient été suffisants.

Desmoulins, qui a tant d'esprit, n'en a plus la disposition. Il va, il vient, il croit, il doute, selon Danton, selon Robespierre ; selon lui-même, jamais.

Le plus original, comme toujours, c'est Danton. Parlant devant les Jacobins, il craint de ne pas paraître partager toute leur défiance. Il craint, il le dit lui-même, qu'on ne l'accuse d'être contre le parti de l'énergie. Il tourne, se répand en vaines et retentissantes paroles, disant que, certes, il veut la guerre, mais qu'auparavant il veut que le Roi agisse contre les émigrés, etc., etc.

Brissot répondit plusieurs fois aux arguments de Robespierre, sans jamais pouvoir ébranler l'autorité de celui-ci près des Jacobins. Outre leur infatuation, qui leur faisait d'avance prendre en mauvaise part ce qui lui était contraire, ils avaient une bonne raison de moins écouter Brissot. Robespierre disait toute sa pensée ; Brissot, la moitié de la sienne. Le premier montrait à merveille que la Cour, les Feuillants, Narbonne, étaient trop suspects pour leur confier la guerre. Mais Brissot, se répandant en généralités que l'on ne contestait pas, ne disait pas, ne pouvait dire sa pensée intime, à savoir : Que la Gironde, maîtresse du mouvement qui montait, était sûre d'écarter Narbonne, de saisir l'épée elle-même, et renversant l'ennemi du dedans, le Roi, de marcher avec unité contre l'ennemi du dehors.

Ainsi la partie entre eux n'était pas égale. Brissot ne pouvant employer qu'une partie de ses moyens. Robespierre le serrait de près, disait, redisait ce mot, visiblement juste : « Le pouvoir exécutif est suspect, comment exécuterez-vous ? Ce pouvoir est le danger, l'obstacle, et qu'en faites-vous ? » — Brissot ne pouvait répondre sa pensée : « Nous le renversons. »

Cet état de ménagement, de réserve, de duplicité, faisait la faiblesse de la Gironde, d'ailleurs si forte en ce moment. Il y avait dans son fait, à l'égard du Roi, une sorte d'hypocrisie qui lui faisait tort. Elle l'admettait, ce Roi, elle ne l'attaquait pas encore de front. Elle le sommait d'être Roi, d'agir comme un pouvoir constitué, mais, en même temps, par l'irritation de vexations successives, elle l'induisait en tentation, si je puis parler ainsi. Elle comptait le pousser jusqu'à ce qu'il fît quelque faute décisive, qui, le mettant en face du courroux de la nation, le ferait tomber en poudre.

Le 11 janvier, Narbonne, ayant, dans un voyage rapide, parcouru les frontières, vint rendre compte à l'Assemblée. Vrai compte de courtisan. Soit précipitation, soit ignorance, il fit un tableau splendide de notre situation militaire, donna des chiffres énormes de troupes, des exagérations de toute espèce, qui, plus tard, furent pulvérisées par un *mémoire* de Dumouriez. Cependant, dans le discours élégant et chaleureux de Narbonne, où madame de Staël avait certainement mis la main, il disait plusieurs choses d'un grand sens, que personne alors, il est vrai, ne pouvait comprendre bien. Il dit qu'il y avait à faire une distinction essentielle entre les officiers; que plusieurs étaient réellement amis de la Révolution. Cela ne sera pas mis en doute par ceux qui savent que plusieurs des plus purs, des plus respectables amis de la liberté qui se soient trouvés dans l'armée, Desaix, La Tour-d'Auvergne et d'autres, étaient des officiers nobles. L'ancien régime était loin d'encourager la Noblesse de province; elle n'avait dans le service aucune chance d'avancement; tous les grades supérieurs appartenaient de droit à la Noblesse d'antichambre, aux familles de la Cour, aux colonels de l'OEil-de-Bœuf.

Narbonne dit encore une chose très belle, très juste, sortie probablement du noble cœur de son amie : « Une nation qui veut la Liberté n'aurait pas le sentiment de sa force, si elle se livrait à des terreurs sur les intentions de quelques individus. *Quand la volonté générale est aussi fortement prononcée qu'elle l'est en France, en arrêter l'effet n'est au pouvoir de personne.* La confiance fût-elle même un acte de courage, il importerait au peuple, comme aux particuliers, de croire à la prudence de la hardiesse. »

Ce mot n'était pas juste seulement, il était profond. Non, personne ne pouvait arrêter un tel mouvement. Sous les plus indignes chefs, il eût eu son effet de même. Invincible par sa grandeur, il eût emporté les faibles et les traîtres ; toutes les mauvaises volontés, subjuguées, perdues, absorbées, auraient été forcées de suivre. Une nation, tout entière, se soulevait de ses profondeurs ; elle allait, d'un bond immense, au-devant des nations, qui lui faisaient signe et qui l'appelaient. De tels phénomènes qui ont la fatalité des éléments, la force de la Nature, sont à peine retardés par les petits accidents. Placez un homme ou plusieurs au point formidable où la nappe énorme du Niagara descend à l'abîme, qu'ils soient forts ou qu'ils soient faibles, qu'ils veuillent ou ne veuillent pas aller, qu'ils se raidissent ou non, ils descendront tout de même.

Le même soir, 11 janvier, Robespierre fit aux Jacobins un discours infiniment long, infiniment travaillé, sans rien ajouter d'essentiel à ce qu'il avait dit plusieurs fois de l'utilité de la défiance. La fin, sur le ton sensible, lamentable et testamentaire, se posant toujours pour martyr et recommandant sa mémoire à la jeune génération, « doux et tendre espoir de l'humanité, » qui, reconnaissante, dresserait des autels à la Vertu. Il se fiait, disait-il, aux leçons de l'amour maternel ; il espérait que ces enfants « fermeraient l'oreille aux chants empoisonnés de la volupté, » et autres banalités morales, gauchement imitées de Rousseau. C'était le ton de l'époque, et l'effet était surtout excellent aux Jacobins. Dans les tribunes, pleines de femmes, ce n'était que bruit de mouchoirs, soupirs contenus, sanglots.

Mais enfin, que voulait-il? il ne le disait nullement. Que fallait-il faire, selon lui, de cette Révolution lancée, de ce mouvement du peuple, de ces sympathies de l'Europe ? — N'était-il pas à craindre que ce grand élan, arrêté, ne se tournât contre soi-même? que le lion, n'ayant pas carrière, ne devînt furieux contre lui et ne se mît lui-même en pièces? — Et c'est ce qui arriva. Ce délai fatal changea la croisade en guerre défensive, atroce et désespérée. Il nous valut Septembre, le changement universel de l'Europe contre nous, la haine et l'horreur du monde.

Bien tard, le 10 février, pressé tous les jours de sortir de ses déclamations négatives, de son panégyrique éternel de la défiance, Robespierre se hasarda (plus qu'il n'avait jamais fait) à indiquer quelques moyens pratiques. Ils sont curieux. Je les reproduis, dans leur naïve insignifiance. Le premier, c'est une Fédération, sans idole, cette fois, sans La Fayette. Le second, c'est la vigilance : tenir les sections en permanence, rappeler les Gardes françaises dispersés, transporter la

Haute Cour d'Orléans à Paris, punir les traîtres. 3° Propager l'esprit public par l'éducation. 4° *Faire des décrets avantageux au peuple*, détourner « pour l'humanité épuisée et haletante » quelque parcelle des trésors absorbés par la Cour, etc. — Voilà la recette vague et faible, à coup sûr, et qui n'en fut pas moins violemment applaudie, admirée de Jacobins.

Une chose était évidente. L'Europe, en présence du Rhin frémissant, des Pays-Bas à peine contenus, de Liège, de la Savoie, du pays de Vaud, qui s'élançaient vers la France, l'Europe, en ce moment, voulait ajourner la guerre, prendre un temps plus favorable. L'occasion pouvait lui être donnée par les excès de la Révolution, excès probables si l'on contenait fermée dans sa cuve cette vendange écumante qui cherchait à s'échapper.

Les princes, pour arrêter la France, essayaient et de l'intimidation et des mesures conciliantes. L'Empereur avait déclaré que l'Électeur de Trèves, alarmé, lui demandait secours, et qu'il lui envoyait le général Bender, celui qui avait étouffé la révolution des Pays-Bas. D'autre part, l'Électeur offrait toute satisfaction, éloignant les émigrés, et menaçant de la peine la plus grave, des travaux forcés, ceux qui recruteraient pour eux ou leur fourniraient des munitions (6 janvier 92). Néanmoins, le 14 janvier, le Comité diplomatique, par l'organe de Gensonné, conclut à ce que le

Roi demandât à l'Empereur de déclarer nettement, *avant le 11 février*, s'il était pour ou contre nous; son silence serait considéré comme première hostilité.

La Cour, effrayée de voir poser si nettement la question de la guerre, fit dire immédiatement qu'elle recevait de Trèves l'assurance positive que la dispersion des émigrés avait eu lieu en effet. Elle fit savoir aussi que l'Empereur avait donné des ordres en ce sens au cardinal de Rohan, qui, de Kehl, inquiétait Strasbourg.

Tantôt, pour ralentir et faire réfléchir l'Assemblée, on venait lui dire que la frontière était menacée par les Espagnols, et qu'en marchant vers le Rhin on allait les avoir à dos. Tantôt, un Feuillant (Ramond) faisait remarquer combien peu on devait se fier aux Anglais, qui, au moment de la guerre, pourraient tourner contre nous.

Le jour où Gensonné proposa de demander à l'Empereur une explication définitive, l'un des premiers Girondins, Guadet (de Saint-Émilion), brillant orateur, aux paroles ardentes, rapides, provocantes, entreprit de répondre, une fois, par une grande manifestation, solennelle et dramatique, à l'insinuation ordinaire de Robespierre contre la Gironde : qu'elle ne hasardait la guerre que pour compromettre la France en s'arrangeant avec les rois. Guadet, saisissant le mot de congrès, qui avait été prononcé : « Quel est ce congrès, ce complot ?... Apprenons donc à tous ces princes que la nation maintiendra sa Constitution tout entière, ou qu'elle périra avec elle... Marquons une place aux traîtres, et que cette place soit l'échafaud!... Je propose de déclarer traître et infâme tout Français qui prendra part à un congrès pour modifier la Constitution ou obtenir une médiation entre la France et les rebelles ! » — L'Assemblée se leva tout entière, avec un inexprimable enthousiasme, aux applaudissements des tribunes, et elle prêta ce serment.

Vergniaud, le surlendemain, dans un discours admirable, répondit aux partisans de la paix qui montraient facilement la France seule et sans alliés. Il avoua qu'en effet elle n'en avait d'autre que la Justice éternelle, terminant par cette parole religieuse : « Une pensée échappe, dans ce moment, à mon cœur. Il me semble que les mânes des générations passées viennent se presser dans ce temple pour vous conjurer, au nom des maux que l'esclavage leur fit éprouver, d'en préserver les générations futures, dont les destinées sont entre vos mains. Exaucez cette prière ; SOYEZ A L'AVENIR UNE NOUVELLE PROVIDENCE ; associez-vous à la Justice éternelle qui protège les Français. En méritant le titre de bienfaiteurs de votre patrie, vous mériterez aussi celui de bienfaiteurs du genre humain. »

La sublime douceur de ces paroles contraste fort avec l'ardeur extrême de la lutte qui se poursuivait dans la Presse et aux Jacobins. Elle s'était animée encore, sous l'action d'un jeune homme, d'une facilité singulière, sans adresse ni mesure, Louvet, auteur de *Faublas*. Plusieurs le disaient aussi le héros de son roman ; et en effet, ce belliqueux Louvet, l'ardent champion de la guerre, était un petit homme blond, d'une figure douce et jolie, qui sans doute, comme Faublas, eût pu passer pour une femme. Auteur d'un roman immoral, par contraste, il fut en réalité le modèle du fidèle amour : sa Lodoïska, qu'il a rendue célèbre, lui sauva la vie en 93, et, plus tard, Louvet mourut de chagrin pour quelques plaisanteries insultantes dont elle avait été l'objet.

Louvet, après mainte aventure, possédait en 92 sa Lodoïska, et vivait heureux. Il ne hasarda pas moins ce bonheur. Le courageux petit homme s'attaqua à Robespierre, d'une façon vive et provocante, toutefois respectueuse encore, et comme on attaque un grand citoyen. Celui-ci n'en fut pas moins aigri de se voir, aux Jacobins même, en son royaume, discuté, contesté, contredit par le jeune auteur de *Faublas*, leste combattant, qui multipliait les attaques, faisant assaut de partout, frappant cent fois Robespierre avant qu'il se fût tourné.

Il ne s'en prenait pas à Louvet, mais à Brissot. Et sa haine allait croissant. Brissot lui lançait Louvet. Et lui, à Brissot, il lança aux jambes un dogue, Camille Desmoulins.

On venait justement, aux Jacobins, d'obliger les

deux adversaires, Robespierre et Brissot, de se rapprocher et de s'embrasser. Le vieux Dussaulx, qui provoqua cette fausse paix, pleurait de tendresse. Robespierre, toutefois, protesta qu'il continuerait la lutte, « son opinion ne pouvant être subordonnée aux mouvements de sa sensibilité et de son affection pour M. Brissot. » Ce mot d'affection fait frémir.

Desmoulins avait eu le tort de défendre, comme avocat, je ne sais quel intrigant, suppôt d'une maison de jeu. Brissot, qui affectait le puritanisme plus qu'il n'avait droit de le faire, l'en avait aigrement repris. Le moment était excellent pour lancer le colérique écrivain contre son censeur imprudent. Desmoulins alla chercher dans la vie de Brissot et trouva sans peine. Celui-ci, avant la Révolution, toujours famélique, avait été aux gages des libellistes français d'Angleterre. Il avait eu, comme tous les gens de lettres de l'époque, quelque affaire d'indélicatesse : par exemple, il avait reçu des souscriptions pour une entreprise qui ne se fit pas, et il n'avait pu les rendre. Brissot fut toute sa vie, non pas pauvre, mais indigent. Sa toute-puissance politique en 92 ne changea rien à cela. Dans cette année même, où il disposait de tout, donnait les places les plus lucratives à qui il voulait, il n'avait qu'un vieil habit noir dont les coudes étaient usés ; il logeait dans un grenier, sa femme blanchissait ses chemises. La pénurie absolue où il laissait sa famille fut pour lui, à ses derniers moments, le chagrin le plus amer.

Desmoulins reprit à sa manière le triste passé de Brissot. Aux choses vraies ou vraisemblables, il en ajouta d'absurdes, qui n'en eurent pas moins d'effet. Les insinuations perfides de Robespierre, timides, voilées à demi, délayées dans son langage ennuyeux et monotone, n'avaient pu porter un grand coup. Mais, reprises une fois par Desmoulins, ce fut un fer chaud dont Brissot se trouva marqué pour toujours, marqué pour la honte, marqué pour la mort. Il y eut, il est vrai, pour le cruel pamphlétaire, une dure expiation, en 93. Le jour où fut prononcée la condamnation de Brissot et de la Gironde, dans cette funeste nuit, au moment où le jury rentra avec la sentence de mort, Desmoulins était présent et s'arrachait les cheveux. « Hélas! cria-t-il, c'est moi, c'est mon *Brissot dévoilé*, mon *Histoire des Brissotins*, qui les a menés ici. »

Une main paraît partout, dans ce meurtrier factum : celle de l'homme qui, à cette époque, gouvernait le mobile artiste et tournait sa plume en poignard, celle du *camarade de collège*, dont Desmoulins se vante tant, celle du grand citoyen « qui lui est cher et vénérable, » enfin la main de Robespierre. On a retrouvé, minuté de cette même main, on possède encore le perfide et menteur *rapport* de Saint-Just qui perdit Danton. Nul doute que le plan du factum de Desmoulins contre Brissot n'ait été de même fourni par Robespierre, tout au moins l'indication précise des principaux chefs d'accusation. Le plus atroce se retrouve reproduit au premier numéro du journal que Robespierre publia bien peu après. On croit rêver en lisant, tant l'imputation est invraisemblable, absurde.

Savez-vous pourquoi Brissot, en juillet 91, proposait la République? C'était, selon Robespierre et Desmoulins, pour préparer le massacre du Champ-de-Mars ! — Tout ce que faisait Brissot, c'était pour dégoûter d'avance le peuple de la Liberté, pour lui faire regretter la servitude, « pour faire avorter la liberté de l'univers par son empressement d'en faire accoucher la France avant terme. »

Voilà le texte commun du maître et de l'écolier. Puis, celui-ci brode. Il s'abandonne à sa verve. Pourquoi Brissot a-t-il poussé à bout Barnave et Lameth? Pour les jeter dans les bras de la Cour, fortifier celle-ci, et perdre la Révolution. Pourquoi a-t-il précipité l'affranchissement des Noirs? Pour incendier Saint-Domingue et faire calomnier la Révolution. Pourquoi encore, en ce moment, reproche-t-il à Desmoulins d'avoir défendu les maisons de jeu? Pour effaroucher les joueurs, multiplier les ennemis de la Révolution, et perdre la Liberté.

L'écolier ne vaut pas le maître. Desmoulins n'a pas encore le maniement de la calomnie comme

Robespierre. Il ne la laisse pas, comme lui, indécise et nuageuse, délayée dans une parole vague et fade où l'on voit tout ce qu'on veut. Il y met trop de talent, d'esprit et de netteté, de lumière. Il pousse à l'extrême, il gonfle, grossit, exagère à pleine bouche, et il devient ridicule ; par exemple, quand il compare Charles IX et La Fayette.

Robespierre restait absorbé dans cette lutte personnelle. Il retenait les Jacobins et les rendait ridicules, ne voulant rien, ne faisant rien, que parler, accuser, trembler, dire toujours : « Prenons garde à nous, n'avançons pas, ne compromettons rien... Abstenons-nous, contentons-nous de bien surveiller l'ennemi... » Une maladie du temps, c'était d'attribuer tout aux Jacobins, comme auparavant la mode était d'attribuer tout au duc d'Orléans. Cette grande société d'inquisition et de parlage, était comme une ombre sinistre, debout sur la France, que l'on regardait toujours, où l'on croyait toujours voir le point de départ de tout mouvement. Cela était faux, à coup sûr, pour le moment où nous sommes. Les Jacobins, retardés par leur caractère intrinsèque (méfiance et négation), retardés par l'intérêt des Jacobins acquéreurs de biens nationaux, qui craignaient beaucoup la guerre, les Jacobins ne faisaient rien.

Rester inertes, lorsque le monde marchait, que les événements se précipitaient, c'eût été pour baisser bien vite. Mais le préjugé du temps, les accusations continuelles qui rendaient les Jacobins responsables de tout ce qu'ils ne faisaient point, contribuaient à les relever. Un article ingénieux, éloquent, d'André Chénier, où, pénétrant le génie inquisitorial de la société, il marquait avec précision leur principe fondamental (le devoir de la délation), et disait que c'étaient des moines, fit sensation dans le public, et les montra plus redoutables encore qu'on ne l'avait pensé. Ce qui releva encore bien autrement leur importance, c'est que l'empereur Léopold, dans les actes publics qui furent communiqués à l'Assemblée (19 février 92), désigna « cette secte pernicieuse » comme le principal ennemi de la royauté et de tout ordre public. L'accusation de l'étranger attacha singulièrement la France aux sociétés jacobines : la foule s'y précipita.

L'Europe regardait la France. L'impératrice de Russie s'était hâtée de traiter avec la Turquie, et l'avait fait sans marchander, à des conditions modérées, étant préoccupée évidemment d'une affaire plus grave encore. Quelle? L'anéantissement des révolutions de Pologne et de France, il était facile de le deviner.

Le 7 février, avait été signé, à Berlin, un traité d'alliance offensive et défensive entre l'Autriche et la Prusse. Ces puissances, toutefois, ne devaient agir que quand la guerre civile aurait éclaté ici.

Elle devenait vraisemblable, et commençait

déjà dans les affaires religieuses. Les prêtres qui se mariaient étaient cruellement poursuivis. L'Assemblée n'avait passé à l'ordre du jour sur le mariage des prêtres, qu'en disant que : « La chose n'ayant rien de contraire aux Lois, il était superflu de statuer expressément là-dessus. » C'était une approbation muette, indirecte. Deux curés en jugèrent ainsi, se marièrent, et l'on vit le peuple ameuté, l'on vit les magistrats municipaux, à la tête du peuple, les chasser violemment, ignominieusement, de leur cure. En revanche, les patriotes de je ne sais quel endroit, furieux d'un enterrement accompli par un réfractaire, voulaient déterrer le mort pour le faire bénir au nom de la Loi.

Dans Paris, la lutte semblait imminente; le sang, bien près de couler. La Cour avait trouvé moyen de se créer une armée. Je parle de la Garde constitutionnelle du Roi, qu'avait autorisée l'Assemblée constituante, mais qu'on avait rendue très nombreuse et redoutable. Elle devait être de dix-huit cents hommes, et elle fut de près de six mille. L'Assemblée avait donné au Roi Maison civile, Maison militaire; la dernière seulement fut organisée. C'était une arme sur laquelle la Reine se jeta avidement. « Votre Majesté, lui disait Barnave, est comme le jeune Achille, qui se dévoila lui-même quand on offrit à son choix l'épée et les joyaux de femmes; il se saisit de l'épée. »

Ce n'était pas une Garde de parade comme

on se l'était figuré. Elle fut recrutée soigneusement, homme à homme, dans deux classes des plus dangereuses : d'une part, des gentilshommes de province, braves et fanatiques, comme Henri de La Rochejaquelein ; d'autre part, des maîtres d'escrime, des ferrailleurs éprouvés, des hommes d'audace et d'aventures ; il suffit de nommer Murat.

Ce petit nombre, avec les Suisses, et une partie dévouée de la Garde nationale, c'était en réalité une force bien plus sérieuse que les multitudes indisciplinées des faubourgs et de Paris. Celles-ci commençaient à s'armer. La Gironde, par tous les moyens de souscriptions et de Presse, encourageait partout la fabrication des piques. Elle voulait armer tout le peuple.

Quelques fautes que ce parti doive commettre plus tard, rendons-lui ce qu'il mérite. Il posa, dans cette crise, le principe révolutionnaire avec infiniment de générosité et de grandeur. D'une part (dans une lettre touchante de Pétion), il faisait sortir l'espoir de la Révolution d'une conciliation amicale entre la bourgeoisie et le peuple, entre les pauvres et les riches. Et cette conciliation, il la fondait sur une confiance immense, mettant les armes aux mains des pauvres.

Les armes pour tous, l'instruction pour tous ; enfin, au profit de tous, un système fraternel de secours publics. Nulle part cette fraternité n'a été exposée avec un plus tendre respect du pauvre que dans l'*Adresse à la France*, rédigée par Condorcet (16 février 92).

L'Égalité, fondée ainsi, devait être montrée et rendue visible par l'adoption, sinon d'un même costume, ce qui est impraticable, mais au moins d'un signe commun. On adopta le bonnet rouge, universellement porté alors par les plus pauvres paysans. On préférait la couleur rouge à toute autre, comme plus gaie, plus éclatante, plus agréable à la foule. Personne alors n'avait l'idée que ce rouge fût celui du sang[*].

Ce fut une femme, une mère, qui, dans ce danger public du dehors et du dedans, écrivit (31 janvier 1792) au Club de l'Évêché, qu'il fallait ouvrir une souscription pour la fabrication des piques et l'armement universel du peuple. Les assistants, émus, donnèrent immédiatement tout ce qu'ils pouvaient. La Presse girondine répandit, poussa la chose. Les Jacobins, peu favorables à la guerre, et mortifiés sans doute d'avoir été prévenus, goûtèrent peu les piques, peu le bonnet rouge ; ils gardèrent un profond silence. Le 7 février seulement, un ardent Savoyard, Doppet, leur présenta un serrurier qui venait faire hommage des piques qu'il avait forgées. On nomma des commissaires pour le perfectionnement de cette arme.

L'élan du faubourg Saint-Antoine, qui déjà s'était si bien servi des piques en 89, fut extraordinaire. Son fameux orateur, Gonchon, vint au

Club de l'Évêché offrir les flammes tricolores qui devaient décorer les piques. « Elles feront le tour du monde, dit Gonchon, nos piques et nos flammes ! Elles nous suffiront pour renverser tous les trônes. La cocarde tricolore est partie du bonnet de laine, elle ira jusqu'au turban. »

Le Roi exprimant ses inquiétudes sur cet armement général, la municipalité n'osa point y mettre obstacle. Seulement elle ordonna à ceux qui s'armaient de piques, d'en faire leur déclaration à leur section, et de n'obéir qu'aux officiers de la Garde nationale ou de la Ligne. Ainsi, ils ne formaient point corps, n'avaient point d'officiers à eux.

Le Roi et les Jacobins, quelque peu amis qu'ils fussent des piques, furent bien forcés de s'y faire. La députation de Marseille, à sa tête Barbaroux, une belle jeune figure héroïque, vint déplorer, au sein du Club, la lenteur avec laquelle on donnait des armes. « On craint d'armer le peuple, dit-il, parce qu'on veut encore l'opprimer. Malheur aux tyrans ! Le jour n'est pas loin où la France entière va se soulever, hérissée de piques !... »

Elles demandaient à entrer, les piques, à ce moment même ; et l'on disait aux porteurs que le règlement défendait les armes. « Qu'elles entrent, dit Manuel, mais pour être déposées à côté du président. » (*Oui ! oui ! — Non ! non !*) — Mais alors, Danton, par un mouvement noble et généreux : « Est-ce que vous ne voyez pas à la voûte que les drapeaux qui y sont suspendus sont armés de piques? Et qui songe à y trouver à redire? Mettons plutôt désormais une pique à chaque drapeau! et que ce soit l'alliance éternelle des piques et des baïonnettes! » Tonnerre d'applaudissements. Les piques obtiennent l'entrée.

C'était la folie du jour, l'universel engouement, touchant, ridicule. Au faubourg Saint-Antoine, la femme d'un tambour étant accouchée d'une fille, l'enfant fut tenue sur les fonts par un vainqueur de la Bastille, Thuriot; baptisée par un vainqueur, Fauchet. Un drapeau de la Bastille était sur les fonts, avec un bonnet de Liberté. L'orgue jouait le *Ça ira!* Le père fit, pour la petite, le serment civique. Elle fut baptisée d'un nom, nouveau au calendrier : Pétion-Nationale-Pique.

La guerre devenait certaine. Le souverain qui y était le plus contraire, Léopold, mourut subitement, le 1ᵉʳ mars. Et la Gironde renversa le ministre par lequel la Cour, d'accord avec Léopold, avait réussi jusque-là à entraver le mouvement.

Le 18 mars, Brissot accusa solennellement, pièces en main, le ministre Delessert d'avoir constamment éludé l'exécution des volontés de l'Assemblée, d'avoir lâchement négocié la paix près de l'Empereur, qui lui-même en avait besoin, qui alors n'était pas prêt, et devait craindre la guerre.

Cette démarche, imprévue, hardie, était un coup sur le Roi même. Il était trop visible que

Delessert n'avait désobéi à l'Assemblée que pour obéir au Roi.

C'était un coup, indirect, mais bien frappé, sur Robespierre. Toutes les pièces qu'on lut pour attaquer Delessert prouvaient, contre l'opinion de Robespierre, que la Cour n'avait nullement voulu la guerre, que, loin de là, à tout prix, elle voulait l'éviter.

La France était comme un homme lié des deux mains : la gauche liée par la Cour ; la droite, par Robespierre et la fraction jacobine qui représentait réellement le génie des Jacobins.

Retard fatal d'un mouvement inévitablement lancé. Le mouvement ne s'arrêtait pas, mais il devenait une agitation sur place, un tournoiement convulsif de la France sur elle-même ; elle semblait près de se briser.

Les Girondins, dans cet acte décisif qui n'était rien autre chose qu'un coup frappé sur l'obstacle, sur l'entrave qui retenait tout, reproduisaient à la lettre l'idée de Sieyès, au moment de 89 : « Coupons le câble, il est temps. »

L'union des Tuileries et de Vienne, la parfaite identité d'esprit et d'intention entre la Cour et l'ennemi, avait apparu trop clairement dans l'acte de Léopold, où il semblait si bien instruit de notre état intérieur, de la situation des partis, de l'importance des Clubs, etc. On avait, assez maladroitement, fait parler l'Empereur, comme un feuillant, comme Duport ou Lameth. Rien d'étonnant. L'acte de Vienne avait été fait précisément sur les *notes* fournies par eux à la Reine. C'étaient eux qui la conseillaient. Pour Barnave, dès la fin de décembre, il avait quitté Paris.

La Reine, c'était le lien entre les Feuillants et l'Autriche, le fatal obstacle qui arrêtait tout.

Le but ainsi marqué, la Gironde remit le glaive national aux puissantes mains de Vergniaud.

Il résuma l'accusation de Brissot, comme lui, montra en toutes choses l'inertie calculée de la Cour, puis ajouta un fait terrible, que Brissot n'avait pas dit : « Ici, ce n'est plus moi que vous allez entendre, c'est une voix plaintive qui sort de l'épouvantable Glacière d'Avignon. Elle vous crie : Le décret de réunion à la France a été rendu en septembre. S'il fût arrivé sur-le-champ, il eût apporté la paix. En devenant Français, peut-être nous aurions abjuré la haine, nous serions devenus frères, le massacre n'eût pas eu lieu. Le ministre a gardé deux mois le décret... C'est notre sang, ce sont nos cadavres qui l'accusent aujourd'hui. »

Puis rappelant la fameuse apostrophe de Mirabeau (Je vois d'ici la fenêtre, etc.) : « Et moi aussi, je puis le dire, de cette tribune, on voit le palais où se trame la contre-révolution, où l'on prépare les manœuvres qui doivent nous livrer à l'Autriche... Le jour est venu où vous pouvez mettre un terme à tant d'audace et confondre les conspirateurs. L'épouvante et la terreur sont souvent sorties de ce palais, dans les temps antiques, au nom du despotisme ; qu'elles y rentrent aujourd'hui au nom de la Loi... »

Un frémissement immense suivit le geste admirable par lequel le grand orateur renvoya visiblement l'épouvante au palais de la royauté. Nulle parole de Mirabeau n'avait eu un plus grand effet. C'est qu'ici l'homme était digne de la magistrature terrible qu'il exerçait à la tribune ; le caractère était au niveau du génie même. C'était la voix de l'Honneur.

« ... Qu'elles y pénètrent les cœurs, ajouta-t-il. Qu'ils sachent bien, ceux qui l'habitent, que la Constitution ne rend inviolable que le Roi. La Loi atteindra les coupables, sans faire nulle distinction. Point de tête criminelle que son glaive ne puisse toucher. »

Ce formidable discours, celui de Brissot, étaient, il faut le dire, des actes de grand courage. Si la Gironde menaçait par les piques et les faubourgs, il faut dire aussi que la vie des Girondins, au milieu des cinq ou six mille bretailleurs et coupe-jarrets de la nouvelle Garde, bien autrement militaire que la tourbe des faubourgs, n'était guère en sûreté. On les voyait, armés de poignards et de pistolets, suivre les séances, remplir les tribunes, les couloirs, le jour n'était pas bien loin où le poignard royaliste devait frapper Saint-Fargeau.

La parole brisa ici l'épée, le poignard. L'épouvante, comme dit Vergniaud, rentra dans les

Tuileries. Delessert fut abandonné. Narbonne ne put se soutenir. Ayant entrepris d'accuser la Garde nationale de Marseille, qui avait désarmé, à Aix, un régiment suisse, Narbonne fut hué, tomba.

La Cour se laissa imposer le ministère de la Gironde (fin de mars 1792).

CHAPITRE VI

MINISTÈRE GIRONDIN
DÉCLARATION DE GUERRE

(MARS-AVRIL 1792)

Ministère mixte de Roland et de Dumouriez. — Caractère double de Dumouriez. — Robespierre contre la Gironde. — Lutte de Robespierre et de Brissot. — Domination de Robespierre aux Jacobins. — Sa puissance sur les femmes. — Comment il exploite le sentiment religieux. — Critique de Robespierre par ses propres amis. — Il est ennemi des philosophes. — La philosophie défendue par Brissot. — Robespierre étranger à l'instinct populaire. — Il ne comprend pas le mouvement national de la guerre. — Grand cœur de la France, en 92. — Comme elle réhabilite les soldats de Châteauvieux, 30 avril 92. — Haine des princes allemands pour la France. — Dureté bigote de François II. — Il menace la France. — Déclaration de guerre à l'Autriche, 20 avril 92.

E choix était difficile. Si Brissot et les chefs de la Gironde se nommaient eux-mêmes, ils quittaient le grand poste, le vrai poste de la puissance, je parle de la tribune et de la direction de l'As-

semblée. C'était contre eux, dès ce moment, que la tribune eût agi, eux qu'elle eût battus en brèche. D'autre part, s'ils choisissaient des hommes inférieurs et violents, ils faisaient plaisir à la Cour, dont la meilleure chance était de voir la Révolution, ridicule ou furieuse, dégoûter, rebuter la France. Brissot, avec beaucoup de sens, prit, non en haut, ni en bas, mais des hommes jusque-là peu en lumière, des hommes spéciaux surtout : le genevois Clavières pour les Finances, Dumouriez pour les Affaires étrangères; pour l'Intérieur, Roland. Les deux premiers étaient des gens capables, de hardis faiseurs de *projets*, déjà avancés dans la vie, retardés par l'injustice de l'ancien régime, caractères au reste équivoques, incertains encore, et qui se jugeraient à l'épreuve. Pour Roland, il était jugé : personne ne connaissait mieux le royaume, qu'il étudiait depuis quarante ans et comme inspecteur officiel et comme observateur philosophe. Il suffisait de le voir un moment au visage, pour reconnaître le plus honnête homme de France, austère, chagrin, il est vrai, comme devait être un vieillard, citoyen sous la monarchie, qui toute sa vie avait souffert de l'ajournement de la Liberté.

M. et madame Roland étaient revenus en décembre au petit appartement de la rue Guénégaud, et dans ce nouveau séjour à Paris, ils prenaient moins de part à la vie publique. Pétion, jusque-là le centre de leurs relations, était maintenant à l'Hôtel de Ville, tout absorbé par sa mairie. Le 21 mars, au soir, Brissot vint les trouver et leur proposer le ministère. Déjà, ils avaient été pressentis là-dessus, et, malgré son âge, Roland, actif, ardent encore, avait cru qu'en un tel moment, le devoir lui commandait d'accepter.

Le 23, à onze heures du soir, Brissot leur amena le ministre des Affaires étrangères, Dumouriez, qui sortait du Conseil, et venait apprendre à Roland sa nomination. Dumouriez les étonna, en assurant « que le Roi était sincèrement disposé à soutenir la Constitution. » Ils regardèrent attentivement l'homme qui parlait ainsi.

C'était un homme assez petit, qui avait cinquante-six ans, mais qui paraissait avoir dix ans de moins, leste, dispos et nerveux. Sa tête, fort spirituelle, où brillaient des yeux pleins de feu, révélait sa véritable origine, la Provence, d'où venait sa famille, quoiqu'il fût né en Picardie. Son visage avait les teintes brunes d'un militaire éprouvé, non sans nobles cicatrices. Et, en effet, Dumouriez, hussard à vingt ans, s'était fait sabrer, tailler en pièces, en se défendant à pied contre cinq ou six cavaliers, ne voulant pour rien se rendre. Il n'en avait pas moins langui dans les grades inférieurs; gentilhomme, il n'était pas de la Noblesse de Cour, la seule qui fût favorisée. Il se jeta dans les voies obliques, dans la diplomatie spéciale que Louis XV entretenait à l'insu de ses ministres, diplomatie secrète, médiocrement honorable, qui avait certaine teinte d'espionnage. Sous Louis XVI, Dumouriez se releva fort, en se consacrant à un noble et grand projet dont il fut le premier agent : la fondation de Cherbourg.

Personne n'avait plus d'esprit, plus de connaissances dans les genres les plus différents, plus d'habiletés diverses. A quoi les appliquerait-il ? le sort en devait décider. Dumouriez n'avait nul principe. Si brave, et si militaire, il avait pourtant à un degré singulièrement faible le sentiment de l'honneur. Il faut l'en croire, dans ses *Mémoires*. Il affirme, sans embarras, sans honte et sans vanterie, simplement et comme un homme étranger à toute notion morale, qu'il présenta au ministre Choiseul deux *projets* relativement aux Corses, un *projet* pour les délivrer, un autre pour les asservir. Le dernier fut préféré, et Dumouriez se battit bravement dans ce dernier but. En 89, de même. « J'avais envoyé, dit-il, un *projet* excellent pour empêcher qu'on ne prît jamais la Bastille ; mais il arriva trop tard. »

En 92, porté au ministère par les ennemis du Roi, il se trouva tout de suite favorable au Roi et secrètement pour lui. Ce n'était pas seulement habitudes monarchiques, indifférence aux principes ; c'était aussi, il faut le dire, générosité. Le Roi, la Reine, enfermés dans cette prison des Tuileries, étaient en danger, malheureux. Dumouriez, généralement peu touché des idées, l'était beaucoup plus des personnes. Il était humain et sensible à la pitié. Il faut lire dans ses *Mémoires* la touchante scène où, trouvant la Reine d'avance irritée contre lui, il la ramena moins encore par sa fermeté que par son attendrissement.

N'oublions pas toutefois, en lisant ces piquants, ces admirables *Mémoires*, qu'ils sont quelque peu suspects. Ils ont été écrits par lui lorsque, réfugié en terre étrangère, au milieu des émigrés, parmi ceux qu'il venait de battre, il avait besoin de montrer combien le ministre jacobin avait été respectueux, sensible, pour les royales infortunes. Tout cela lui servit fort à ramener l'opinion : celle du public, jamais; mais celle des gouvernements, qui virent bien tout le parti qu'on pouvait tirer d'un tel homme. Ils le virent trop bien, s'il est vrai que ce fut le vieux Dumouriez, à soixante-dix ans, qui rédigea pour les Anglais les plans de la résistance espagnole, prêta sa vive lumière à leurs généraux, et posa la fatale borne où vint se briser l'Empire.

Revenons au petit salon de la rue Guénégaud, à la première entrevue de Dumouriez et des Roland. Madame n'eut aucune prévention favorable; elle lui trouva l'œil faux. Cet œil, ombragé d'épais sourcils noirs qui déjà blanchissaient un peu, était héroïque, et devenait doux; mais le politique immoral, le sceptique, le cynique, n'y perçaient que trop. Dumouriez avait toujours aimé les femmes, longtemps de cœur, avec une persévérance rare et romanesque. A son âge, il aimait encore, sans beaucoup de choix, il est vrai, une femme d'esprit surtout, fort aristocrate, la sœur du fameux Rivarol. Au premier coup d'œil sur le vieux mari et sur madame Roland, il eut l'idée audacieuse qu'il pourrait à la royaliste adjoindre la républicaine. Sa légèreté déplut, certains mots spécialement où perçait le mauvais ton de la société qu'il fréquentait. Madame Roland fut grave et polie, le tint toujours à distance. Il sentit qu'elle le jugeait, et ne l'en aima pas mieux.

Le véritable Dumouriez, courtisan et démagogue, recherchant le Roi, le peuple, apparut dès le lendemain. Il fit entendre au Roi qu'il fallait, à tout prix, gagner, flatter les Jacobins. Il y alla de ce pas, mit le bonnet rouge, ne marchanda pas; sachant à quels robustes amours-propres il avait affaire, il n'hésita pas à se mettre comme en tutelle en leurs mains, leur demanda leurs conseils, les pria de ne pas l'épargner, de bien lui dire ses vérités. Accueilli par une réponse arrogante de Robespierre, qui parla avec dédain des « hochets ministériels, » et dit qu'il attendrait que le ministre eût suffisamment prouvé, etc., Dumouriez, sans se déconcerter, courut à lui, avec une effusion admirablement jouée, et se jeta dans ses bras. Toute la salle fut émue, et les tribunes pleuraient.

L'homme de France qui fut le plus cruellement blessé du ministère girondin ne fut pas le Roi ; ce fut Robespierre. On va voir à quel degré d'envenimement il parvint dans ces deux mois, se retournant dans son fiel, se répandant en vagues et ténébreuses dénonciations, sans jamais les appuyer d'un seul fait, d'une seule preuve.

Il était blessé à l'âme, et pour la seconde fois. La première, on s'en souvient, seul dans la Constituante, objet de risée d'abord, puis de haine, enfin de terreur, il s'était cru, par son triomphe populaire, non seulement le vainqueur, mais l'héritier de l'Assemblée. Il partageait l'opinion de la Cour, de tout le public, qui supposait que tous les talents étaient dans la Constituante, que la Législative serait faible et pâle. Et voilà que cette France inépuisable venait de lancer une légion d'hommes ardents et énergiques, dont plusieurs égalaient, tout au moins, leurs devanciers ; génération éminemment jeune, toute fraîche d'impression, tout entière de passion. De sorte qu'au moment où Robespierre croyait avoir gravi le faîte, un mont nouveau, pour ainsi dire, se trouvait dressé devant lui. Il ne se découragea pas, et recommença l'escalade avec une force de persévérance que personne n'eût eue peut-être. Malheureusement cette passion, qui faisait sa force, creusa aussi dans son cœur des abîmes de haine inconnus.

Il n'était que trop facile d'attaquer les Girondins. Nul parti plus léger en paroles, nul, dans les actes, plus inquiet, plus remuant, plus prompt à se compromettre. Aucun d'eux n'avait de génie, à moins qu'on n'applique ce mot aux facultés oratoires, vraiment sublimes, de Vergniaud. L'homme actif du parti, Brissot, était un personnage fort aisément attaquable. Sans parler des précédents assez tristes de sa vie d'homme de lettres, comme politique, il fatiguait le public et l'opinion de l'excès de son activité. Brissot allait, Brissot venait, Brissot écrivait, parlait, faisait donner toutes les places; toujours et dans tout, Brissot. Il n'était pas incapable des grandes choses, mais il se mêlait aussi volontiers d'une infinité de petites. Désintéressé pour lui-même, il était insatiable pour son parti, avait l'ardeur et l'intrigue d'un capucin pour son couvent. *Brissoter* devint un proverbe. Il allait tout droit devant lui, la tête basse, coudes serrés, dans son vieil habit, dévot à sa coterie, à son idée, prêt à lui sacrifier tout. Et, avec cela, léger pourtant, s'évaporant en choses imprudentes; aimant peu, ne haïssant point, n'ayant rien de ce fiel amer qui caractérise les vrais moines, les inquisiteurs de l'époque; je parle des Jacobins, du grand jacobin Robespierre.

Celui-ci devait absorber Brissot dans un temps donné.

Toutefois, au premier moment, Brissot et les Girondins n'ayant encore rien fait, l'attaque n'avait pas prise. Nul fait. Au défaut, Robespierre trouve un roman, et, sous forme plus ou moins voilée, l'exposa, le développa, en nourrit les Jacobins pendant plusieurs mois. Le roman n'est rien autre chose qu'une profonde, mystérieuse alliance entre La Fayette et la Gironde. Les *Mémoires* de La Fayette nous ont appris suffisamment que cette entente n'avait jamais existé que dans l'esprit de Robespierre. Loin de là, on voit que La Fayette, indulgent pour tous les partis, et qui en général ne haïssait guère, haït pourtant les Girondins. Dans ce livre, partout si froid, il ne s'émeut qu'à leur nom; il parle de tous, de Roland, de Brissot, avec une antipathie profonde, sous forme aristocratique. En face de la Gironde, il redevient un grand seigneur méprisant, un véritable marquis.

Le plus curieux, c'est que, pour rendre le roman plus grave, pour faire peur et noircir les ombres, Robespierre fait un La Fayette purement de fantaisie; forte et dangereuse tête sur laquelle la Cour « a de grands desseins. » Il se garde bien de voir que La Fayette est fini; qu'à Paris, dans la bourgeoisie, dans la Garde nationale, où les fayettistes étaient restés plus nombreux que partout en France, il n'a pu, aux élections, réunir que trois mille voix contre les sept mille de son adversaire.

Brissot lui répondit avec un vigoureux bon sens et comme eût répondu l'Histoire : « Quoi! La

Fayette, un Cromwell? Vous ne connaissez donc point ni votre siècle, ni la France? Cromwell avait du caractère, et La Fayette n'en a pas... En eût-il, la race des Brutus est-elle finie? La nation serait-elle assez lâche pour laisser la vie à l'usurpateur?... Cromwell lui-même, s'il revenait, que pourrait-il faire ici? Il allait à la puissance par deux avenues terribles qui n'existent plus : l'ignorance et le fanatisme. »

Sans contester ce qu'il y eut de beau et de noble dans La Fayette, il suffit de regarder un moment le front fuyant, la tête mince de l'honnête général, cette face un peu moutonnière, pour sentir tout ce qu'il y avait de ridicule à placer dans ce personnage un Bonaparte ou un Cromwell.

L'imagination maladive, la crédulité de la peur, était le propre caractère de l'infiniment défiante société jacobine. Robespierre, jouant sur cette corde, était sûr de bien jouer. Il suffisait de montrer toujours de loin, dans le brouillard, je ne sais quoi d'un vague effrayant. Lisez tous ses discours d'avril et de mai. Il va soulever le « voile qui couvre d'affreux complots. » Il démasquera les traîtres, non pas aujourd'hui encore, c'est trop tôt, mais prochainement. Il a dans la main des secrets terribles, qu'il pourrait bien révéler... Le jour viendra où il dévoilera un système de conspiration... Toute l'assistance, impatiente, est suspendue à ses lèvres, se croyant toujours au moment de voir le pâle et mystérieux orateur éclater enfin, et, d'un jour vengeur, illuminer les ténèbres où les traîtres s'enveloppent.

De temps à autre, des enfants perdus lancent quelque dénonciation, un morceau pour faire attendre, que happe la foule béante. C'est Simon du Rhin qui dénonce les Feuillants de son pays. C'est l'ex-capucin Chabot, obscène, ignoblement farceur, qui accuse le public des plans de madame Canon (il raille ainsi, à sa manière, la trop belliqueuse madame de Staël). Chabot déclare hardiment que Narbonne sera *protecteur;* Fauchet y travaille. Et c'est encore Chabot qui, sans s'inquiéter de se contredire, veut que le même Fauchet appelle à la dictature précisément les Girondins qui viennent de chasser Narbonne et de s'y substituer.

Nous entrons dans une ère nouvelle, où la calomnie va marcher avec une force, une audace, j'allais dire une grandeur, dont nulle époque n'a montré l'équivalent. Elle triomphe, elle est chez elle; elle marche, comme vertu civique. Jamais des faits, jamais des preuves; les dires vagues d'un ennemi, c'est toujours assez pour satisfaire des imaginations haineuses qui ont besoin de haïr encore plus. Le tort de ceux qu'on attaque, c'est de poursuivre incessamment ces fantômes qui reculent. Dans l'ardente poursuite des ombres, ils leur prêtent du corps, pour ainsi parler, les font passer pour réelles. C'est ainsi que les Girondins, impatients, inquiets dans leur provocante insistance, occupaient sans cesse le public de Robespierre, et du secret de Robespierre qu'il ne voulait pas lâcher, le sommaient de s'expliquer, allaient ainsi le grandissant, le désignant de plus en plus pour chef à toutes les haines, à toutes les jalousies, à tous les mécontentements. Ils lui reprochent de devenir l'idole du peuple, et, par cet imprudent aveu, augmentent l'idolâtrie. Lui, il ne donne aucune prise, ne faisant rien en réalité et ne disant rien au fond. Il va toujours reculant, et, reculant, il grandit. Par exemple, quand Guadet, avec un mélange de haine et de respect, dit qu'un tel homme, par amour pour la Liberté, devrait s'imposer l'ostracisme, il lui donna une belle prise : « Ah! que l'Égalité soit affermie, que les intrigants disparaissent; moi-même je fuirai la tribune... Heureux de la félicité de mes concitoyens, je passerai des jours paisibles dans les délices d'une sainte et douce intimité... » Et ailleurs : « Si l'on m'impose le silence, je quitterai cette société, pour m'enfermer dans la retraite. » *Voix glapissantes de femmes :* « Nous vous suivrons! nous vous suivrons! » — Et les mêmes voix aux adversaires : « Scélérats! coquins! »

Robespierre était né prêtre; les femmes l'aimaient comme tel. Ses banalités morales qui tenaient fort du sermon leur allaient parfaitement; elles se croyaient à l'église. Elles aiment les apparences austères, soit que, si souvent victimes de la légèreté des hommes, elles se serrent volontiers près de ceux qui les rassurent ; soit que, sans s'en rendre compte, elles supposent instinctivement que l'homme austère, en général, est celui qui gardera le mieux son cœur pour une personne aimée.

Pour elles, le cœur est tout. C'est à tort qu'on croit, dans le monde, qu'elles ont besoin d'être amusées. La rhétorique sentimentale de Robespierre avait beau être ennuyeuse ; il lui suffisait de dire : « Les charmes de la vertu, les douces leçons de l'amour maternel, une sainte et douce intimité, la sensibilité de mon cœur, » et autres phrases pareilles, les femmes étaient touchées. Ajoutez que, parmi ces généralités monotones, il y avait toujours une partie individuelle, plus sentimentale encore, sur lui-même ordinairement et sur ses mérites, sur les travaux de sa pénible carrière, sur ses souffrances personnelles ; tout cela, à chaque discours, et si régulièrement qu'on attendait ce passage et tenait les mouchoirs prêts. Puis, l'émotion commencée, arrivait le morceau connu, sauf telle ou telle variante, sur les dangers qu'il courait, la haine de ses ennemis, les larmes dont on arroserait un jour la cendre des martyrs de la Liberté... Mais arrivé là, c'était trop : le cœur débordait, elles ne se contenaient plus, et s'échappaient en sanglots.

Robespierre s'aidait fort en cela de sa pâle et triste mine, qui plaidait pour lui d'avance près des cœurs sensibles. Avec ses lambeaux de l'*Émile* ou du *Contrat social*, il avait l'air à la tribune d'un triste bâtard de Rousseau, conçu dans un mauvais jour. Ses yeux clignotants, mobiles, parcouraient sans cesse toute l'étendue de la salle, plongeaient aux points mal éclairés, fréquemment se relevaient vers les tribunes des femmes. A cet effet, il manœuvrait avec sérieux, dextérité, deux paires de lunettes, l'une pour voir de près ou lire, l'autre pour distinguer au loin, comme pour chercher quelque personne. Chacune se disait : « C'est moi. »

Il y avait une difficulté; c'est que, sur tel point capital, Robespierre ne pouvait gagner les femmes, sans risquer de choquer les hommes. Les hommes étaient philosophes, les femmes étaient religieuses. Il s'agissait pour lui de trouver dans ce qu'un moderne a très justement appelé : « La finesse aiguë de sa tactique, » la mesure exacte et précise où il pourrait, sans encombre, mêler au jargon politique le jargon religieux.

Aussi longtemps qu'il avait pu (jusqu'en mai 91), nous l'avons vu, il avait habilement ménagé les prêtres, et parfois parlé pour eux. Aujourd'hui, les prêtres s'étant portés pour ennemis de la Révolution, il ne s'agissait plus de s'appuyer d'eux; il s'agissait, pour l'orateur jacobin, d'en prendre la position, de se faire prêtre lui-même. Cela était hasardeux, et ne pouvait se faire que sous l'habit philosophique, avec les formules de Rousseau, en suivant de près, copiant, adaptant à la circonstance l'évangile philosophique de l'époque, le *Vicaire savoyard*, que l'ennemi n'attaquerait pas sans péril, et derrière lequel, après tout, Robespierre était toujours à même de trouver sa sûreté. Si la chose réussissait, c'était un vrai coup de maître : enlever les femmes et les dévotes, pour qui avait les Jacobins, c'était concentrer deux forces jusque-là peu conciliables ; c'était, au moyen des premières, aller jusqu'au lieu où la Révolution pénétrait si peu encore, au sein des familles, au foyer.

Voici donc ce que Robespierre hasarda aux Jacobins. Dans une Adresse sentimentale, nuancée de mysticisme philosophique, il dit, entre autres choses : « Qu'il avait été permis à l'homme le plus ferme de désespérer du salut public, *lorsque la Providence*, qui veille sur nous beaucoup mieux que notre propre sagesse, *en frappant Léopold*, a déconcerté les projets de nos ennemis. »

Cette forme et autres semblables, peu attaquables en elles-mêmes, mesurées, timides, recevaient beaucoup de clarté de la conduite générale de Robespierre ; elles annonçaient assez que, du pharisaïsme moral, il passerait, au besoin, à l'hypocrisie religieuse. Les indiscrétions de Camille Desmoulins, son enfant perdu, aidaient à comprendre. On le vit, bien peu après, lui voltairien, lui sceptique, approuver les processions dans les rues, reprocher au magistrat de les empêcher, faisant entendre, avec une ironie machiavélique, qu'il fallait amuser le peuple : « Mon cher Manuel, disait Desmoulins, les rois sont mûrs, il est vrai ; le bon Dieu ne l'est pas encore. »

La pensée, mieux voilée, de Robespierre, était néanmoins transparente. L'intention politique n'était pas méconnaissable dans ces paroles religieuses. Ce grand nom de la Providence, exploité ainsi, faisait mal. Ce miel de religion dans une bouche si amère, c'était chose intolérable.

Combien plus pour les hommes d'alors nourris de la philosophie du siècle, plus que jamais en lutte avec les prêtres, et qui malheureusement ne voyaient que les prêtres dans la religion ! Le girondin Guadet, mêlant un éloge à l'attaque, dit qu'il s'étonnait de voir : « qu'un homme qui avait, avec tant de courage, travaillé à tirer le peuple de l'esclavage du despotisme, concourût à le ramener sous l'esclavage de la superstition. »

L'étourdi donna à Robespierre la prise qu'il attendait. Ce fut un heureux appel qui tira de sa mémoire un de ces morceaux, parfois excellents, habilement travaillés, qui tenaient longtemps la lampe allumée, passé minuit, aux mansardes de Duplay. Tout n'était pas habileté, il faut l'avouer aussi : il y avait, dans cette éloquente réponse, quelque chose d'un sentiment vrai. Nul doute que Robespierre, à son époque de solitude et de souffrance, n'ait pu être refoulé vers Dieu, qu'il n'ait relu volontiers les consolantes pages du *Vicaire savoyard*. Seulement, ici, il répondit à ce que Guadet ne disait pas. Il répondit sur l'existence de Dieu en général, dont on n'avait pas parlé, et non sur ce que Guadet appelait superstitieux : la croyance à une intervention spéciale de Dieu dans telles affaires particulières, la croyance à l'action personnelle de Dieu, hors du cours des lois du monde, la foi aux coups d'État de Dieu, laquelle ruine toute prévoyance, et toute philosophie, et toute vraie religion, — celle-ci nous enseignant qu'il est de la majesté divine de vouloir obéir régulièrement aux lois qu'elle a faites elle-même.

Robespierre, sans rien répondre et se jetant à côté, n'en fut pas moins très habile, vraiment éloquent. Il eut un touchant retour sur l'époque où il s'était vu seul au milieu d'une Assemblée hostile et sur le secours qu'il avait tiré du sentiment religieux.

Puis, portant à la Gironde, aux prétentions philosophiques de ses adversaires, un coup très adroit, les élevant pour les abattre, attestant *le patriotisme et la gloire* du jeune Guadet (encore inconnu), il ajouta : « Sans doute *tous ceux qui étaient au-dessus du peuple* renonceraient volontiers pour cet avantage à toute idée de la divinité; mais ce n'est pas faire injure au peuple ni aux sociétés auxquelles on envoie cette Adresse, que de leur parler de la protection de Dieu, qui, selon mon sentiment, sert si heureusement la Révolution. » Ainsi, il faisait habilement appel à l'envie; avec toutes les ressources de son talent académique, il travaillait à se faire peuple, et, mettant perfidement ses ennemis au-dessus du peuple, il leur brisait sur la tête le niveau de l'Égalité.

Cette hypocrisie visible, cette dénonciation sans preuve, cette personnalité assommante, cet intarissable *moi* qui se retrouvait partout dans ses paroles de plomb, étaient bien capables de refroidir, à la longue, les plus chauds amis de Robespierre. Ce n'était pas seulement l'effet laborieux de cette mâchoire pesante, qui mâchait et remâchait éternellement la même chose; c'était aussi je ne sais quoi de discordant et de faux, qui, malgré le soin, le poli, tout l'effort académique, de temps à autre, grinçait. Il n'y avait qu'un petit noyau, une toute petite Église, des Jacobins les plus bornés, qui ne voulût voir ni entendre. Les autres haussaient les épaules. Il faut lire, dans un des journaux les plus favorables à Robespierre, *Les Révolutions de Paris*, la respectueuse mais sévère critique qu'on n'hésite pas de lui adresser... « Quoi! lui dit le journaliste entre autres choses judicieuses, vous nous dites que vous tenez dans les mains le fil d'une grande conspiration, il ne s'agit de rien moins que d'une guerre civile, et vous parlez toujours de vous, des petites provocations de vos ennemis! Les patriotes qui vous estiment, qui vous aimeraient, si votre orgueil n'opposait une barrière entre eux et vous, ne peuvent s'empêcher de dire : « Quel dommage

« qu'il n'ait pas cette bonhomie antique, compa-
« gne ordinaire du génie et des vertus! »
(N° CXLVII, avril 92.)

Le journaliste touche ici un point juste, vrai, profond. Et ce trait n'est pas tellement particulier au caractère de Robespierre qu'il ne s'applique aussi à bien d'autres personnages de l'époque, en des degrés différents. Avec moins de génie que plusieurs autres, moins de cœur et de bonté, Robespierre représente la suite, la continuité de la Révolution, la persévérance passionnée des Jacobins. S'il a été la plus forte personnification de la société jacobine, c'est moins encore par l'éclat du talent que comme moyenne complète, équilibrée, des qualités et défauts communs à la société, communs même à une grande partie des hommes politiques d'alors qui ne furent pas Jacobins.

Le fond, pour le formuler nettement, avec quelque dureté, et en se réservant d'en rabattre plus ou moins selon les individus, c'est qu'il leur manquait deux choses : par en haut, la *science* et la *philosophie ;* par en bas, l'*instinct* populaire. La philosophie qu'ils attestaient sans cesse, le peuple dont ils parlaient toujours, leur étaient fort étrangers. Ils vivaient dans une certaine moyenne, au-dessous de la première, au-dessus de l'autre. Cette moyenne était l'éloquence et la rhétorique, la stratégie révolutionnaire, la tactique des assemblées. Rien n'éloigne davantage de la haute vie de lumière qui est dans la philosophie, de la féconde et chaleureuse vie qui est dans l'instinct du peuple.

Le grand fleuve du dix-huitième siècle, coulant à pleins bords par Voltaire et Diderot, par Montesquieu et Buffon, s'arrête en quelque sorte, se fixe en plusieurs de ses résultats, se cristallise en Rousseau. Cette fixité de Rousseau est un secours et un obstacle. Ses disciples ne reçoivent plus, si j'ose le dire, la matière fluide et féconde ; ils la prennent de lui, en cristaux, si j'ose dire, sous formes arrêtées, inflexibles, rebelles aux modifications. Hors ces formes, au-dessus, au-dessous, ils ne connaissent rien et ne peuvent rien.

Un signe qui les condamne, c'est, en admettant le dernier résultat du dix-huitième siècle, d'en rejeter la grande tradition qui amena ce résultat, de ne pas voir, entre autres choses, que Voltaire n'est point opposé à Rousseau, mais son correspondant symétrique, naturel et nécessaire, que, sans ces deux voix qui alternent et se répondent, il n'y eût pas eu de chœur. Pauvres musiciens, ignorants de l'harmonie, qui croient accorder la lyre en ne gardant qu'une corde. L'unité de ton, la *monotonie* au sens propre, cette chose antilittéraire, antiphilosophique, propre à stériliser l'esprit, fut pourtant, il faut l'avouer, pour Robespierre, un très bon moyen politique. Il toucha toujours la même corde, frappa à la même place. Ayant affaire à un public ému d'avance, avide, infatigable, et que rien ne rebutait, sa monotonie le rendit très fort. Il en usa en toutes choses, non dans la parole seulement, mais dans la vie, la démarche, le costume, de sorte qu'en cet homme identique, en cet invariable habit, en cette coiffure toujours la même, en ce gilet proverbial, on lut toujours les mêmes idées, on trouva la même formule, ou plutôt que la personne tout entière apparut comme une formule qui parlait et qui marchait.

Ce fut un moment solennel, digne de l'attention des penseurs, celui où, par la voix de Brissot, la philosophie du dix-huitième siècle demanda compte à cette formule masquée sous un homme, à ce faux Rousseau, du vivant esprit qui avait fait et ce siècle et cette Révolution, et Rousseau avec ses imitateurs. Le dernier des philosophes était Condorcet ; son nom fut l'occasion, la prise, par où Brissot saisit Robespierre, l'attaqua, le secoua. Reprenons d'un peu plus haut, et voyons avec quel à-propos Condorcet fut amené dans ce discours très habile, de manière à tomber d'aplomb sur le maigre Jacobin du poids du grand siècle, du poids de la science et de la tradition, du poids de l'humanité.

Après s'être moqué du danger d'un La Fayette *protecteur* à la Cromwell : « Je mourrai, dit Brissot, en combattant les *protecteurs* et les *tribuns*. *Les tribuns sont les plus dangereux*. Ce sont des hommes qui flattent le peuple pour le subjuguer, qui rendent la vertu suspecte, parce qu'elle ne veut pas s'avilir. Rappelez-vous ce qu'étaient Aristide et Phocion : ils n'assiégeaient pas toujours la tribune, mais ils étaient à leur poste. Ils ne dédaignaient aucun emploi *(Robespierre refusait celui d'accusateur public)*, quand il était donné par le peuple. Ils parlaient peu, faisaient beaucoup ; ils ne flattaient pas le peuple, ils l'aimaient. Ils dénonçaient, mais avec preuves. Ils étaient justes et philosophes. Phocion n'en fut pas moins victime d'un flatteur du peuple... Ah! ce trait me rappelle l'horrible calomnie élevée contre M. de Condorcet. C'est au moment où ce respectable patriote, luttant contre la maladie, se livre à des travaux immenses, où il termine le plan d'instruction publique, apprend aux puissances étrangères à respecter le peuple libre, s'épuise en calculs infinis pour régler les finances de l'empire, c'est alors que vous calomniez ce grand homme! Qui êtes-vous, pour avoir ce droit? qu'avez-vous fait? où sont vos travaux? où sont vos écrits? Pouvez-vous citer, comme lui, trente ans d'assauts livrés, avec nos illustres philosophes, au trône, à la superstition? Ah! si leur brûlant génie ne leur eût révélé le mystère de la Liberté qui fit leur grandeur, croyez-vous que la tribune retentirait aujourd'hui de vos discours sur la Liberté? Ce sont vos maîtres, et vous les calomniez pendant qu'ils servent le peuple !... Le monument le plus ferme de notre Révolution, c'est la philosophie. Voyez celles qui ont manqué : elles n'étaient pas fondées sur la philosophie. Le philosophe est patriote. On l'accuse d'être froid, même d'être ennemi du peuple, parce qu'il travaille pour lui en silence... Prenez garde, vous suivez vous-même les impulsions de la Cour. Que veut-elle ? Faire rétrograder les lumières du peuple. Que veulent les philosophes ? Que le peuple s'éclaire, qu'il se passe également de *protecteurs* et de *tribuns*. »

A cette foudroyante attaque, Guadet en ajouta une, plus directe encore, sommant Robespierre de dévoiler donc enfin ce plan de guerre civile, de conspiration dont il ne cessait de parler. Robespierre, visiblement blessé à l'endroit vulnérable, la dénonciation sans preuve, allait s'enchevêtrer dans un tissu de rapprochements qui ne pouvaient rien prouver que sa faiblesse et sa défaite. Bazire lui rendit le service de l'empêcher de parler ; il vint à point au secours, l'engagea à réserver sa réponse pour les journaux. La Gironde insistant, exigeant qu'il s'expliquât, il s'en tira par la plus triste reculade : il dit que, pour le moment, il ne voulait que dévoiler les manœuvres qui tendaient à faire de la société des Jacobins un instrument d'intrigues et d'ambition : « Et *c'est ce que j'appelle un plan de guerre civile.* » Les amis de Robespierre, atterrés de voir qu'il ne trouvait pas autre chose, s'en allèrent en masse, afin que, la société n'étant plus en nombre, il fallût lever la séance.

Un homme de Robespierre, Simon, pour couvrir la retraite, se mit à crier encore quelques mots sur les troubles de l'Alsace, en jetant la faute sur les Girondins, lançant ainsi, dans la fuite, deux ou trois bons coups de dents à cette meute acharnée.

Brissot accusait très justement Robespierre d'hostilité à la philosophie. Robespierre lui-même, bien mieux encore, s'accusa et se convainquit d'ignorer l'instinct du peuple. Il était tout *belletriste* (pardonnez ce mot allemand), toute culture et tout art, à cent lieues de la Nature, de l'instinct, de l'inspiration. La bonhomie, comme le dit très bien le journaliste cité plus haut, je ne sais quoi de naïf et de profond qui fait comprendre les masses, lui manquaient totalement.

Les piques données à tout le peuple, *l'égalité dans l'armement*, le bonnet de laine rouge du paysan de France adopté par tous, comme *égalité de costume*, ces deux choses, éminemment révolutionnaires, si avidement saisies par le peuple, furent repoussées de Robespierre, peu goûtées des Jacobins. Puis, par la force des choses, il leur fallut reculer devant l'unanimité du peuple

Même opposition sur la grande question de la déclaration de guerre. On peut dire qu'en cette affaire (mars-avril 92), Robespierre allait d'un côté, et toute la France de l'autre. — De quel côté, le bon sens? Le temps a jugé, la lumière s'est faite : — c'est la France qui eut raison.

Le 26 mars 92, l'avis suivant fut donné aux Jacobins :

« En dépouillant les registres des départements, on trouve inscrits déjà plus de SIX CENT MILLE citoyens, pour marcher à l'ennemi. »

A Paris, dans le Jura, et ailleurs, les femmes déclaraient que les hommes pouvaient partir, qu'elles s'armeraient de piques, qu'elles suffiraient bien au service intérieur. Elles avaient si vivement senti pour leur famille et leurs enfants le bienfait de la Révolution, qu'au prix des plus grands sacrifices elles brûlaient de la défendre. Il y eut, dès ce moment, et dans toute cette année sacrée de 92, des scènes véritablement admirables et héroïques dans le sein de chaque famille. Un frère partant, tous les autres, en bas âge, voulaient partir, et juraient qu'ils étaient hommes*. La jeune fille ordonnait à son amant de s'armer, fixait les noces à la victoire. La jeune femme, tout en larmes, et les bras chargés de petits enfants, menait son époux elle-même, et lui disait : « Va, ne regarde pas si je pleure, sauve-nous, sauve la France, la Liberté, l'avenir, et les enfants de tes enfants. »

Guerre sublime, guerre pacifique, pour fonder la paix éternelle ! guerre pleine de foi et d'amour, inspirée de cette pensée, si attendrissante et si vraie alors : Que le monde en ce moment avait même cœur et voulait la même chose ; qu'il s'agissait d'écarter, le fer à la main, les barrières de tyrannie qui nous séparent barbarement; que, ces barrières abaissées, il n'y avait plus d'ennemis; que ceux qu'on croyait les nôtres allaient se jeter dans nos bras!

La beauté de ce moment, c'est que l'âme de la France y fut tout assise en la foi, qu'elle tourna le dos au raisonnement, aux petits calculs, qu'elle laissa les raisonneurs, Robespierre, La Fayette et autres, se traîner à plat ventre dans la logique et la prose, s'enquérir inquiètement du possible et du raisonnable.

Oui, la guerre était absurde, dans les seules données qu'on avait alors. Pour la faire, il fallait une foi immense, croire à la force contagieuse du principe proclamé par la France, à la victoire infaillible de l'Équité; — croire aussi que dans l'immensité d'un mouvement où la nation tout entière se précipitait, tous les obstacles intérieurs, les petites malveillances, les essais de trahison, se trouvaient neutralisés, et qu'il n'y avait pas de cœur d'homme, tant dur et perfide fût-il, qui ne se changeât, devant ce spectacle unique de la rencontre des peuples, courant l'un à l'autre en frères, et pleurant dans l'émotion du premier embrassement.

Oh! le grand cœur de la France, en 92! quand reviendra-t-il jamais! quelle tendresse pour le monde! quel bonheur de le délivrer! quelle ardeur de sacrifice! et comme tous les biens de la terre pesaient peu en ce moment!

Ce bon cœur éclata de la manière la plus touchante dans la délivrance des Vaudois du Régiment de Châteauvieux, que décréta l'Assemblée. C'était une tache infamante pour l'honneur de la nation qu'elle se constituât geôlier et bourreau pour la tyrannie des Suisses, qu'elle se chargeât de tenir aux galères quarante infortunés Français, d'un pays français de cœur et de langue sous le bâton allemand. On se rappelle ce jugement féroce des officiers suisses à Nancy, qui battirent à mort, rouèrent ou pendirent des soldats qui, s'étant réfugiés en quelque sorte au foyer de la France, réclamaient, comme leur droit, l'exécution des lois de l'Assemblée ; quarante, par grâce singulière, ne furent pas mis à la potence ; on les envoya à Brest ramer pour le Roi. Cette rigueur ne suffit pas. Sur des prétextes futiles, pour avoir chanté *Ça ira !* ou bu, le 14 Juillet, les magnifiques seigneurs enlevaient leurs sujets vaudois et les jetaient dans les caves de l'affreux château de Chillon, au-dessous du niveau du lac, avec les rats et les serpents.

Le 30 septembre 91, sur l'amphithéâtre solennel qui domine le lac et Lausanne, qui regarde la Savoie et toute la chaîne des Alpes, un tribunal fut dressé, où siégèrent, bouffis d'insolence, les députés de l'Ours de Berne. Là, parmi les insultes et les risées des soldats, les magistrats humiliés du pays de Vaud, de Lausanne, Vevay, Clarens, vinrent faire amende honorable, et reçurent, tête basse, les menaces et les affronts. Et pourquoi cette fureur? il faut le dire, la vraie raison, c'est que ces Vaudois sont la France. C'était une petite France, impuissante et désarmée, que l'insolence allemande faisait paraître à ses genoux.

Et elle n'avait pas tort, peut-être, d'être irritée. Qui, plus que la France vaudoise, a contribué à la Révolution? N'est-ce pas de cette population énergique et simple, de ces lieux sublimes, que partit l'inspiration de Rousseau, ce puissant élan de cœur qui a emporté le monde? Ah! ces lieux sont coupables à jamais devant les ennemis de la Liberté!

Quand l'Assemblée brisa les fers des soldats de Châteauvieux, il y eut, indépendamment du vif esprit de parti, un élan singulier de générosité, de délicatesse, dans toute la nation, pour réparer, par l'accueil le plus touchant, ce grand tort national. Les Gardes nationaux de Brest firent tout exprès, à pied, le voyage de Paris, pour accompagner les victimes; en leur ôtant la casaque de galériens, ils leur donnèrent leurs propres habits, en sorte que, sur la route, ils avaient l'air tous ensemble d'être également des Bretons. On allait au-devant d'eux des villes et villages; les hommes leur donnaient des poignées de mains, les femmes les bénissaient, les enfants touchaient leurs habits. Partout, on leur demandait pardon, au nom de la France.

Ce fait national est sacré. Il doit rester indépendant de la violente polémique qui éclata à ce sujet, de la fureur éloquente des Feuillants, des philippiques d'André Chénier, Roucher, et Dupont de Nemours ; — d'autre part, des déclamations de Collot pour les soldats de Châteauvieux, de l'empressement de Tallien et autres intrigants à s'emparer de l'événement, à tourner le bon cœur du peuple au profit de l'esprit de parti. Les Feuillants envisageaient le triomphe populaire des soldats de Châteauvieux comme une insulte aux Gardes nationaux tués en combattant contre eux dans la triste affaire de Nancy. Il n'y avait pas d'opposition entre les uns et les autres. Ils avaient tous combattu pour l'ordre ou la Liberté. Le Régiment de Châteauvieux, pillé par des officiers qui ne daignaient rendre compte, avait invoqué les lois de la France ; il avait raison. Les Gardes nationaux, sommés légalement, par les municipalités, d'aller, de combattre, allèrent, combattirent ; ils avaient raison. Il fallait pleurer les uns et les autres ; on le reconnut noblement à la fête qu'on donna aux soldats délivrés ; on y porta deux cercueils.

L'imprudente fureur des Feuillants fut vraiment coupable. Il ne tint pas à Chénier, à Dupont, qu'on ne s'égorgeât dans Paris. D'avance, ils remplirent les journaux des prophéties les plus sinistres ; ils dirent, répétèrent, expliquèrent aux Gardes nationaux de Paris, qui n'y songeaient pas, que c'était eux qu'on insultait. Le directoire de Paris, les La Rochefoucauld, Talleyrand, et autres, montra une peur ridicule, malveillante, de cette fête populaire. Pétion comprit bien mieux qu'on n'empêche point ces grands mouvements, qu'il faut les laisser aller, s'y associer plutôt pour les régulariser. Seulement, il défendit d'une manière absolue qu'on portât des armes, prohibant également les piques et les fusils.

Le 30 avril 92, les soldats de Châteauvieux, arrivés de Brest à Paris, avec leurs braves amis les Bretons, et un grand concours de peuple ravi de les voir, se présentent aux portes de l'Assemblée, demandent à la remercier et lui présenter leurs hommages. Vive discussion au dedans. Les Feuillants, imprudemment, veulent encore se mettre au-devant du mouvement populaire. On réclame, au nom de la discipline violée, au nom de la politique et des ménagements dus aux gouvernements de la Suisse avec lesquels on doit vouloir rester en bonne intelligence. Le jeune député Gouvion, frère d'un Garde national tué à Nancy, déclare qu'on ne peut le forcer à accueillir, à voir en face les meurtriers de son frère. Il sort. L'Assemblée, après deux épreuves douteuses, décide qu'ils seront admis. Leur défenseur officieux, Collot, exprime leur reconnaissance. Les tribunes les applaudissent. Une foule de Gardes nationaux sans armes, des Parisiens, des Bretons, des Suisses, puis une foule mêlée, hommes et femmes, portant des drapeaux, défilent joyeusement. Gonchon, le Cicéron ordinaire du faubourg Saint-Antoine, dit, en son nom, qu'on y fabrique dix mille piques pour la défense de l'Assemblée et des Lois. « Nous en dirions davantage ; mais, déjà, nous avons tant crié : Vive la Constitution ! vive l'Assemblée nationale ! que nous en sommes enroués !... » On applaudit et l'on rit.

La fête qui suivit bientôt fut intitulée du beau nom : Fête de la Liberté. Au souffle de guerre qui la vivifiait, on sentait qu'il s'agissait, cette fois, du triomphe anticipé des libertés du monde, et qu'ici la Suisse française, fêtée en ces pauvres soldats, était l'heureuse avant-garde de la délivrance universelle. La statue de la Liberté était traînée sur un char terminé en proue de galère. Les chaînes brisées des victimes étaient portées, chose touchante, par nos femmes et nos filles. Ces vierges, en blanches robes, touchaient sans hésitation le fer rouillé des galères, purifié par leur main. Au Gros-Caillou, au Champ-de-Mars, les rondes commencèrent, égayées de chants civiques. Ces danses joyeuses participaient de l'ardeur des fêtes antiques, où l'esclave pour la première fois s'enivrait de la Liberté. Les frères embrassaient les frères, et, selon l'humeur française, la fraternité pour les sœurs était encore bien plus tendre.

Nul surveillant, nul désordre, point d'armes et nul excès ; une allégresse, une paix, une effusion extraordinaires. Chacun, dans sa délivrance, sentait déjà celle du monde ; tous les cœurs s'ouvraient à l'espoir que c'était le commencement du salut des nations.

Et c'était justement de même que les rois, de leur côté, envisageaient cette guerre. On peut en juger par l'ordre que donna le roi de Prusse de désarmer les paysans de ses provinces du Rhin. Il ne voyait dans ses sujets que les secrets alliés, les amis de la France, les hôtes de nos soldats, impatients de recevoir les apôtres de la Liberté.

Le général probable de la coalition, Gustave III, était mort assassiné par les siens (17 mars 92). On ne manqua pas d'imputer sa mort aux partisans enthousiastes que la Révolution avait en Suède. Lui-même, en ces derniers moments, il avait toujours devant les yeux cette France qu'il allait combattre, et peut-être ne l'eût-il combattue que pour être loué d'elle, tant il dépendait de l'opinion du public français et des journaux de Paris ! Tout près de la mort, il disait : « Je voudrais bien savoir ce que va en dire Brissot. »

L'émigration avait gagné à la mort de Léopold, à l'avènement de François II, fanatique ennemi de la Révolution. Notre ambassadeur à Vienne, Noailles, était à peu près prisonnier dans son palais. Celui que nous envoyâmes à Berlin, Ségur, fut un objet de risée ; on fit courir le bruit qu'il était venu pour gagner de manière ou d'autre, par amour ou par argent, les maîtresses du roi de Prusse. Dans une audience publique, le roi lui tourna le dos, et, s'adressant à l'envoyé de Coblentz, lui demanda comment se portait le comte d'Artois.

Nulle figure ne caractérise mieux peut-être la contre-révolution que le nouvel Empereur, François II, dont le long règne commence. Borné, faible et violent, mal mêlé de deux natures, Allemand, né à Florence, faux Italien, faux Allemand, c'était l'honnête homme des prêtres, un dévot machiavélique, dont l'âme, dure et bigote, n'en était pas moins facile au crime politique. C'est le François qui accepta des mains de son ennemi, Venise, son alliée ; le François qui, par sa fille, commença la ruine de son gendre ; puis, une fois en Russie, l'attaqua par derrière, consomma sa ruine. Voyez-le dans les nombreux tableaux de Versailles où il est représenté. Est-il sûr que ce soit un homme ? il va roide et sur des ressorts, comme la statue du Commandeur ou le spectre de Banquo. Pour moi, ce qui me fait peur, c'est que ce masque est frais et rose, dans sa fixité effrayante. Un tel être, visiblement, n'aura jamais de remords, il fait le crime en conscience. Le bigotisme impitoyable est lisiblement écrit sur cette face pétrifiée. Ce n'est pas un homme, ce n'est pas un masque, c'est un mur de pierre du Spielberg. Moins fixe et muet le cachot où, pour briser le cœur des héros de l'Italie, il les forçait, par la faim, de tricoter comme des femmes. Et cela, « dans l'intérêt de leur amélioration, pour le remède de leur âme. » C'est la réponse invariable qu'il donnait à la sœur d'un des captifs, qui, tous les ans, faisant en vain le long voyage de Vienne, venait pleurer à ses pieds.

Voilà l'ennemi de la France. En avril, il charge Hohenlohe, son général, de s'entendre avec celui de l'armée de Prusse, le duc de Brunswick. Par son ordre, son ministre, le comte de Cobentzel, associé au vieux Kaunitz, écrit une *note* courte, sèche et dure, où, sans calculer ni la situation ni la mesure du possible, il dénonce à la France l'ultimatum de l'Autriche : 1° satisfaire les princes allemands possessionnés dans le royaume, autrement dit : reconnaître la suzeraineté impériale au milieu de nos départements, subir l'Empire en France même ; 2° rendre Avignon, le grand passage du Rhône, de sorte que la Provence soit de nouveau démembrée comme autrefois ; 3° rétablir la monarchie sur le pied du 23 juin 89 et de la *déclaration* de Louis XVI, ainsi rétablir comme *ordres* la Noblesse et le Clergé.

« En vérité, dit Dumouriez, quand le cabinet de Vienne aurait dormi trente-trois mois, depuis la séance de juin 89, sans avoir encore appris la prise de la Bastille ni tout ce qui avait suivi, il n'aurait pas fait des propositions plus étranges, plus incohérentes avec la marche invincible qu'avait prise la Révolution. »

Et cette *note* n'était pas seulement celle de l'inepte et bigote Autriche; elle exprimait en même temps la pensée du gouvernement qui se croyait à l'avant-garde du progrès, de l'Allemagne, du gouvernement philosophe et libéral qui avait encouragé la résistance turque et la révolution polonaise, en même temps qu'il écrasait les libertés de la Hollande. Au fond, âpre, avide, inquiet, sans souci d'aucun principe, ce gouvernement prussien, s'exagérant beaucoup sa force, se croyait en mesure de pêcher partout en eau trouble, et portait à l'étourdie ses mains crochues de tous côtés.

Les troupes de la coalition s'approchent peu à peu de la France. Au centre, les Prussiens, qui s'échelonnent dans la Westphalie, vers le Rhin. Aux deux ailes, les Autrichiens : d'une part, ils vont augmentant leurs troupes des Pays-Bas; de l'autre, ils se font appeler par l'évêque de Bâle, traversent le canton, et vont mettre garnison dans le pays de Porentruy, occupant ainsi déjà une des portes de la France, et pouvant, dès qu'ils voudront, envahir la Franche-Comté.

Le 20 avril 92, le Roi et le ministre entrent dans l'Assemblée nationale. Dumouriez, dans un long et minutieux *rapport*, démontre la nécessité où la France est de se regarder comme *en état de guerre* avec l'Autriche.

Le Roi déclare « qu'il adopte cette détermination, conforme au vœu de l'Assemblée et de plusieurs citoyens de divers départements. » Il propose formellement la guerre.

Le même jour, à cinq heures, dans la séance du soir, la discussion est prise immédiatement. L'unanimité, sur cette grande question, était presque acquise d'avance. Ce fut un Feuillant, Pastoret, qui le premier, voyant monter ce flot invincible, s'y associa habilement, et proposa le décret de déclaration de guerre. Un autre Feuillant, Becquet, essaya d'arrêter l'élan, en inquiétant l'Assemblée par le tableau de l'Europe, lui montrant l'Europe peu sûre, l'Espagne menaçant par derrière, la sédition au dedans, l'armée indisciplinée, les finances en mauvais ordre. Ce dernier mot donna à Cambon l'heureuse occasion d'un mot qui éloigna toute crainte : « Nos finances, monsieur, vous ne les connaissez pas ; nous avons de l'argent plus qu'il n'en faut. » Et déjà il avait dit, le 24 février : « La France a plus de numéraire effectif en caisse qu'aucune puissance de l'Europe. » En réalité, sur les 1,500 millions de biens nationaux vendus jusqu'au 1er octobre 91, le Trésor avait déjà reçu près de 500 millions. De novembre 91 en avril 92, la vente, quoique un peu ralentie, avait été de 360 millions, et il en restait à vendre pour une somme équivalente.

Guadet ajouta au mot de Cambon, que nulle puissance en ce monde ne pouvait présenter une masse comparable à nos quatre millions de

Gardes nationaux armés ; que nulle n'aurait pu, d'un mot, en lever déjà cent mille, ainsi que nous l'avions fait. Les registres d'inscriptions des départements donnaient, en mars, l'étonnant résultat de six cent mille volontaires qui demandaient à partir.

C'était la voix de la France, on ne pouvait la méconnaître. En vain, le feuillant Becquet insista, fit observer que, dans le fait, on allait déclarer la guerre non à l'Autriche, mais au monde, jeter le gant à tous les rois. En vain, le jacobin Bazire, organe en ceci du pur parti jacobin, s'étonna de voir une démarche si grave décidée si légèrement. Il essaya de reprendre le texte ordinaire de Robespierre, le danger de la trahison. A peine fut-il applaudi de deux ou trois membres et d'autant des gens des tribunes. Personne ne l'écoutait. L'enthousiasme entraînait tout. Il éclata à ce mot du député Mailhe : « Si votre humanité souffre à décréter en ce moment la mort de plusieurs milliers d'hommes, songez aussi qu'en même temps vous décrétez la Liberté du monde. »

Aubert Dubayet, une figure éminemment noble et militaire, se leva, prit la parole, saisit vivement l'Assemblée : « Quoi ! l'étranger a l'audace de prétendre nous donner un gouvernement ! Votons la guerre. Dussions-nous tous périr, le dernier de nous prononcerait le décret... Ne craignez rien. Dès que vous aurez décrété la guerre, tous seront bien obligés de se décider, les partis rentreront dans le néant. Les feux de la discorde s'éteindront aux feux du canon et devant les baïonnettes. »

« Oui, votons, dit le vaillant Merlin de Thionville, votons la guerre aux rois, et la paix aux nations. »

L'Assemblée se leva tout entière ; il n'y eut que sept membres qui restèrent assis. Au milieu d'un tonnerre d'applaudissements, elle vota la guerre à l'Autriche.

Condorcet lut une belle et humaine *déclaration de principes* que la France faisait au monde. Elle ne voulait nulle conquête, elle n'attaquait la liberté d'aucun peuple. Ce mot passa dans le décret.

Orateur généralement froid, Condorcet, animé ici par la grandeur des circonstances, eut un mouvement très beau, au sujet du reproche de faction que les rois faisaient à la France : « Et qu'est-ce donc qu'une faction qu'on accuse d'avoir conspiré pour la Liberté universelle ?... C'est l'humanité tout entière qu'ils appellent une faction. »

Vergniaud proposait encore une grande réunion fraternelle, à l'instar des fédérations de 90, où tous jureraient de mourir ensemble sous les ruines de l'empire plutôt que de sacrifier la moindre des conquêtes de la Liberté. Ainsi, la France, attendant la mort ou la victoire, serait venue une dernière fois, tout entière, se serrer la main. « Moments augustes, dit-il ; quel est le cœur glacé qui n'y palpite, l'âme froide qui, parmi l'acclamation de la joie de tout un peuple, ne s'élève jusqu'au ciel, qui ne se sente grandir par l'enthousiasme au-dessus de l'humanité ? » — Cette belle et religieuse *proposition* ne fut point votée. Elle n'allait pas à l'impatience guerrière de l'Assemblée, qui brûlait d'aller en avant.

CHAPITRE VII

RENVOI DU MINISTÈRE GIRONDIN

(MAI-JUIN 1792)

Comment le Roi voulait qu'on fît la guerre à la France. — Inconséquence de Dumouriez, qui veut la révolution en Belgique, pour la comprimer en France. — La guerre commence par un revers, 28-29 avril 92. — Robespierre triomphe, aux Jacobins, de Brissot et des partisans de la guerre, 30 avril. — Brissot accuse le Comité autrichien, 23 mai 92. — La Gironde fait licencier la Garde du Roi, 29 mai. — La Gironde accusée par Robespierre. — Elle fait décréter un camp de vingt mille hommes à Paris, et des mesures contre les prêtres réfractaires, 27 mai. — Violences des royalistes et des Feuillants. — Lettre de Roland au Roi, 12 juin. — Les ministres girondins sont renvoyés, 13 juin.

E Roi, que les Jacobins accusaient de vouloir la guerre, avait tout fait pour l'éviter. Les meilleures chances qu'elle lui présentât étaient très mauvaises. Une victoire de La Fayette, ou de quel-

que autre général, n'aurait relevé le trône que pour le mettre en tutelle. Une défaite exaspérait Paris, faisait accuser le Roi, lançait l'émeute aux Tuileries. Et si, par impossible, il n'en était pas ainsi, qui triomphait? qui revenait? Monsieur et l'émigration, le futur régent de France, celui près duquel la Russie avait déjà des envoyés. La Reine, en particulier, avait tout à craindre : elle savait parfaitement qu'elle était haïe, chansonnée à Coblentz; que Monsieur était son ennemi, et le comte d'Artois dans la main de son ennemi, Calonne. Si les princes revenaient vainqueurs, le résultat eût bien pu être, non pas de délivrer la Reine, mais tout au contraire de lui faire son procès et de l'enfermer; souvent, on en avait parlé. Monsieur aurait satisfait ainsi sa vieille haine personnelle et celle de la nation.

Donc, quoique Louis XVI eût toujours à Vienne son agent, Breteuil, et que la Reine correspondît toujours avec Bruxelles, avec le vieil ambassadeur de famille, M. Mercy d'Argenteau, ils crurent devoir envoyer un agent spécial au Cabinet autrichien pour s'entendre avec lui sur la manière dont il convenait qu'il fît la guerre à la France. Il s'agissait d'obtenir que l'Autriche n'agît point à part, ce qui eût confirmé l'accusation ordinaire contre une reine autrichienne, mais que l'Autriche et la Prusse, de concert avec les autres puissances, par un *manifeste* commun, dirigé contre la secte antisociale, au nom de la société, de l'Europe, établissent qu'elles faisaient *la guerre aux Jacobins*, et non à la nation, déclarant à l'Assemblée, à toutes les autorités, qu'on les rendait responsables de tout attentat contre la famille royale, offrant de traiter, mais seulement avec le Roi. Il fallait surtout recommander aux émigrés, de la part du Roi, de s'en remettre à lui et aux Cours intervenantes, de paraître comme parties dans le débat et non comme arbitres, de ne point devenir, par l'irritation que causerait leur présence, l'occasion de la guerre civile.

Ces instructions, rédigées sans doute par les Feuillants, que la Cour consultait encore, furent confiées à un jeune Genevois, Mallet Dupan, dévoué au Roi, plein de talent et d'esprit. Il parla avec beaucoup d'âme, avec la chaleur et le cœur d'un homme attendri sur les malheurs de la famille royale, et il gagna son procès. Il obtint des négociateurs réunis d'Autriche et de Prusse cette chose qui semblait difficile, que les émigrés, ceux qui avaient sacrifié leur patrie, leur fortune et leur existence à la cause royale, ne fussent point employés pour elle ; du moins, qu'ils fussent divisés en plusieurs corps, employés à part, et, chose intolérable à cette orgueilleuse Noblesse, placés en seconde ligne. C'était une solennelle *déclaration* de défiance que le Roi semblait faire à ses plus ardents serviteurs. Il se fiait aux Allemands, Autrichiens et Prussiens, non aux Français de sa Noblesse. Cela était-il politique ? L'invasion, ayant les émigrés pour avant-garde, aurait paru française encore, et la France aurait pu se dire, après tout, qu'elle était vaincue par la France. Ces Français, même aristocrates, s'ils restaient ensemble, s'ils constituaient une armée au sein de l'armée ennemie, la surveillaient, cette armée, et lui rendaient difficile de garder ce qu'elle prendrait. L'étranger devait entrer volontiers dans les vues de Louis XVI, diviser l'émigration ; elle était pour lui, dans l'invasion, un embarras, un témoin, un compagnon incommode. Au contraire, dans le plan qu'on offrait au nom du Roi, la France noble étant écartée, et la France populaire n'étant pas organisée, l'étranger était à l'aise ; nul grand obstacle probable ; le royaume lui était ouvert à discrétion.

Quel était le plan de la guerre, dans la pensée de celui qui la préparait, Dumouriez ? C'était, par la Révolution, de conquérir ou de délivrer un pays déjà en révolution, les Pays-Bas autrichiens, réduits à peine par l'Empereur, mal contenus, frémissants. Dumouriez employait deux vieux généraux aux deux ailes de la bataille, Luckner à garder la Franche-Comté, Rochambeau à garder la Flandre. Des corps secondaires devaient inquiéter Luxembourg, y porter toute l'attention. Mais tout à coup, La Fayette, qui avait l'armée du centre, descendant vivement la Meuse, poussant de Givet à Namur, s'appuyant bientôt d'un corps que Rochambeau enverrait de Flandre sous le général Biron, enlèverait Namur, atteindrait Bruxelles, où la révolution belge accueillerait à bras ouverts son libérateur.

Dumouriez a raison de dire que, dans son plan, La Fayette avait le beau rôle : il était l'avant-garde de l'invasion, il en avait la première gloire, les premiers résultats, immenses et faciles ; dans la situation où semblait la Belgique, il avait l'insigne bonheur de conquérir un pays qui voulait être conquis. Les résultats à l'intérieur pouvaient être décisifs. Le général des Feuillants, l'homme qui, le 17 juillet, avait exécuté leurs ordres et cru un moment restaurer le trône à coups de fusil, avec quelle autorité ne parlerait-il pas de Bruxelles à Paris, *commandant aux factions l'ordre et le silence, au nom de la victoire ?* Les Jacobins atterrés, à qui s'adresseraient-ils pour ne pas périr, sinon au ministre habile, hardi, qui, sous le bonnet rouge, leur aurait porté ce coup? Feuillants, Jacobins, le peuple et le Roi, tous balancés les uns par les autres, se trouveraient, en réalité, dans la main de Dumouriez.

Ce plan était ingénieux. Dumouriez, porté au pouvoir par la Gironde, par son triomphe sur le Roi, employait le pouvoir qu'elle venait de lui donner au profit du Roi et des Feuillants contre la Gironde et les Jacobins ; toutefois, non pas tellement sans doute qu'il voulût laisser écraser les Jacobins par les Feuillants ; à ce moment, selon toute apparence, il se fût refait

Jacobin, assez pour neutraliser tout et dominer les partis.

Dans ses Mémoires, pleins d'esprit, d'artifice, de réticences et de mensonges, il y a, toutefois, ce naïf aveu, ce trait de lumière : Qu'il n'osait, par-devant le public et l'opinion, nommer le feuillant La Fayette général en chef, mais qu'en réalité, une fois en pays ennemi, se trouvant supérieur en grade aux officiers généraux que Rochambeau lui prêtait, La Fayette commandait seul, seul prenait Namur et Bruxelles. — Ajoutons la conclusion, que Dumouriez se garde bien de donner, mais qui n'est pas moins certaine : Que la victoire d'un Feuillant était infailliblement en France la victoire du parti feuillant, avec lequel Dumouriez (en évitant toutefois les relations personnelles) conspirait dans un même but.

A ce plan si bien conçu, il manqua deux choses.

La première, un général. La Fayette, partisan de la guerre défensive, ainsi que Rochambeau, n'etait nullement, malgré son incontestable courage, l'homme d'audace et d'aventure qui e serait lancé dans le pays ennemi. Il amena, à grand'peine, dix mille hommes à Givet, par une marche rapide. Mais là, il sentit qu'il avait peu de monde pour une si grande entreprise, et ne bougea plus.

L'autre difficulté, c'est que ni La Fayette ni Dumouriez (avec tout son jacobinisme et son bonnet rouge) n'étaient vraiment disposés à remuer la Belgique d'une propagande hardie. Il fallait l'encourager, l'animer, la soulever, la plonger profondément dans la Révolution. Qui eût fait cela, s'il vous plaît, et qui en avait besoin ? Ceux précisément qui, en France, voulaient arrêter la Révolution. La duplicité de Dumouriez, son immoralité, rendait son génie impuissant. La condition première de son plan, c'était d'agir franchement aux Pays-Bas, de leur inspirer d'avance une foi forte dans la sincérité de la France, de porter bien haut dans cette guerre le drapeau de la Liberté. Loin de là, ce fut une guerre politique, préparée, menée par un homme sans foi, qui pourtant n'avait de chance sérieuse de succès que dans la foi. Il exploitait un principe, pour que ce principe, triomphant aux Pays-Bas, lui servît à neutraliser le même principe en France.

Et à qui remettait-il le drapeau de la Révolution ? A celui qui, au Champ-de-Mars, l'avait abattu de l'autel de la patrie, traîné dans le sang. Ce drapeau où la Gironde voyait d'avance celui de la République, il était confié par un royaliste à un royaliste, par un intrigant à un incertain, par l'homme faux à l'homme vague, pour revenir ici comme drapeau de la royauté. Bizarre, immorale conception, qui, si elle eût pu réussir, eût fait le succès, non de Dumouriez, non de La Fayette, mais de la contre-révolution et des ennemis de la France.

On put, dès l'entrée en campagne, se convaincre du danger énorme qu'il y avait à administrer la guerre par les partisans de la paix. Dumouriez, le ministre dirigeant, qui gouvernait le ministère de la Guerre par son homme, le faible de Grave, avait, par égard pour la Cour, gardé tout l'ancien personnel de cette administration. Ces employés de l'ancien régime ne pouvaient montrer grand zèle pour le succès de la croisade révolutionnaire, qui, dans la réalité, se faisait contre leurs principes. Leur mauvaise volonté, leur empressement à s'excuser sur la désorganisation des services, à l'augmenter au besoin, leur mauvaise humeur, leur négligence, tout cela éclata sur le terrain, au moment le plus dangereux. Les infortunés volontaires de la Garde nationale, qui, au fort de l'hiver même, étaient venus, pleins d'ardeur, couvrir la frontière, étaient délaissés sans secours de l'administration. A qui la faute? aux finances? Non : l'impôt se recouvrait; les millions de la liste civile arrivaient toujours à point pour solder les journalistes de la contre-révolution, les Suleau et les Royou. Ces volontaires restaient sans fusils. Il leur arriva, pendant deux ou trois jours, au moment d'entrer en campagne, de ne point avoir de vivres. La Ligne n'était pas mieux. A toute réclamation, refus, dédains insolents. Les munitionnaires employés étaient amis de l'ennemi; tous les commis de la Guerre étaient pour la paix *quand même*. Le vieux maréchal Rochambeau ne voulait de guerre que défensive. Il était mortifié de voir Dumouriez adresser les ordres tout droit à ses lieutenants. Les embarras qu'éprouvait le mouvement d'invasion ne lui déplaisaient nullement. Il hochait la tête, haussait les épaules, ne présageait rien de bon.

Dumouriez, tout en faisant de la chevalerie avec la Reine et le Roi, comme on voit dans ses Mémoires, n'en était pas moins lié en dessous avec la maison d'Orléans. Il lui fallait absolument un Roi, une Cour, les facilités de gaspillage que donne seule la monarchie. Il voyait dans le jeune duc de Chartres comme un *en-cas* monarchique, si Louis XVI tombait. Il employait volontiers des officiers généraux du parti de cette maison, comme Biron et Valence. Cette fois, le mouvement du Nord devait commencer par Biron, qui devait, en terre ennemie, rejoindre l'armée de La Fayette. Le 28 avril, au soir, Biron s'empara de Quiévrain, et marcha sur Mons. Le 29, au matin, Théobald Dillon se porta de Lille à Tournai. Des deux côtés, même aventure. La cavalerie, généralement aristocrate, spécialement les dragons, à Tournai, devant l'ennemi, à Mons, sans même voir l'ennemi, se met à crier : « Sauve qui peut ! nous sommes trahis ! » Elle passe sur le corps des fantassins volontaires ; ceux-ci, débandés, démoralisés, se mettent à fuir à toutes jambes. Rentrés à Lille, et furieux, ils s'en prennent à leurs chefs, qui, disent-ils, voulaient les livrer. Ils massacrent

Dillon dans une grange. La populace de Lille se met aussi de la partie, et pend plusieurs prisonniers.

Trois ou quatre cents hommes périrent. Échec petit en lui-même, grave au commencement d'une guerre, mais qui eut l'heureux effet d'enfler au dernier point de confiance et de sottise l'orgueil de nos ennemis. Les fameux tacticiens de Prusse prirent de plus en plus confiance dans le soldat automate, de plus en plus méprisèrent le soldat d'inspiration. Aux officiers qui achetaient des chevaux pour la campagne, Brunswick disait : « Messieurs, ne vous mettez pas tant en frais, tout ceci ne sera qu'une promenade militaire. » La promenade, il voulait la faire à l'allemande, lente, agréable et méthodique. En vain, M. de Bouillé, qui connaissait bien autrement le terrain et la situation, lui disait qu'on manquerait tout si l'on ne faisait une pointe hardie, rapide, en Champagne, tout droit sur Paris. Brunswick était moins pressé. Le romanesque ministère de madame de Staël lui avait fait, dit-on, l'étrange proposition de le faire, s'il voulait, roi de France. Il paraît n'avoir pas pris la chose au sérieux. Et toutefois, telle est la faiblesse des hommes, toute ridicule que fût cette idée, elle lui troublait l'esprit. Il voulait voir ce que deviendrait cette grande affaire de France, pas tout à fait mûre encore, ni suffisamment embrouillée.

Dumouriez, avec l'intrépidité d'effronterie qui

brille partout dans ses Mémoires, fait entendre que la Gironde, qui avait poussé à la guerre d'un effort désespéré, fut précisément l'auteur de l'échec. S'il ne dit la chose tout à fait ainsi, il la pose implicitement dans ces deux assertions : 1° Il y eut complot ; 2° la Gironde y avait intérêt. Ce dernier point est vraiment contestable, inadmissible. Les avocats de la guerre, qui tant de fois avaient juré le succès et la victoire, recevaient d'aplomb sur la joue le coup du premier revers.

Il y parut le soir du 30 avril, au moment où se répandit dans Paris la lettre qui annonçait le désastre du 28. Brissot, qui jusque-là luttait aux Jacobins contre Robespierre, fut décidément écrasé par lui.

Une paix fort équivoque avait été ménagée entre eux par l'intermédiaire de Pétion. Robespierre, le soir du 30, croyant les Girondins à bas par l'effet de la grande nouvelle, les attaque avec une fureur, une clameur, une gesticulation, qui ne lui étaient pas naturelles. Il prétendit qu'ils avaient, dans leurs journaux, falsifié le *compte rendu* des derniers débats, terminés par la pacification. Il leur reprocha surtout d'avoir dit que Marat le proposait pour tribun. En réalité, Marat n'avait dit expressément rien de tel. Seulement, dans tel numéro, il demandait un tribun ; dans tel autre, il louait Robespierre, et montrait en lui le plus digne (après lui-même, sans doute). Les

Girondins en tiraient la conclusion que tout le monde y voyait : que Marat désignait implicitement pour tribun ou Robespierre ou Marat.

Les tribunes, fortement chauffées, ce soir-là, pleines de femmes fanatiques, pesaient sur les Jacobins, intervenaient par moments avec des cris passionnés. Des Cordeliers très ardents, Legendre, Merlin, Fréron, Tallien, étaient venus pour entraîner la masse des indécis. Brissot et Guadet, à cette heure, ne pouvaient quitter l'Assemblée. Le girondin Lasource, qui présidait les Jacobins, fut obligé aussi, pour aller à l'Assemblée, de céder le fauteuil à Dufourny, un homme de Robespierre. Sous l'influence d'un concours si heureux de circonstances, la chose fut emportée. La société déclara « qu'elle démentait *les diffamations, les calomnies* de Brissot et Guadet contre Robespierre. » (30 avril 92.)

Celui-ci enfonça le coup par des moyens bien étranges, pour un homme qui naturellement aimait le pouvoir. Il se lança dans son journal en pleine anarchie, louant les soldats au moment où ils venaient de fuir en massacrant leurs chefs, s'opposant aux mesures sévères que l'Assemblée prenait pour assurer la discipline. Il demandait qu'on réunît les soldats licenciés, qu'on en formât une armée ; selon lui, ils n'étaient pas moins de soixante mille, et, à cette armée, si nombreuse, il proposait froidement de donner une double solde. Comme règle, en général, il posait l'indépendance absolue du soldat à l'égard de l'officier, sauf deux moments, l'exercice et le combat.

Cette tendance désorganisatrice, remarquable dans Robespierre, éclata le 20 mai, aux Jacobins, lorsqu'il combattit et fit rejeter une *proposition girondine* que les plus violents Cordeliers, par exemple, Tallien, avaient appuyée, et qui, dans cette extrême crise, au début d'une guerre si mal commencée, était véritablement de salut public. Le secrétaire de Brissot, Méchin, proposait aux Jacobins d'accélérer par leur influence le payement des contributions, dont la régularité était si importante en un tel moment, d'écrire à ce sujet aux sociétés affiliées, et, pour que la société-mère prêchât elle-même d'exemple, de ne donner les cartes du prochain trimestre qu'aux membres qui prouveraient qu'ils avaient payé l'impôt. Robespierre fit une objection vraiment surprenante : « Une quittance d'imposition est-elle un garant de patriotisme ?... Un homme, gorgé du sang de la nation, viendra apporter sa quittance, etc., etc... Il me semblerait meilleur citoyen, celui qui, pauvre, mais honnête homme, gagnerait sa vie sans pouvoir payer ses contributions, que celui qui, gorgé peut-être de richesses, ferait des présents puisés à une source corrompue, » etc. — Puis, après cette lâche flatterie au populaire, cet encouragement à l'égoïsme, à la désorganisation en présence de l'ennemi, il revenait à son texte éternel, se lamentait sur lui-même, pour mieux frapper sur les autres : « Perfides intrigants, vous vous acharnez à ma perte, mais je vous déclare *que plus vous m'avez isolé des hommes, plus vous m'avez privé de communication avec eux...* »

Cette citation textuelle des *Rêveries* de Rousseau était prodigieusement ridicule, au moment où il se retrouvait plus que jamais entouré des Jacobins, qui, pour lui, le 30 avril, avaient définitivement rompu avec la Gironde. Tallien même, qui le 30 avait aidé au succès de Robespierre, ne put s'empêcher ici d'éprouver un mouvement d'indignation et de mépris pour ce bavardage hypocrite. — Son maître, Danton, moins jeune et plus politique, en effaça l'impression par un éloge enthousiaste des vertus de Robespierre. Il allait avoir besoin de se lier étroitement à lui. Dumouriez, de plus en plus suspecté des Girondins, comme intrigue et comme argent, avait fait tâter Danton. — Pour les perdre et sauver la Cour, pour fermer la voie à la République, il ne voyait nul moyen qu'une conjuration monstrueuse des extrémités contre le milieu, de l'intérêt royaliste avec l'intérêt jacobin. La Gironde, placée entre, devait périr étouffée.

La Gironde battait de l'aile. Elle avait reçu deux coups : à la frontière, par le premier échec d'une guerre qu'elle avait conseillée; — aux Jacobins, par la victoire de Robespierre sur Brissot.

Elle se releva par un coup de foudre, qui frappa directement la Cour, indirectement ceux qui, comme la Cour, avaient été les partisans de la paix, par conséquent Robespierre. La machine était bien montée, avec une entente habile des besoins d'imagination qu'avait cette époque ; émue, inquiète, crédule, tout affamée de mystère, accueillant avidement tout ce qui lui faisait peur. C'était la dénonciation à grand bruit d'un *Comité autrichien*, qui toujours, trente ans durant, avait gouverné la France, et ne voulait aujourd'hui pas moins que l'exterminer.

Le premier coup de tambour pour attirer l'attention, coup rudement retentissant, donné fort, à la Marat, le fut par le girondin Carra dans les *Annales patriotiques.* Le Comité autrichien, disait-il, préparait dans Paris une Saint-Barthélemy générale des patriotes. Montmorin, Bertrand, étaient nominalement désignés ; grand émoi : le juge de paix du quartier des Tuileries n'hésite pas à lancer un mandat d'amener contre trois représentants du témoignage desquels Carra s'était appuyé.

Ainsi, audace pour audace. La Cour avait organisé cette redoutable Garde, dont on a parlé plus haut ; elle pensait avoir aussi une notable partie de la Garde nationale. La nouvelle du revers de Flandre avait été saluée de tous ces aristocrates par des cris de joie. L'Assemblée, battue à Mons, à Tournai, ne leur faisait plus grand'peur ; ils la méprisaient au point d'oser lancer contre elle un simple juge de paix, un tout petit magistrat du quartier des Tuileries.

Ils perdirent cette confiance, quand Brissot (le 23 mai), ramenant la dénonciation à des termes plus sérieux, parmi quelques hypothèses, articula des faits certains, que la publication des pièces et le progrès de l'Histoire ont décidement confirmés. Il établit que les Montmorin et les Delessert, véritables mannequins, étaient dirigés par le fil que tenait M. Mercy d'Argenteau, l'ancien ambassadeur d'Autriche, alors à Bruxelles ; lui seul en effet eut toujours pouvoir sur la Reine. D'autre part, Louis XVI avait son ministre à Vienne, au su de toute l'Europe, M. de Breteuil. Appuyé sur de nombreuses pièces, systématisant et liant des faits isolés, Brissot montra le Comité étendant sur la France un réseau immense d'intrigues, la travaillant au moyen d'une puissante manufacture de libelles. Une des pièces citées était curieuse : c'était une lettre de notre envoyé à Genève, qui se déclarait autorisé par le Roi à prendre service dans l'armée du comte d'Artois. Brissot concluait à l'accusation de Montmorin, et voulait qu'on interrogeât Bertrand de Molleville et Duport-Dutertre. Pour Bertrand, ses Mémoires nous prouvent aujourd'hui qu'il n'y a jamais eu de défiance mieux méritée.

L'Assemblée eut la prudence d'ajourner. Elle voyait aux mains de la Cour l'arme la plus dangereuse, la Garde constitutionnelle, qu'il fallait d'abord briser. On supposait que cette Garde pouvait ou frapper l'Assemblée, ou bien enlever le Roi ; six mille hommes, et de tels hommes, armés et montés ainsi, n'avaient qu'à agir d'ensemble, mettre le Roi au milieu d'eux : il n'y avait nulle force dans Paris qui pût empêcher le coup.

Cette Garde *constitutionnelle* allait toujours se recrutant d'éléments bizarres, qui contrastaient avec ce nom. Tout doucement on y fourrait, parmi les bretteurs et maîtres d'escrime, parmi les gentilshommes bretons, vendéens, une recrue de fanatiques qu'on aurait appelés à une autre époque la fleur des *Verdets* du Midi. Il y avait particulièrement de furieux Provençaux, venus de la ville d'Arles, de la façon Arlésienne, trop connue sous le nom de *la Chiffonne*. Il y avait une élite de jeunes prêtres robustes, à qui l'Eglise, qui a horreur du sang, n'en avait pas moins permis de déposer la soutane pour prendre l'épée, le poignard et le pistolet.

Tout cela, indécent, hardi, bavard et vantard. — Tous étant des hommes de choix, ou pour la force du corps, ou pour le maniement des armes, chacun d'eux croyant avoir un facile avantage dans toute lutte individuelle, ils allaient, venaient, se montraient dans les promenades publiques, comme s'ils avaient dit tout haut : « Nous sommes les conspirateurs. » Ils entassaient à plaisir la haine, la colère et l'irritation.

Ce fut la voix même de Paris qui parla, le 22 mai, dans une lettre de son maire, Pétion, au commandant de la Garde nationale. Il exprimait la crainte générale du départ du Roi, et l'invitait, sans détour, à observer, surveiller, multiplier les patrouilles *dans les environs* (sans doute des Tuileries). — Le Roi s'en plaignit amèrement, le lendemain, dans une lettre que le directoire du département fit afficher dans Paris. Pétion ne désavoua rien, et répliqua avec force. Cette étrange guerre de paroles entre le Roi et le maire semblait l'annonce d'une guerre réelle et en actes.

Toutes sortes de dénonciations arrivaient à l'Assemblée. Des faits, en eux-mêmes insignifiants, ajoutaient aux alarmes. C'était une masse de papiers qu'on avait brûlés à Sèvres (un libelle contre la Reine). C'était Sombreuil, le gouverneur des Invalides, qui leur avait ordonné de céder, la nuit, leurs postes aux troupes de Garde nationale *ou de Garde du Roi* qui pouvaient se présenter. — Le 28 mai, Carnot proposa, et l'Assemblée décréta, que, pendant le danger public, elle restait en permanence, et elle y resta en effet quatre jours et quatre nuits. — Le 29, Pétion, dans un rapport à l'Assemblée sur la situation de Paris, parmi les choses rassurantes, dit celle-ci, effrayante : « Que la tranquillité actuelle ressemblait au silence qui succède aux coups de la foudre. » Tout le monde se tenait pour dit que le coup pourtant n'était pas encore tombé.

C'est l'Assemblée qui le porta. Le 29, passant outre sur la peur des assassinats, elle se fit faire par Bazire un rapport accusateur contre la Garde du Roi, rapport plein de faits terribles. Il y avait, entre autres, celui de la joie impie, barbare, qui avait éclaté dans ce corps pour l'échec de Mons, l'espoir que Valenciennes était pris par les Allemands, et que sous quinze jours l'étranger serait à Paris. Une déposition remarquable est celle d'un cavalier, le fameux Murat, qui, sortant de cette Garde et donnant sa démission, déclare qu'on a voulu le gagner à prix d'argent et l'envoyer à Coblentz.

Le même jour, 29 mai, dans la séance du soir, Guadet, Vergniaud, à coups pressés, frappèrent et refrappèrent l'enclume. On croyait que l'affaire traînerait, elle fut brusquée. L'Assemblée décréta le licenciement immédiat, ordonna que les postes des Tuileries fussent remis à la Garde nationale, ajoutant que ce décret se passerait de sanction. Une addition spéciale fut faite pour arrêter le commandant de la Garde du Roi, le duc de Brissac, qui, dit-on, la fanatisait par ses violentes paroles. Cette sévérité pour Brissac s'explique peut-être en partie par l'insolence d'un député, le colonel Jaucourt, qui, pendant qu'on décrétait, alla menacer Chabot, sur son banc, de lui donner cent coups de bâton. L'Assemblée crut devoir imposer aux militaires, leur faire sentir sur eux la pesante main de la Loi.

L'attitude menaçante du peuple et des sections, qui vinrent à la barre demander de se constituer en permanence, donna beaucoup à réfléchir aux capitans du royalisme. Point ne soufflèrent contre le décret. Ils quittèrent leurs postes, mirent bas l'habit bleu; mais ce ne fut point du tout pour abandonner la partie; plusieurs d'entre eux prirent l'habit rouge, et continuèrent de se promener dans Paris, armés jusqu'aux dents, sous l'uniforme des Suisses.

Au moment où la Gironde frappait ainsi la royauté, elle était elle-même frappée violemment aux Jacobins. Robespierre y faisait un effort désespéré pour lui ôter ce qu'elle gagnait de popularité par le licenciement de la Garde du Roi. Il prononça, le 27, une solennelle accusation contre Brissot, Condorcet, Guadet, Gensonné, etc. Il les accusa de donner les places. Il les accusa d'abandonner partout la cause des patriotes, celle des soldats licenciés, celle des massacreurs d'Avignon, etc. Il les accusa d'être d'accord avec les Feuillants, avec Narbonne, La Fayette et la Cour. Le tout, assaisonné de cette meurtrière, perfide, pateline accusation : « Vous connaissez cet art des tyrans de provoquer un peuple, *toujours juste et bon*, à des mouvements irréguliers, pour l'immoler ensuite et l'avilir au nom des Lois. »

Puis, ce pénétrant coup de dard : il leur demandait pourquoi ils avaient fait donner un million et demi aux généraux, six millions à Dumouriez avec dispense d'en rendre compte. Il étendait ainsi habilement aux Girondins les soupçons fort légitimes que donnait, pour tout maniement d'argent, leur équivoque associé. Ces soupçons, ils les avaient eux-mêmes. Ils les avaient tellement, que « la dispense de rendre compte » ne se retrouvait pas dans la rédaction définitive qu'ils firent du décret. Dumouriez en fit un tel bruit, cria si haut, pour son honneur outragé, offrant même sa démission, que l'Assemblée ne put ne point replacer au décret le petit mot qui semblait lui tenir tellement à cœur.

Juste ou non, l'accusation de Robespierre prit si bien aux Jacobins, qu'il obtint, le même jour, que toute affiliation nouvelle serait suspendue, c'est-à-dire que les Jacobins ne couvriraient point de leur nom les sociétés de province, fort nombreuses, qui se formaient en ce moment sous le drapeau de la Gironde. Il voulait que ces nouveaux venus restassent en quarantaine, ou que, par le seul fait du retard que la société mettait à les admettre, ils devinssent suspects au peuple de modérantisme et de feuillantisme, vulnérables aux coups de la Presse robespierriste, aux savantes accusations qu'ici l'on combinerait, et qu'on enverrait de Paris.

La Gironde, à ces attaques, prêta le flanc par une chose qu'elle fut obligée d'accorder à l'opinion générale de la Garde nationale de Paris.

Elle devait la ménager fort, au moment où elle n'avait nulle autre force pour consommer le *licenciement de la Garde du Roi*; les piques n'étaient pas encore organisées, ni le peuple armé, la Garde nationale était tout. Le maire d'Étampes, Simoneau, ayant été tué, en s'opposant bravement à l'émeute, dans une affaire relative aux grains, sa mort fut l'occasion du plus grand enthousiasme pour tous ceux qui souffraient des troubles et voulaient le maintien des Lois. On vota des honneurs funèbres; Brissot fut pour, Robespierre contre. On soutint que Simoneau était un accapareur, qu'il avait mérité de périr. Cette fête *de la Loi*, comme on l'appela, fut mise en opposition avec la *fête de la Liberté*, célébrée en avril pour les soldats de Châteauvieux; reproduite et ressassée dans toutes les accusations, on en fit un crime horrible dont on accablait la Gironde.

Le ministère mixte, fourni par la Gironde et Dumouriez, s'était désorganisé, par suite de l'échec de Flandre, qui retombait sur Dumouriez et lui coûta un homme à lui, le ministre de la Guerre, qu'il ne put couvrir assez. Il dut accepter à sa place un ministre tout girondin, le colonel Servan, militaire philosophe, ex-gouverneur des pages, écrivain sage, estimé, l'homme même de madame Roland, et qui ne bougeait de chez elle. Le public, voulant absolument qu'elle eût un amant, lui donnait Servan, à cette heure; il en fut de même de tous les hommes qui recurent l'impulsion du cœur viril et politique de cette femme, nous pourrions dire : de ce vrai chef de parti. Elle mérita ce nom au moment dont nous racontons l'histoire. Elle marqua, non plus par le style, la forme éloquente, mais par l'initiative. Elle eut celle des deux mesures qui devaient briser le trône.

Le Conseil, neutralisé par Dumouriez, n'avançait à rien et ne faisait rien. L'Assemblée, sauf la mesure du licenciement de la Garde, allait (qu'on me passe une expression d'alors), allait *brissotant*, et ne faisait guère. Et la guerre avait commencé par dévoiler la pitoyable organisation de l'intérieur, la guerre restait administrée par les employés de l'ancien régime, par les ennemis de la guerre. Pourquoi l'ennemi n'avançait-il pas, et qui l'empêchait ? on ne pouvait le deviner. L'ennemi ? il était à Paris. Cette Garde licenciée, pour avoir changé d'habit, elle était là, tout armée, en mesure de frapper un coup; tout au moins, elle pouvait, l'ennemi entrant en France, s'acheminant vers Paris, lui donner la main d'ici, l'attendre et l'aider, de sorte qu'au jour décisif nos défenseurs verraient l'ennemi devant et derrière, ne verraient rien qu'ennemis.

Une lettre, une feuille de papier brisa tout ceci. Servan, sous l'inspiration audacieuse de madame Roland, et sous sa dictée peut-être, oubliant qu'il était ministre et ne se souvenant que des dangers de la patrie, écrivit à l'Assemblée pour lui proposer d'établir ici, à l'occasion du 14 Juillet, un camp de vingt mille volontaires; on connaissait leur enthousiasme, leur patriotisme. Cette petite armée d'ardents citoyens, planant sur Paris, neutralisait les forces irrégulières et secrètes qu'y tenait la Cour. C'était une menace suspendue sur elle, une épée nue sur la tête des restaurateurs intrigants ou chevaleresques de la royauté, des Dumouriez et des La Fayette.

C'est ici qu'on voit éclater tout l'absurde de la calomnie tant répétée par Robespierre sur la prétendue alliance de La Fayette et des Girondins. De qui part la *proposition* qui devait rendre impossibles les réactions royalistes et militaires de La Fayette? De qui? De madame Roland, c'est-à-dire incontestablement du vrai génie de la Gironde.

Dumouriez se sentit frappé à ce coup imprévu, et il avoue qu'au premier Conseil, son émotion fut si vive, et la dispute si âcre, que, sans la présence du Roi, le Conseil aurait fini d'une manière sanglante. — « Eh bien, dit Clavières (le ministre girondin des Finances), si Servan, pour tout arranger, retirait sa motion? » — L'effet eût été terrible pour le Roi et pour Dumouriez. Celui-ci sentit le piège, rejeta l'offre avec fureur, disant qu'en reculant ainsi, on rendrait l'Assemblée plus ardente pour le décret, qu'on ameuterait le peuple, qu'au lieu de vingt mille hommes, il en viendrait quarante mille, sans décret, pour renverser tout ; qu'il savait bien le moyen de prévenir le danger. Son moyen, c'était peu à peu d'en débarrasser Paris, sous prétexte des besoins de la guerre, de les faire filer à Soissons.

Robespierre n'était guère plus content du décret que Dumouriez. La grande et confiante initiative que la Gironde prenait d'appeler ici sans crainte cette élite ardente de la France armée, lui perçait le cœur. Sa crainte, son fiel et son envie se dégorgèrent longuement, et dans son journal, et aux Jacobins. Mais par là, il donnait occasion aux enfants perdus de la Gironde, tels que Girey-Dupré, Louvet, de faire remarquer le singulier accord qui se trouvait toujours, depuis quelque temps, entre les opinions de Robespierre et celles de la Cour, sur la guerre, par exemple, et sur le camp de vingt mille hommes.

De là, ils insinuaient malignement, perfidement, que ce Caton n'était pas net, que sous terre peut-être, et par des voies mystérieuses, il pourrait bien exister quelque secret passage des Tuileries aux Jacobins, que le Comité autrichien pouvait bien avoir un organe dans la trois fois sainte tribune de la rue Saint-Honoré.

La question des vingt mille hommes était toute de circonstance, accidentelle, extérieure. La question intérieure, supérieure, était celle du Clergé.

En attendant la Vendée, le Clergé faisait déjà

à la Révolution une guerre qui suffisait pour la faire mourir de faim. Il ajoutait au *Credo* un nouvel article : « Qui paye l'impôt est damné. » Nul point de foi trouvait le paysan plus crédule ; avec ce simple mot, habilement répandu, le prêtre, sans bouger, paralysait l'action du gouvernement, tranchait le nerf de la guerre, livrait la France à l'ennemi.

Rien n'égalait leur audace. En pleine Révolution, la vieille juridiction ecclésiastique réclamait son indépendance, agissait en souverain. Un prêtre du faubourg Saint-Antoine s'était marié ; nulle loi n'y était contraire, l'Assemblée l'avait reconnu. Il n'en fut pas moins dénoncé et poursuivi par ses supérieurs ecclésiastiques.

La force de la contre-révolution, on ne saurait trop le dire, était dans les prêtres. Dire qu'on pouvait tourner l'obstacle, c'est n'avoir aucune notion de la situation. Le Clergé s'était mis partout en travers de la Révolution, pour lui barrer le passage ; elle arrivait, avec la force d'une impulsion immense, d'une vitesse accumulée par l'obstacle et par les siècles ; elle allait toucher cette barre, la briser, ou se briser.

Le plus doux, le plus humain des hommes de la Gironde, Vergniaud, demanda un décret pour la déportation des prêtres rebelles. Roland présenta (dès avril) les arrêtés déjà portés contre eux par quarante-deux départements. Le 27 mai, le décret fut porté d'urgence : « La déportation aura lieu, dans un mois, hors du royaume, si elle est demandée par vingt citoyens actifs, approuvée par le district, prononcée par le département. Le déporté aura trois livres par jour, comme frais de route, jusqu'à la frontière. »

La sanction de ce décret était la vraie pierre de touche qui allait juger le Roi.

S'il accordait sa sanction, son appui moral était manifestement ôté à cette grande conspiration du Clergé qui couvrait la France. S'il la refusait, il restait le centre d'action, le chef, le véritable général de la contre-révolution.

Ce n'était pas, comme on l'a tant dit, une simple question de conscience, celle d'un individu, sans responsabilité, qui eût à se consulter, lui tout seul, entre soi et soi. C'était le premier magistrat du peuple qui restait, ou cessait d'être, le chef d'une conspiration permanente contre le peuple. Si sa conscience lui commandait la ruine et la mort du peuple, son devoir était d'abdiquer.

Les Feuillants, devenus tous royalistes, et dévoyés du bon sens par l'excès de l'irritation, ne contribuèrent pas peu à encourager sa résistance insensée. Ils défendaient le fanatisme au nom de la philosophie : c'était, disaient-ils, affaire de tolérance, de liberté religieuse, — tolérance des conspirateurs et liberté des assassins. — Le sang coulait déjà dans plusieurs provinces, spécialement en Alsace. Simon, de Strasbourg, affirma que déjà plus de cinquante prêtres constitutionnels avaient été égorgés, soixante de leurs maisons saccagées, leurs champs dévastés, etc.

Le refus obstiné du Roi d'abandonner le Clergé ennemi de la Constitution, l'encouragement tacite qu'il donnait aux prêtres rebelles de résister, de persécuter les prêtres soumis, équivalait à un persévérant appel à la guerre civile. On pouvait dire qu'elle avait son drapeau sur les Tuileries, visible à toute la France.

Le Roi, tout captif qu'il était, voyait encore autour de lui de grandes forces matérielles. Il croyait avoir deux armées : les *royalistes*, concentrés à Paris, où il y avait, disait-on, jusqu'à douze mille chevaliers de Saint-Louis; plus la Garde constitutionnelle, qui, toute licenciée qu'elle était, touchait paisiblement sa solde, se tenait prête à agir. L'autre armée, c'étaient *les Feuillants*, très nombreux dans la Garde nationale, et qui avaient tous les officiers, beaucoup de soldats, dans le camp de La Fayette. Il suffisait, disait-on, que le Roi fit un signe, et La Fayette arrivait.

L'insolence des fayettistes et la vive opposition de ce parti et de la Gironde, qu'on accusait tant d'être unis, éclatèrent dans une visite que deux aides de camp de La Fayette firent à Roland, sans à-propos, sans prétexte vraisemblable, comme s'ils n'eussent voulu voir le ministre que pour chercher une occasion de querelle. Ils lui dirent ce qu'ils avaient dit déjà dans les cafés et partout, qu'il fallait augmenter les troupes, que *les soldats étaient des lâches*, etc., etc. Roland prit mal ce dernier mot, défendit l'armée, l'honneur de la nation, dit qu'il fallait accuser l'officier plutôt que le soldat; il écrivit à La Fayette les propos déplacés de ses aides de camp. La Fayette répondit en vrai marquis de l'ancien régime, qu'ils n'avaient pu se confier à un homme « que personne ne connaissait, dont la nomination, insérée dans la *Gazette* avait révélé l'existence ; qu'il ne croyait pas un mot du récit; *qu'il haïssait les factions; méprisait leurs chefs.* »

Un tel langage adressé à un ministre ne devait pas compter comme insulte individuelle ; c'était un défi au ministère, au gouvernement, au parti gouvernant, à la Gironde, une déclaration de guerre. On pouvait conjecturer que celui qui tenait un si superbe langage à l'homme de l'Assemblée, ce César allait, d'un jour à l'autre, passer le Rubicon. Les Feuillants, avant la bataille, agissaient déjà en vainqueurs. L'un deux, un représentant, au milieu des Tuileries, tomba à coups de bâton sur le jacobin Grangeneuve, qui était faible et petit, peu capable de se défendre, et resta évanoui pendant trois quarts d'heure. Ce furieux frappait toujours, quand Saint-Hururge et Barbaroux se jetèrent sur lui et, à leur tour, faillirent l'étrangler.

En attendant, les Feuillants, les royalistes de Paris, venaient de faire une commande de six mille armes blanches, qui fut surprise par le juge de paix de la section de Bondy.

De partout menaçait l'orage. Et la Gironde, qui semblait mener le vaisseau de la France, n'en avait pas le gouvernail. Elle avait l'air toute puissante, et ne pouvait rien, et elle excitait l'envie, au moyen de laquelle Robespierre la démolissait chaque jour.

Roland, ministre républicain d'un roi qui se sentait chaque jour plus déplacé aux Tuileries, n'avait mis le pied dans ce lieu fatal qu'à la condition positive qu'un secrétaire, nommé *ad hoc* expressément, écrirait chaque jour, tout au long, les délibérations, les avis, pour qu'il en restât témoignage, et qu'en cas de perfidie, on pût, dans chaque mesure, diviser et distinguer, faire la part précise de responsabilité qui revenait à chacun.

La promesse ne fut pas tenue; le Roi ne le voulut point. Roland alors adopta deux moyens qui le couvraient. Convaincu que la publicité est l'âme d'un État libre, il publia chaque jour dans un journal, *Le Thermomètre*, tout ce qui pouvait se donner utilement des décisions du Conseil; d'autre part, il minuta, par la plume de sa femme, une lettre franche, vive et forte, pour donner au Roi, et plus tard peut-être au public, si le Roi se moquait de lui.

Cette lettre n'était point confidentielle; elle ne promettait nullement le secret, quoi qu'on ait dit.

Elle s'adressait visiblement à la France autant qu'au Roi, et disait, en propres termes, que Roland n'avait recouru à ce moyen qu'au défaut du secrétaire et du registre qui eussent pu témoigner pour lui.

Elle fut remise par Roland le 10 juin, le même jour où la Cour faisait jouer contre l'Assemblée une nouvelle machine, une pétition menaçante, où l'on disait perfidement, au nom de huit mille prétendus Gardes nationaux, que l'appel des vingt mille fédérés des départements était un outrage à la Garde nationale de Paris.

Le 11 ou 12, le Roi ne parlant pas de la lettre, Roland prit le parti de la lire tout haut en Conseil. Cette pièce, vraiment éloquente, est la suprême protestation d'une loyauté républicaine, qui pourtant montre encore au Roi la dernière porte de salut. Il y a des paroles dures, de nobles et tendres aussi, celle-ci, qui est sublime :

« Non, la patrie n'est pas un mot ; c'est un être auquel on a fait des sacrifices, à qui l'on s'attache chaque jour par les sollicitudes qu'il cause, qu'on a créé par de grands efforts, qui s'élève au milieu des inquiétudes, et qu'on aime autant par ce qu'il coûte que par ce qu'on en espère... »

Suivent de graves avertissements, de trop véridiques prophéties sur les chances terribles de la résistance, qui forcera la Révolution de s'achever dans le sang.

Cette lettre eut le meilleur succès que pût espérer l'auteur. Elle le fit renvoyer. La Reine, guidée par les Feuillants, crut pouvoir chasser du ministère la Gironde, le parti qui dirigeait l'Assemblée, ce qui n'allait pas à moins que de se passer de l'Assemblée et de gouverner sans elle. Étrange audace, qui s'appuyait sur une supposition fort légère, à savoir, qu'on pourrait amener à un traité Dumouriez et les Feuillants, concilier les deux généraux ennemis de la Gironde, Dumouriez et La Fayette, et de ces deux épées briser la plume des avocats.

Le difficile était de décider Dumouriez à rester, en renvoyant Roland, Servan et Clavières, à rester pour porter seul l'indignation du public et de l'Assemblée. On y parvint au moyen d'un mensonge et d'une ruse puérile. Le Roi trompa le ministre; le simple et le bonhomme attrapa l'homme d'intrigues : il fit entendre à Dumouriez qu'il pourrait sanctionner le décret des vingt mille hommes, et l'autre contre les prêtres, lorsqu'on l'aurait débarrassé des ministres girondins. Dumouriez, sur cette parole, fit la vilaine besogne de renvoyer ses collègues. Le jour même, ils furent remerciés de l'Assemblée, qui déclara qu'ils avaient bien mérité de la patrie.

Il essaya de se relever par un coup d'audace; il vint à ce moment même présenter à cette Assemblée irritée et frémissante un remarquable *mémoire* sur l'état réel de nos forces militaires.

Ce *mémoire* était dirigé en bonne partie contre Servan, le dernier ministre. Cependant, Servan n'ayant été qu'une quinzaine au pouvoir, c'était bien plus sur de Grave, bien plus encore sur Narbonne, son prédécesseur, que les reproches tombaient.

Le courage de Dumouriez, sa bonne contenance, le relevaient fort. Néanmoins, il n'avait qu'un seul moyen de durer, c'était d'obtenir du Roi la sanction des décrets.

Il s'était horriblement compromis, perdu presque, sur cette espérance. Mais justement parce que la Cour en jugeait ainsi, elle ne s'inquiétait plus de le ménager. Les Feuillants venaient dire, sans détour, à Dumouriez, qu'il n'avait plus qu'une ressource, se jeter dans leurs bras, qu'il devait contre-signer le refus de sanction, qu'à ce prix on le réconcilierait avec La Fayette, qui arrivait à Paris tout exprès pour le poursuivre. On le croyait ainsi pris sans remise, lié au fond du filet. Le Roi lui parla du ton impératif et majestueux du roi d'avant 89, lui ordonnant à lui et à ses collègues d'apposer leurs seings au *veto*. — Le surlendemain, Dumouriez et ses collègues donnèrent leurs démissions. — Le Roi était très agité. « J'accepte, » dit-il d'un air sombre. Sa duplicité n'avait eu aucun résultat. L'intrigant le plus intrépide ne pouvait même lui rester. La Cour se trouvait à nu, démasquée devant le peuple.

CHAPITRE VIII

LE 20 JUIN. — LES TUILERIES ENVAHIES LE ROI MENACÉ

Danger de l'anarchie. — Danger d'un coup d'État. — La Fayette écrit au Roi de résister, 16 juin 92. — Indécision, variation de l'Assemblée. — Qui prépara le 20 Juin ? — — Part que Danton put y avoir. — Discours d'un homme du peuple. — Robespierre contraire au mouvement. — Conciliabule chez Santerre. — L'Assemblée paraît autoriser le mouvement. — Marche inoffensive du peuple. — Les meneurs lui font forcer les portes du château. — Le Roi surpris et menacé. — Sa foi et son courage. — Comment il amuse le peuple. — Courageuse fierté de la Reine. — Pétion aux Tuileries. — Dernière résistance du Roi. — Le peuple se lasse et s'écoule.

ES deux forces ennemies, la Révolution et la Cour, se trouvaient placées en face, prêtes à se heurter, et front contre front.

Le Roi, en usant du *veto*, son arme constitutionnelle, en acceptant la démission des ministres de la majorité, avait fait sortir le gouvernemen des mains de l'Assemblée. L'Assemblée était le seul pouvoir reconnu en France; ce qu'on pouvait lui ôter ne retournait point au Roi. Ceci était seulement l'anéantissement du pouvoir, et l'entrée dans l'anarchie.

Elle éclatait de toutes parts dans la nullité, l'inertie des autorités, même les plus populaires et sorties de l'élection. Un état de division, de dispersion effrayante commençait sur tous les points. Nulle action du centre aux extrémités qui ralliât les parties au tout. Et, dans chaque partie même, la division allait se subdivisant. Le gouvernement révolutionnaire qui va commencer, et qu'on appelle souvent l'avènement de l'anarchie, se trouva tout au contraire le moyen, violent, affreux, mais enfin le seul moyen que la France eût d'y échapper.

Cette dissolution avait lieu en présence du péril qui eût demandé la concentration la plus forte, devant une de ces crises où tout être, en danger de mort, se resserre et se ramasse, cherche sa plus forte unité.

L'ennemi était là en face, et déjà vainqueur; il semblait ne daigner entrer. Il croyait n'en avoir que faire dans le pitoyable état de la France. Il restait sur la frontière, à regarder avec mépris une nation abandonnée pour se dévorer elle-même.

Une chose était évidente. La Cour allait frapper un coup. L'affaire de Nancy et du Champ-de-Mars allait recommencer en grand. Cette fois, les royalistes semblaient près de donner la main aux Feuillants, aux royalistes constitutionnels. Ils commençaient à regretter la faute énorme et monstrueuse qu'ils firent, à la fin de 91, de sacrifier les Feuillants et La Fayette, d'aider les Jacobins eux-mêmes, de fortifier contre leurs amis leurs ennemis acharnés; royalistes et royalistes constitutionnels, s'ils s'entendaient un moment, c'était un parti immense; assez fort pour vaincre? on ne sait, mais, à coup sûr, assez fort pour commencer sur toute la France une effroyable guerre civile.

Les premières mesures à prendre eussent été terribles. La suspension du droit de réunion, la suppression des Clubs, sans l'aveu de l'Assemblée, sur l'ordre d'une autorité inférieure; — la compression de l'Assemblée par une force militaire, par l'insurrection d'une armée.

La tentative n'était pas impossible, à y bien regarder; seulement, elle eût demandé une décision très vive, un acte fort et d'ensemble. La grande force militaire de Paris, les soixante mille baïonnettes de la Garde nationale, était extrêmement divisée, une bonne moitié inerte; même dans la partie active, il y avait beaucoup d'irrésolution. Cela étant, la Cour avait certainement la force, ayant les cinq ou six mille batailleurs, bretteurs, gentilshommes, de la Garde constitutionnelle, qu'elle n'avait pas réellement licenciée; et, d'autre part, la Garde suisse, troupe d'élite et dévouée, composée de trois bataillons de seize cents hommes chacun. C'était peu pour contenir Paris, assez pour un coup de terreur, pour s'emparer, par exemple, au même jour, à la même heure, des canons des sections, fermer les Jacobins, enlever tous les meneurs, rallier tout ce qu'il y avait de royalistes dans la Garde nationale, recevoir dans Paris la cavalerie de La Fayette, qui, en trois jours, viendrait des Ardennes à marches forcées.

La difficulté réelle, c'était l'absence de décision, le défaut d'unité d'esprit. Les royalistes auraient frappé, sans hésitation, un coup sec et meurtrier; les Feuillants, les fayettistes, auraient frappé à moitié, craignant, derrière l'anarchie, de tuer la Liberté. La Cour, qui connaissait bien les scrupules de ce parti, hésitait à l'employer. Elle le laissait parler, le montrait comme épouvantail, elle ne désirait pas bien sincèrement qu'il agît. Triompher par La Fayette, c'eût été pour la Reine la défaite la plus amère. Elle aurait pensé alors que la Révolution modérée eût eu chance de durée, tandis qu'elle aimait bien mieux croire que les Jacobins, après tout, avaient, par leur fureur même, le mérite de lasser la France, de pousser la Révolution à son terme, d'épuiser la fatalité.

Le 12 juin, le directoire de Paris commença l'attaque par une lettre à Roland, ministre de l'Intérieur. Il invoquait les lois qui pouvaient autoriser à fermer les Jacobins.

Le 16 juin, au camp de Maubeuge, La Fayette, instruit du renvoi des trois ministres girondins et du maintien de Dumouriez, fit la démarche décisive d'écrire à l'Assemblée une lettre sévère, violente et menaçante, celle que César eût pu écrire au sénat de Rome en revenant de Pharsale. C'était, d'abord, une reproduction de la lettre du directoire de Paris contre les Jacobins. Puis, des conseils à l'Assemblée, ou plutôt des conditions, posées l'épée à la main, la recommandation de respecter la royauté, la liberté religieuse, etc.; une comparaison étrange entre Paris et l'armée, l'un si fol, l'autre si sage: « Ici, les Lois sont respectées, la propriété sacrée; ici, l'on ne connaît ni calomnie ni factions, etc., etc. » Un mot, très grave et coupable, pour augmenter les mécontentements de l'armée, aiguiser l'épée de la révolte : « Le courageux et persévérant patriotisme d'une armée, *sacrifiée* peut-être à des combinaisons contre son chef. »

Et de peur que cette lettre ne fût pas assez claire, il en envoyait une au Roi, pour l'encourager à la résistance contre l'Assemblée : « *Persistez*, *Sire*, fort de l'autorité que la volonté nationale vous a déléguée... Vous trouverez tous les bons Français rangés autour de votre trône, etc., etc. »

Rien n'égale la stupéfaction de l'Assemblée, à la lecture de cette pièce surprenante. Mais l'effet fut encore plus inattendu.

L'Assemblée marchait jusqu'ici sous le drapeau

de la Gironde. L'audace de La Fayette changea cela tout à coup. Après un moment de silence, des applaudissements s'élèvent, bien plus nombreux qu'on ne l'eût attendu des deux cent cinquante Feuillants; une grande masse d'indécis se trouvait avoir tourné. Il y parut bien au vote. Une majorité énorme ordonna l'*impression*.

Restait la seconde question à voter, l'*envoi aux départements*. Si la chose allait de même, la Gironde était perdue, l'Assemblée était fayettiste, la France était aux Feuillants.

Visiblement, le parti qui écartait la question par l'ordre du jour était en minorité.

Vergniaud obtint de parler, posa très bien la question. Il ne s'agissait pas de conseils adressés à l'Assemblée, sous forme de pétition, par un simple citoyen, mais par un général d'armée à la tête de ses troupes. Les conseils d'un général, qu'est-ce, si ce ne sont des lois qu'il impose?

Cette judicieuse parole ne produisait pas d'effet.

Admirez l'esprit des Assemblées. Ce fut par une surprise, un prétexte pris au hasard, une assertion évidemment non fondée, que Guadet rendit les esprits flottants, et commença à relancer l'opinion de l'autre côté : « La lettre est-elle vraiment de M. de La Fayette? Non, cela est impossible. Si c'est bien sa signature, c'est qu'il l'a envoyée en blanc, et qu'on l'a remplie ici. Il parle, le 16 juin, de la démission de M. Dumouriez, qui n'avait pas eu lieu, et qu'il ne pouvait connaître. »

Cela arrêta l'Assemblée. Or, il n'y a pas un mot dans la lettre de La Fayette qui indique qu'il connaît la démission de Dumouriez.

Alors Guadet, rompant les chiens, détournant l'attention, jette un mot provocant qui engage le débat, ajourne le vote, fait gagner du temps : « Lorsque Cromwell osait parler ainsi... » *(Grands cris :* « Monsieur, c'est abominable! etc., etc. »)

Le tumulte va croissant. La première impression se dissipe; l'Assemblée, sans s'en apercevoir, redevient ce qu'elle était. Elle vote, sous l'influence de la Gironde, que la lettre sera renvoyée à l'examen de la Commission des Douze, et, sur la question décisive de l'envoi aux départements, *qu'il n'y a lieu à délibérer.*

La Gironde, qui avait vu de si près le précipice, avertie, non rassurée, consentit dès lors, tout l'indique, à l'idée d'un nouveau 6 Octobre, qui fut le 20 Juin.

Le 20 Juin, le 10 Août, furent des remèdes extrêmes, sans lesquels la France périssait à coup sûr.

Le 20 Juin la sauva de La Fayette et des Feuillants, qui, aveugles et dupes, allaient frapper la Révolution qu'ils aimaient, relever, sans le vouloir, le pouvoir absolu.

Le 10 Août, en brisant le trône, ôta à l'invasion le poste qu'elle tenait au milieu de nous, son fort des Tuileries qu'elle occupait déjà. Si elle le gardait, toute résistance nationale devenait impossible.

Le 20 Juin avertit l'incorrigible roi de l'ancien régime, le roi des prêtres.

Le 10 Août renversa l'ami de l'étranger, l'ami de l'ennemi.

Ce ne sont point là des actes accidentels, artificiels, simple résultat des machinations d'un parti. Dès le commencement de ce livre, en marquant le premier élan de la guerre, nous avons vu venir de loin ces deux grands coups de la guerre intérieure, qui délient le bras de la France, lui permettent de faire face à l'ennemi du dehors, à l'Europe conjurée. L'heure venue, le bon sens du peuple, l'instinct du salut, la nécessité de la situation, décidèrent tout à coup l'événement.

La part des influences individuelles ne fut pas très grande, au 20 Juin. Elle le fut toutefois, nous le croyons, plus qu'au 10 Août. Dans le premier ébranlement, les hommes purent influer encore. Mais, l'élan une fois donné, le *crescendo* terrible de la colère nationale ayant pris son cours nécessaire, le 10 Août arriva, fatal, rapide, en ligne droite, lancé comme un boulet.

Il ne faut pas s'exagérer la faible part qu'aurait pu avoir au 20 Juin le duc d'Orléans. Son homme Sillery, en fut-il? on l'a dit, et, je crois, à tort. Son argent y eut-il part? cela n'est pas invraisemblable. Il venait d'essayer de se rapprocher de la Cour, et il avait été repoussé, insulté. Quelque argent put être donné par Santerre et autres meneurs, en boissons et en vivres, dans les cabarets, qui furent, comme toujours, les foyers de l'insurrection.

On a encore imaginé de faire venir aux conciliabules préparatoires de l'insurrection Marat et Robespierre. Mais d'abord jamais ces deux hommes n'agirent ensemble (sauf au 31 mai). Marat estimait, méprisait Robespierre, comme un parleur, un pauvre homme de bien, nullement à cette hauteur d'audace qui caractérise le grand homme d'État, n'entendant rien aux grands remèdes, la corde et le poignard.

Marat n'agit pas au 20 Juin. On n'y voit pas la main sanglante. Robespierre, loin d'agir, y fut tout à fait opposé : il n'aimait pas ces grands mouvements. M. de Robespierre était homme d'une pièce, il ne fallait pas le sortir de sa tactique jacobine, ni de ses habitudes. Soigné, coiffé, poudré, il n'eût point compromis dans ces bagarres, ni même dans la rude société de l'émeute, l'économie de sa personne.

Ni la Gironde, ni les Jacobins, n'agirent.

La première aida de ses vœux; Pétion, de sa connivence, et encore bien moins qu'on a dit.

Les Jacobins étaient fort divisés. La grande majorité était, comme Robespierre, contraire au mouvement.

Cette division des Jacobins y était peut-être le

plus grand obstacle. Le mouvement naturel et spontané du peuple en était compromis ; il devait hésiter devant l'incertitude de la grande société, devant l'énorme autorité de Robespierre. C'est là que se plaçait la nécessité de l'intervention individuelle, de l'art et du génie, pour que le mouvement n'avortât pas, parmi de tels obstacles, pour qu'il eût son cours naturel, pour que l'âme du peuple ne restât pas muette et comprimée par son respect pour ses faux sages.

On se rappelle la belle parole de Vergniaud : « La terreur est souvent sortie de ce palais funeste ; qu'elle y rentre, au nom de la Loi !... » Cela fut dit par Vergniaud ; mais si quelqu'un le fit, du moins contribua à le faire, ce fut, je crois, Danton. Cet homme eut, entre tous, de la Révolution, le vrai génie pratique, la force et la substance, ce qui la caractérise fondamentalement : quoi ? l'*action*, comme dit un ancien ; quoi encore ? l'*action* ; et l'*action*, pour troisième élément.

Nous l'avons vu jusqu'ici se ménager habilement, faire aux moments douteux ce tour de force, de paraître le plus énergique, sans prendre aucune téméraire initiative. Dans les Clubs, par-devant la tactique et la méfiance jacobine, et même aux Cordeliers, où il était chez lui, Danton hasardait peu : il n'avait pas confiance entière, il contenait la meilleure partie de son audace ; il n'y avait pas là assez d'espace, il ne respirait pas suffisamment ; les voûtes les plus vastes ne contenaient point sa voix, l'air manquait à sa vaste poitrine. Il lui fallait ce Club, cette salle, cette voûte, qui, de la barrière du Trône, s'étend jusqu'à la Grève, de là aux Tuileries, et, pour soutenir sa voix, le canon, le tocsin.

La Reine, chose piquante, avait mis Danton à l'Hôtel de Ville. Ce fut elle, on l'a vu, qui, en haine de La Fayette, fit voter les royalistes, aux élections municipales, pour Pétion, dont le succès entraîna celui de Manuel et de Danton. Danton, devenu substitut du procureur de la Commune, se trouva recevoir, pour ainsi dire, des mains du royalisme, les armes dont il devait percer la royauté. La Commune de Paris fut dès lors la machine, la pièce d'artillerie, dont il joua sans se montrer encore. Il avait dans le grand Conseil de la Commune, dans le Conseil municipal, une minorité très ardente, dont il pouvait s'aider.

On ne pouvait attendre les vingt mille fédérés du 14 Juillet. Le péril était imminent. L'épée de La Fayette était suspendue sur Paris, qui de plus avait dans les reins le poignard royaliste. Chaque jour, aux Jacobins, on bavardait sur les personnes ; on oubliait les choses et les réalités. Robespierre, d'un torrent d'eau tiède, détrempait les résolutions. Sa manie était d'empêcher l'arrivée des vingt mille, de pousser l'Assemblée à révoquer son décret, ce qui était remettre l'épée dans le fourreau.

De combattre Robespierre aux Jacobins, il n'y fallait songer. Danton y eût échoué. Il fallait le neutraliser indirectement. Il fallait ébranler la société, la faire sortir de la prudence bourgeoise, la remuer de la voix tonnante du peuple, de sorte que si la Cour et les Feuillants tentaient un coup d'État avec l'épée de La Fayette, on pût y répondre à l'instant par un grand mouvement de Paris, sans que les Jacobins y contredissent. Contre le général, contre l'armée qu'il entraînerait peut-être, il fallait l'armée populaire.

Danton, en qui était une vie si puissante, en qui vibrait toute vie, eut toujours sous la main un vaste clavier d'hommes dont il pouvait jouer, des gens de lettres, des hommes d'exécution, des fanatiques, des intrigants, parfois des héros même, la gamme immense et variée des bonnes et mauvaises passions. Comme le fondeur intrépide qui, pour liquéfier le métal en fusion, y jetait pêle-mêle ses plats et ses assiettes, les vases ignobles et sales, qui, fondus d'un sublime jet, n'en firent pas moins un Dieu; de même, le grand artiste de la Révolution prenait de toutes parts les éléments purs et impurs, les bons et les méchants, les vertus et les vices, et, les jetant ensemble aux matrices profondes, il en faisait surgir la statue de la Liberté.

Il avait sous la main le Voltaire de la Révolution, Camille Desmoulins, et il ne s'en servit pas. Il gouvernait encore un artiste admirable, l'auteur du *Philinte*, Fabre d'Églantine, et il ne s'en servit pas. Il aimait mieux lancer des agents anonymes. Tout inconnu, alors, avait sur tout homme connu un avantage; il s'appelait : Le Peuple.

La scène qui va suivre fut-elle arrangée par Danton pour entraver les Jacobins? ou bien fut-elle un fait tout spontané, une inspiration vraiment populaire? Je n'essaierai pas de le décider.

Le 4 juin, le jour où les Feuillants avaient osé demander la mise en accusation de Pétion, un homme en veste, du faubourg Saint-Antoine, se présente aux Jacobins, et il enlève l'assemblée d'un discours admirable. Non de ces fades bavardages comme la société en entendait toujours. Un discours rude, hardi, profondément calculé, prodigieusement audacieux. La simplicité du génie est là, on ne peut le méconnaître.

Cet inconnu, fort de son habit d'ouvrier et de ses mains calleuses, parla comme le paysan du Danube, au sénat jacobin, lui dit ses vérités. Pour faire passer la chose, il frappait aussi tout autour, sur tout homme et sur tout parti, Feuillants, Gironde, etc. J'abrège ses paroles. « Vous le voyez, dit-il, je suis un homme en veste; eh bien, je trouverais encore bien deux mille hommes... Je vous dirai, messieurs, que vous vous occupez trop de personnalités. Toujours on vous voit agités pour des débats d'amour-propre, tandis que la patrie appellerait vos soins...

Dimanche, j'irai moi-même présenter pétition à l'Assemblée nationale. Et, si je ne trouve pas de Jacobins pour venir avec moi, je la lirai moi-même... Nous ne sommes point sans sentiments, messieurs, quoique nous soyons sans culottes... Nous vous dirons, d'après J.-J. Rousseau : La souveraineté du peuple est inaliénable. Tant que les représentants feront leur devoir, nous les soutiendrons ; s'ils y manquent, nous verrons ce que nous avons à faire... Et moi aussi, messieurs, je suis membre du souverain ! » (Vifs applaudissements.)

Ainsi fut posé, au sein même des Amis de la Constitution, le droit de la briser, l'imprescriptible droit du peuple de reprendre, au besoin, la souveraineté par l'insurrection.

Ce n'était nullement là la tradition jacobine. Le 13 juin, le jour où sortirent du ministère Roland et les Girondins, Robespierre craignit un mouvement, parla longtemps le soir pour obtenir que l'on s'occupât moins du ministère renvoyé. Il dit qu'il fallait se garder « des insurrections partielles qui ne font qu'énerver la chose publique. »

« Rallions-nous autour de la Constitution... L'Assemblée n'a nulle mesure à prendre que de soutenir la Constitution... Si nous y touchions, d'autres viendraient, disant : « Nous avons autant « de raisons pour modifier la Constitution... »

Jamais il ne fut plus assommant, plus étranger

à la situation. Dans ce danger terrible du dehors, du dedans, lorsque la France périssait justement de l'usage que le Roi faisait de la Constitution, la prêcher, la recommander, tranchons le mot, c'était une ineptie.

Cette nullité dans un moment si solennel eût tué, enterré Robespierre, s'il ne se fût trouvé le chef et l'espérance d'une coterie serrée, déterminée à l'appuyer *quand même*, s'il n'eût été accepté de longue date comme pédagogue et maître d'école, régent des Jacobins.

Danton a dit sur lui un mot bas, mais très grave, et qui caractérise vigoureusement son incapacité en toute chose pratique d'immédiate exécution : « Ce b......-là n'est pas capable seulement de cuire un œuf! »

Robespierre finit tristement, par cette parole, en vérité trop prudente, qui devait le couvrir, le sauver, quoi qu'il arrivât : « Je prends acte de ce que je me suis opposé à toutes les mesures contraires à la Constitution. »

Danton se garda bien de répondre à cette homélie. Il demanda que la discussion fût remise au lendemain : « Demain, dit-il, je m'engage à porter la terreur dans une Cour perverse. » Le lendemain, il se contenta de reproduire à peu près ce qui avait été déjà dit par un de ses hommes, Lacroix : Qu'il fallait destituer les généraux, renouveler les corps électoraux, vendre les biens des émigrés, intéresser les masses à la

Révolution, en rejetant presque tout impôt sur les riches. Il dit qu'il fallait que la Reine fût répudiée, renvoyée avec égard et sûreté. Il dit : « Qu'une loi de Rome, rendue après Tarquin, permettait de tuer, sans jugement, tout homme qui seulement parlait contre les Lois. » Et autres choses vagues et violentes, qui pouvaient occuper la scène, donner pâture aux Jacobins, sans dévoiler nul projet actuel.

Dès le 14 cependant, Legendre, homme de passion naïve, sincère et colérique, que Danton tirait comme il voulait, était allé au faubourg Saint-Antoine s'aboucher avec l'homme influent du faubourg, le brasseur Santerre. Celui-ci, de race flamande, grand, gros et lourd, une espèce de Goliath, avait, sans esprit, sans talent (il y parut dans la Vendée), ce qui remue les masses, les apparences du courage, du bon cœur et de la bonhomie. Il était riche, donnait infiniment, du sien sans doute, mais aussi, on peut le croire sans peine, l'argent que les partis, orléaniste ou autre, voulaient distribuer. Commandant du bataillon des Quinze-Vingts, il pouvait entraîner le faubourg : on l'aimait. Il donnait des poignées de mains à tout venant, et quelles poignées de mains! Tout gros brasseur qu'il était, officier supérieur avec de grosses épaulettes, allant, venant par le faubourg sur son grand cheval, il n'en était pas plus fier pour cela envers le pauvre monde. Avec cela, un fameux patriote, et d'une voix qu'on eût entendue de la barrière du Trône à la porte Saint-Antoine.

L'honorable brasseur avait presque toujours avec lui, nourrissait et désaltérait, bon nombre de pauvres diables, vainqueurs de la Bastille; d'autres, moins honorables, des braillards de carrefours, par lesquels il brassait l'émeute, un jeune bijoutier fainéant, par exemple, qui, à force de parlage, de criaillerie, d'audace, devint général, pour le malheur de la République, l'inepte général Rossignol, connu dans la Vendée par ses sottises, et comme persécuteur de Marceau et de Kléber.

Voilà les habitués de Santerre. Voyons ceux qui se joignaient à eux, ceux qui, du 14 au 20, se réunissaient là dans son arrière-boutique, amenés du faubourg Saint-Germain par Legendre, ou d'autres quartiers. Les Cordeliers étaient le plus grand nombre.

Il y avait d'abord des têtes de colonne, des hommes singuliers, qu'on voyait infailliblement partout où il y avait du bruit, qui marquaient ou par la puissance de la voix, ou par quelque défaut physique, par tel ridicule même, qui amusait la foule et servait de drapeau.

Il y avait d'abord un hurleur admirable, Saint-Hururge, un mari célèbre, enfermé avant 89 par les puissants amis de sa femme, et qui allait criant qu'il vengerait ses malheurs domestiques jusqu'à l'extinction de la monarchie. Grand et gros, armé d'un énorme bâton, aux émeutes, souvent déguisé en fort de la Halle, M. de Saint-Hururge effrayait la canaille même.

Il y avait ensuite un bossu terrible (ils ont toujours marqué dans la Révolution), l'avocat de Marat, Cuirette-Verrières. Nous avons vu à cheval, le 6 Octobre, le 16 juillet, ce polichinelle sanguinaire. Verrières, intrépide parleur, ne fut démonté qu'une fois; ce fut dans une cause où l'on imagina de faire plaider contre lui un avocat non moins bossu.

Un petit homme, Mouchet, tout noir de peau, boiteux, bancroche, espèce de Diable boiteux, d'une amusante activité, sans être du complot, se remua beaucoup au 20 Juin. Il était juge de paix dans le Marais, officier municipal, drapé de son écharpe. Le chef naturel du quartier eût été le héros du Club des Minimes, la doublure de Danton, ce petit furieux Tallien. Mais Danton aurait trop paru.

Un baragouineur spirituel, anglo-italien, Rotondo, le dos sensible encore des coups de bâton qu'il avait reçus en juillet 91, comptait bien se venger en juin 92.

Et avec ces parleurs, il y avait un homme qui ne parlait pas, qui tuait, l'auvergnat Fournier, dit l'Américain.

Le meneur du faubourg Saint-Marceau, qui venait la nuit chez Santerre, était un M. Alexandre, commandant de la Garde nationale. De là venait encore un homme d'exécution, élégant et fat, qui, n'ayant réussi à rien par en haut, se jetait en bas dans le peuple, le polonais Lazouski. Il était capitaine des canonniers de Saint-Marcel.

Je croirais volontiers que du faubourg Saint-Jacques venait chez Santerre un artiste, extraordinairement chaleureux et passionné, Sergent, qui eut la gloire d'être beau-frère d'un de nos héros les plus purs, Marceau, — et qui eut aussi le malheur, l'infamie (non méritée, je crois) d'avoir organisé le massacre de Septembre.

Le 16, l'affaire fut lancée par le polonais Lazouski. Il était membre du Conseil général de la Commune. Il annonça au Conseil que, le mercredi 20 Juin, les deux faubourgs présenteraient des pétitions à l'Assemblée et au Roi, et planteraient sur la terrasse des Feuillants l'arbre de la Liberté en mémoire du Jeu-de-Paume et du 20 Juin 89. Le Conseil refusant l'autorisation, les pétitionnaires déclarèrent qu'ils passeraient outre ; que l'Assemblée recevait bien les pétitionnaires de l'autre parti (et, en réalité, le 19 même, elle reçut tout un bataillon), qu'elle ne pouvait manquer de les bien recevoir aussi.

On disait que le Roi recevrait la pétition présentée seulement par vingt personnes. Chabot vint le soir aux sections du faubourg Saint-Antoine, et leur dit « que l'Assemblée les attendait demain sans faute et les bras ouverts. »

En réalité, l'Assemblée avait, ce soir même, accueilli une foudroyante Adresse des Marseillais :

« Sur le réveil du peuple, ce lion généreux, qui allait enfin sortir de son repos. » Elle avait ordonné que cette Adresse fût envoyée aux départements, et par cette faveur elle semblait autoriser le mouvement du lendemain.

Tout le peuple se faisait une fête d'y aller. Quelques-uns, plus prudents, disaient : « Mais si l'on tire sur nous ? » — Les autres s'en moquaient : « Et pourquoi ? disaient-ils ; Pétion sera là. »

Le directoire de Paris (La Rochefoucauld, Talleyrand, Rœderer, etc.) défendait le rassemblement, s'adressait pour l'empêcher à la Garde nationale. Pétion, mieux instruit, savait que la Garde nationale elle-même ferait dans les faubourgs une bonne partie du rassemblement. L'empêcher, c'était chose impossible, mais on pouvait le régulariser, le rendre pacifique, en appelant sous les armes la Garde nationale tout entière, et la faisant marcher dans le mouvement même. C'est ce que proposèrent, le 19 à minuit, les administrateurs de police. Le directoire, convoqué à l'instant, refusa, ne voulant à aucun prix légitimer un rassemblement illégal. Mais il n'avait aucune force pour faire respecter ce refus.

Plusieurs sections n'en tinrent compte et autorisèrent les commandants de bataillons à conduire l'attroupement. D'autre part, le commandant général réunit et plaça plusieurs bataillons au Carrousel et dans les Tuileries. En sorte que la Garde nationale était en danger de heurter la Garde nationale, et de renouveler l'affreuse affaire du Champ-de-Mars. C'est ce que redoutait Pétion, ce qu'il voulut éviter à tout prix.

Il fait clair de bonne heure en juin. Dès cinq heures du matin, les rassemblements étaient considérables aux deux faubourgs. Les municipaux, en écharpe, les haranguaient en vain. Cette foule, mal armée de sabres, de piques ou de bâtons, mêlée d'hommes, d'enfants et de femmes, n'était nullement hostile ni violente. C'est le témoignage exprès d'une foule de témoins. Généralement, ils avaient pris des armes et des canons par prudence et pour leur sûreté, de peur, disaient-ils, qu'on ne tirât sur eux. Ils craignaient qu'il n'y eût quelque piège aux Tuileries, quelque embuscade démasquée tout à coup de cet antre de la royauté. « Nous ne voulons faire de mal à personne, disaient-ils aux municipaux, nous ne faisons pas une émeute. Nous voulons seulement, comme les autres ont fait, présenter une pétition. On les a bien reçus : nous, pourquoi nous exclure ?... » Puis, tous, hommes et femmes, ils les entouraient en cercle, et leur disaient cordialement : « Eh bien, messieurs, venez donc avec nous, mettez-vous à notre tête ! »

La colonne principale, partie des Quinze-Vingts, avec le peuplier que l'on devait planter, avait en tête une troupe d'invalides, pour chef Santerre, et un fort de la Halle (on sait que c'était Saint-Hururge).

Arrivés à la place Vendôme, et traversant la rue Saint-Honoré, ils se trouvèrent en face d'un poste de Gardes nationaux, qui leur ferma le passage des Feuillants, l'accès de l'Assemblée. Le torrent, grossi sur la route, était alors d'environ dix mille hommes; il eût pu emporter le poste; mais il y avait généralement dans la foule un esprit de douceur et de modération. Ils n'essayèrent point de lutter, abandonnèrent le projet de planter leur arbre sur la terrasse, se détournèrent dans la cour voisine des Capucins, et s'amusèrent à le planter.

Cependant leurs commissaires réclamaient de l'Assemblée la faveur de défiler devant elle. Ils assuraient qu'ils déposeraient leur pétition sur le bureau, et n'approcheraient pas même des Tuileries. Vergniaud, en demandant leur admission, voulait qu'à tout hasard on envoyât au Roi soixante députés. La précaution était fort sage.

Chose étrange, ce fut un Feuillant qui s'y opposa, disant que cette précaution serait injurieuse pour le peuple de Paris.

Cependant la musique qui les précède fait entendre le *Ça ira;* ils entrent; leur orateur lit à la barre la menaçante pétition : elle contenait telle parole violente qui sentait le sang, celle-ci, par exemple, à l'adresse de l'Assemblée même : « La patrie, la seule divinité qu'il nous soit permis d'adorer, trouverait-elle jusque dans son temple des réfractaires à son culte ?... Qu'ils se nomment, les amis du pouvoir arbitraire ! Le véritable souverain, le peuple, est là pour les juger. — Nous nous plaignons, messieurs, de l'inaction de nos armées *(ceci, contre La Fayette)*. Pénétrez-en la cause ; si elle dérive du pouvoir exécutif, qu'il soit anéanti ! — Nous nous plaignons des lenteurs de la Haute Cour nationale... Veut-on forcer le peuple à reprendre le glaive ? » Ils demandaient ensuite à rester en armes « jusqu'à ce que la Constitution fût exécutée. »

L'attitude du peuple, au nom duquel on venait de lire cette Adresse violente, y répondait peu : il était bruyant, mais joyeux, bien plutôt que menaçant. Le temps était admirable, un de ces jours où le ciel, par l'éclat de la lumière, la douceur de la température, donne espoir à tous, et semble se charger de consoler les plus profondes misères. Celle de Paris allait croissant : malgré le bon marché du pain, tout travail ayant cessé, tout commerce, ou à peu près, il y avait nombre de personnes littéralement affamées. Tout cela, cependant, ouvriers sans ouvrage, pauvres ménages dénués, mères chargées d'enfants, cette masse immense d'infortunes s'était soulevée avant jour, de la paille ou du grabat, avait quitté les greniers des faubourgs, sur le vague espoir de trouver dans cette journée quelque remède à leurs maux. Sans bien connaître à fond la situation, ils savaient en général que l'obstacle à tout changement était le *veto* du Roi, sa volonté négative, sans doute inspirée de la Reine. Il fallait vaincre cet obstacle, amener à la raison monsieur et madame Veto. Comment et par quels moyens? Ils n'y avaient pas trop pensé; sauf un assez petit nombre de meneurs, la foule n'avait nulle intention de forcer l'entrée du château.

Que voulaient-ils vraiment? Aller. Ils voulaient marcher ensemble, crier ensemble, oublier un jour leurs misères, faire ensemble, par ce beau temps, une grande promenade civique. La faveur seule d'être admis dans l'Assemblée était pour eux une fête. L'Église commençant d'apparaître, ce qu'elle était, l'ennemi du peuple, à quelle église donc, à quel autel ces infortunés auraient-ils eu recours? n'était-ce pas au temple de la Loi, à l'Assemblée nationale? Ils y allaient en pèlerinage, comme faisait le moyen âge aux sanctuaires fameux, dans les grandes calamités.

Ils arrivèrent assez tard, et déjà beaucoup d'entre eux, levés dès trois ou quatre heures du matin, debout tout le jour, obligés pour se soutenir de demander quelque force au vin frelaté de Paris, se trouvaient à l'Assemblée dans un état peu digne d'elle. Plusieurs dansaient en passant, criaient : « Vivent les patriotes! vivent les Sans-Culottes! à bas le *veto* ! » Dans cette foule chantante et dansante, il y avait, contraste cruel ! des faces hâves et décharnées, vraies figures du désespoir, des infortunés qui, malgré l'excès des privations, s'étaient efforcés de se traîner à, des femmes pâles, et peut-être à jeun, menant des enfants maladifs. Ils semblaient n'être venus que pour montrer à l'Assemblée à quelles extrêmes misères elle avait à remédier. Le petit moment de bonheur, de confiance, de consolation, qu'ils avaient en traversant ce lieu d'espérance, ils le marquaient par quelque cri joyeux, sauvagement joyeux, ou par un triste sourire, s'ils ne pouvaient crier. Cette joie eût été effrayante, si elle n'eût été douloureuse.

Rien n'ayant été prévu pour l'écoulement de cette grande foule, il y avait au dehors un engorgement, un étouffement prodigieux. On avait fermé la grille des Tuileries, et derrière se trouvait un bataillon de Garde nationale avec trois pièces de canon. La file, arrêtée, sans issue, heurtait violemment cette grille ; et derrière, toujours et toujours, la foule allait s'accumulant. Pendant qu'on court au château demander qu'on ouvre, la grille est forcée. La foule suit la terrasse des Feuillants. Mais au lieu de sortir du côté où est maintenant la rue de Rivoli, elle force l'entrée du jardin, et, passant pacifiquement devant la haie des Gardes nationaux rangés le long du château, elle va ressortir du côté du quai pour entrer dans le Carrousel. Les guichets étaient gardés ; la multitude est repoussée, elle s'irrite; une collision paraît imminente. Deux officiers municipaux, le diable boiteux Mouchet et un autre, essayent d'apaiser la foule en laissant passer une première bande qui se présentait. D'autres municipaux, encore plus favorables au mouvement, laissent passer le reste. Les voilà dans le Carrousel. A la porte de la cour Royale, un municipal les harangue : « C'est le domicile du Roi; vous n'y pouvez entrer en armes, Il veut bien recevoir votre pétition, mais seulement par vingt députés. — Il a raison, » disaient ceux qui pouvaient entendre. Mais ceux qui étaient derrière n'entendaient pas et poussaient de toutes leurs forces.

Cette foule avait à craindre derrière elle les canons de la Garde nationale. Mais le commandant de cette artillerie n'était plus obéi de ses canonniers. Comme il voulait les emmener : « Nous ne partirons pas, dit le lieutenant; le Carrousel est forcé, il faut que le château le soit... A moi ! canonniers, dit-il, en montrant de la main les fenêtres du Roi, à moi ! droit à l'ennemi ! » Dès ce moment, les canons sont braqués sur le château.

Il était quatre heures. La foule restait là, dans le Carrousel, immobile, inoffensive, ne sachant ce qu'elle ferait. Mais voilà Santerre et Saint-Hururge, qui, le défilé fini, arrivent de l'Assemblée : « Pourquoi n'entrez-vous pas? » crient-ils à la foule. Tous alors, d'ensemble, poussent sur la porte ; on la frappe à coups redoublés ; elle est tout ébranlée, elle tremble. On allait tirer dedans un coup de canon. Deux municipaux, voulant éviter une résistance inutile, ordonnèrent, ou du moins permirent qu'on relevât la bascule qui tenait les deux battants. La foule se précipita.

Santerre, Legendre et Saint-Hururge étaient à la tête. Derrière eux, venait un canon. Au pavillon de l'Horloge, au bas même de l'escalier, un groupe de Gardes nationaux et de citoyens firent face courageusement, s'en prenant au seul Santerre : « Vous êtes un scélérat, vous égarez ces braves gens; toute la faute est à vous... » Santerre regarda Legendre, qui l'encouragea des yeux. Alors, se tournant vers sa troupe, il dit ironiquement : « Dressez procès-verbal du refus que je fais de marcher à votre tête dans les appartements du Roi. » Sans s'arrêter davantage, la foule renversa tout, et tel fut son élan que, malgré sa pesanteur, le canon qu'on traînait se trouva en un moment monté au haut de l'escalier.

Le château ne présentait aucune défense. Les Suisses étaient à Courbevoie. La Garde constitutionnelle, toujours payée et subsistant malgré le décret de licenciement, n'avait pas été convoquée. Deux cents gentilshommes, au plus, s'étaient rendus au château, n'osant même montrer d'armes, les cachant sous leurs habits. Évidemment le Roi avait cru ce que Pétion disait et croyait lui-même, ce que l'un des Girondins, Lasource, avait de nouveau, une heure ou deux auparavant, affirmé dans l'Assemblée, ce que l'orateur du rassemblement avait expressément promis : Que l'on n'irait pas au château, ou, tout au plus, qu'on n'y enverrait la pétition que par une députation de vingt commissaires.

Quant aux Gardes nationaux, ils n'avaient nulle envie de renouveler l'affreuse affaire du Champ-de-Mars, pour une royauté qu'ils croyaient, tout comme en jugeait le peuple, traîtresse et perfide. Ceux qui couvraient le château, vers le jardin, obtempérèrent sans difficulté aux prières de la foule, qui, en passant, leur demandait d'ôter aux fusils les baïonnettes. Ceux qui occupaient les postes de l'intérieur s'écoulèrent tranquillement.

Au même moment, les gendarmes, postés dans le Carrousel, mettaient leurs chapeaux à la pointe de leurs sabres, et criaient : « Vive la nation ! »

Voilà donc la foule maîtresse. Elle est arrivée, avec son canon, au haut du grand escalier. Là, des officiers municipaux en écharpe demandent aux envahisseurs ce qu'ils comptent faire de cette artillerie. Croient-ils, par une telle violence, obtenir quelque chose du Roi ? — Cette observation les frappe : « C'est vrai, disent-ils la plupart, c'est vrai ; nous avons eu tort ; nous en sommes vraiment fâchés. » Et ils retournèrent la pièce, voulant la descendre. Malheureusement, voilà l'essieu accroché dans une porte. On ne peut plus avancer ni reculer. Le municipal bancroche, le petit Mouchet, s'entremet, donne des ordres.

Les sapeurs taillent, coupent le chambranle de la porte, dégagent la pièce, qui est descendue.

Telle était la confusion, que ceux d'en bas qui n'avaient pas vu monter le canon croyaient qu'on l'avait trouvé dans les appartements, et criaient qu'on avait voulu mitrailler le peuple.

La colonne pénètre sans obstacle jusqu'à l'OEil-de-Bœuf, qui était fermé. Il fallait l'ouvrir en hâte, plutôt que de le laisser forcer. Un officier supérieur de la Garde nationale pénétra par une autre entrée, avertit la famille royale, pria le Roi de se montrer. Le Roi y consentit sans peine, et se présenta. Sa sœur, Madame Élisabeth, ne voulut point le quitter.

Au moment où cette foule armée remplit tout l'appartement, le Roi s'écria : « A moi, quatre grenadiers ! » Il y en avait heureusement quelques-uns, qui, du dedans, avaient pénétré. C'étaient des Gardes nationaux, des marchands du quartier Saint-Denis, bonnes gens qui se montrèrent très bien. Ils se jetèrent devant le Roi, en tirant leurs sabres; mais il les fit rengainer.

Un témoin oculaire, M. Perron, dit qu'en général le peuple ne témoignait aucune malveillance. On distinguait cependant, parmi les cris confus, des injonctions menaçantes : « A bas le *veto !* Rappelez les ministres ! »

La foule s'ouvre, et laisse arriver Legendre; le bruit cesse; le boucher, d'une voix émue et colérique, s'adressant au Roi : « Monsieur !... » A ce mot, qui est déjà une sorte de déchéance, le Roi fait un mouvement de surprise... « Oui, monsieur, reprend fermement Legendre; écoutez-nous, vous êtes fait pour nous écouter... Vous êtes un perfide; vous nous avez toujours trompés; vous nous trompez encore... Mais prenez garde à vous; la mesure est à son comble; le peuple est las de se voir votre jouet. » — Puis, il lut une pétition violente, au nom du peuple souverain. — Le Roi parut impassible, et répondit : « Je suis votre Roi. Je ferai ce que m'ordonnent de faire les Lois et la Constitution. »

Ce dernier mot était pour lui le grand cheval de bataille. Il avait vu parfaitement que cette Constitution de 91, qui permet au Roi d'arrêter toute la machine politique, était un brevet d'inertie, qui lui donnait moyen de lier la France, d'attendre les secours imprévus qui viendraient des circonstances intérieures ou extérieures, des excès des anarchistes ou de l'invasion étrangère. — Dès lors, Louis XVI, tenant bien la Constitution, l'apprenant par cœur, la portant toujours en poche, la citant à ses ministres, avait dominé ses scrupules, et jouait au jeu dangereux de tuer la Révolution par la Constitution.

La foule comprenait très bien que le Roi ne ferait rien, et elle entrait en fureur. Plusieurs, de colère ou d'ivresse, faisaient mine de se jeter sur lui. Ils le menaçaient de loin avec des sabres et des épées. Voulaient-ils le tuer? La chose eût été bien facile : le Roi avait peu de monde autour de lui, et plusieurs des assaillants, ayant des pistolets, pouvaient l'atteindre à distance. — Il est trop évident que personne, au 20 Juin, n'avait encore cette pensée. On ne l'eut pas même au 10 Août.

Je sais bien que longtemps après, le colérique Legendre, poussé par Boissy-d'Anglas, l'homme de la réaction, qui lui demandait si vraiment on avait voulu tuer le Roi au 20 Juin, répliqua avec violence : « Oui, monsieur, nous l'aurions voulu. » Pour moi, ceci ne prouve rien. Toute la suite montre que beaucoup de ceux qui prirent le rôle de la fureur, comme Danton, comme Legendre, se sont vantés, par bravade, d'une infinité de crimes et de violences auxquels ils n'ont jamais songé.

Ce qu'on voulait, c'était d'épouvanter, de convertir le Roi par la terreur. Un homme portait au bout d'une pique un cœur de veau, avec cette inscription : Cœur d'aristocrate. Sur une autre enseigne qu'on portait, on voyait une reine pendue.

Le plus grand danger pour le Roi, c'est qu'il risquait d'être étouffé. On l'avait fait monter sur une banquette près de la fenêtre. Il s'y tint près de deux heures avec beaucoup de fermeté, une insensibilité complète aux menaces, une parfaite indifférence à son propre sort. Le sentiment qu'il avait de souffrir pour la religion lui donnait un calme admirable. Un officier lui ayant dit : « Sire, ne craignez rien, » le Roi prit sa main avec force, la mit sur son cœur, et dit ce qu'auraient dit les premiers martyrs : « Je n'ai pas peur; j'ai reçu les sacrements ; qu'on fasse de moi ce qu'on voudra. »

Ce moment de foi héroïque relève infiniment Louis XVI dans l'Histoire. Ce qui lui fait un peu tort, c'est qu'à ce moment même (force vraiment singulière de l'éducation et de la nature!) les habitudes de duplicité royale reparurent en plusieurs choses. A tous ceux qui l'apostrophaient, il répondait : « Qu'il ne s'était jamais écarté de la Constitution, » se réfugiant dans la littéralité judaïque d'un acte dont il faussait l'esprit. Bien plus, un des assistants lui présentant de loin, au moyen d'un bâton, le bonnet de l'Égalité, le Roi, sans hésitation, étendit la main pour le prendre. Puis, apercevant une femme qui tenait une épée ornée de fleurs et d'une cocarde tricolore, le Roi demanda la cocarde, et l'attacha au bonnet rouge. Cela toucha fort le peuple. Ils crièrent de toutes leurs forces : « Vive le Roi ! vive la nation ! » Et le Roi, avec les autres, criait : « Vive la nation ! » et levait son bonnet en l'air. — Il amusait ainsi la foule, et refusait obstinément la sanction des décrets.

L'Assemblée avait enfin appris la situation du Roi. Elle s'en émouvait lentement, jugeant apparemment que la leçon avait besoin d'être forte, pour produire impression. Cependant le refus du Roi pouvait lasser à la longue, exaspérer quelques furieux, amener une scène tragique. Les premiers qui le sentirent, et dont le cœur fut ému, furent les deux grands orateurs de l'Assemblée, Vergniaud et Isnard. Sans attendre pour savoir quelles mesures seraient votées, ils coururent d'eux-mêmes au château, et percèrent la foule, à grand'peine. Isnard se fit élever sur les épaules de deux Gardes nationaux, et dit à la foule que si elle obtenait sur-le-champ ce qu'elle demandait, on le croirait arraché par la violence ; qu'elle aurait satisfaction, qu'il en répondait sur sa tête. Mais ni Isnard ni Vergniaud ne firent la moindre impression. Les cris recommençaient toujours : « A bas le *veto !* Rappelez les ministres ! » Les deux orateurs restèrent, du moins, se firent les gardes du Roi, le couvrirent de leur popularité, et, au besoin, de leurs corps.

La foule cependant avait pénétré dans les appartements, observant curieusement ces lieux si nouveaux pour elle, épiloguant parfois en paroles plus grossières qu'hostiles ou violentes. A la chambre du lit, par exemple, ils disaient tous : « Le gros *veto* a un bon lit, meilleur, ma foi, que le nôtre. »

La Reine était restée dans la chambre du Conseil, réfugiée dans l'embrasure d'une fenêtre, protégée par une table massive qu'on avait roulée devant elle. Le ministre de la Guerre, Lajard, avait réuni dans la salle une vingtaine de grenadiers. Elle avait près d'elle sa fille et madame de Lamballe, avec quelques autres dames ; devant elle, assis sur la table, le petit Dauphin. C'était la meilleure défense contre la foule qui passait. Presque tous éprouvaient un respect inattendu, plusieurs même un subit changement de cœur, en présence de cette mère, de cette reine, vraiment fière et digne. Parmi les femmes les plus violentes, une fille s'arrête un moment et vomit mille imprécations. La Reine, sans s'étonner, lui demande si elle lui a fait quelque tort personnel : « Aucun, dit-elle, mais c'est vous qui perdez la nation. — On vous a trompée, dit la Reine. J'ai épousé le roi de France, je suis la mère du Dauphin, je suis Française, je ne reverrai jamais mon pays. Je ne puis être heureuse ou malheureuse qu'en France ; j'étais heureuse, quand vous m'aimiez. » Voilà la fille qui pleure : « Ah ! Madame, pardonnez-moi, je ne vous connaissais pas, je vois que vous êtes bonne. »

On avait affublé le pauvre petit Dauphin d'un énorme bonnet rouge qui l'accablait de chaleur. Santerre lui-même, en passant, fut touché, et le lui ôta : « Ne voyez-vous pas, dit-il, que l'enfant étouffe sous ce bonnet ? »

Enfin, arriva Pétion ; il était six heures. « Sire, dit-il, je viens d'apprendre à l'instant... — Cela est bien étonnant, dit le Roi, il y a deux heures que cela dure. » — En réalité, on ne pouvait accuser le maire du retard. Il est constaté authentiquement qu'il n'était guère averti que depuis une heure, qu'à l'instant même il était monté en voiture avec Sergent et autres municipaux; mais que, dans les cours, dans les escaliers, les appartements, il n'avait pu pénétrer qu'en jetant sur son chemin une succession de harangues. Il fallut les derniers efforts pour l'insérer et le lancer dans la masse compacte qui environnait le Roi.

Arrivé enfin, « fort entrepris et fort essoufflé, » dit un témoin oculaire, on le hissa dans un fauteuil sur les épaules des grenadiers. Il parla avec sa placidité naturelle, toutefois assez nettement : « Citoyens, vous avez présenté votre pétition, vous ne pouvez aller plus loin. Le Roi ne peut ni ne doit répondre à une pétition présentée à main armée. Il verra, dans le calme, ce qu'il a à faire. Vous serez imités des départements, et le Roi ne pourra se dispenser d'acquiescer au vœu du peuple. » *(Applaudissements de la foule.)*

Un grand blond de vingt-cinq ans s'avance alors furieux, et crie à tue-tête : « Sire, sire, au nom de cent mille âmes qui sont là, le rappel des ministres patriotes, et la sanction des décrets! ou vous périrez! » A quoi le Roi répondait froidement : « Vous vous écartez de la Loi; adressez-vous aux magistrats du peuple. »

Pétion ne disait rien. Un des municipaux le pressa de renvoyer le peuple, ajoutant que sa conduite serait jugée par l'événement. Il se décida alors : « Retirez-vous, citoyens, si vous ne voulez compromettre vos magistrats... Le peuple a fait ce qu'il devait faire. Vous avez agi avec la fierté et la dignité d'hommes libres. Mais c'est assez, retirez-vous. » — Et le Roi ajouta, avec un sérieux comique, et beaucoup de présence d'esprit : « J'ai fait ouvrir les appartements ; le peuple, défilant du côté de la galerie, aura le plaisir de les voir. »

La curiosité entraîna beaucoup de gens. La salle se vidait déjà, lorsque arriva une députation de vingt-quatre représentants. Le Roi leur dit : « Je remercie l'Assemblée ; je suis tranquille au milieu des Français. » Et répétant le geste qu'il avait fait d'abord, il prit la main d'un Garde national, la mit sur son cœur, et dit : « Vous le voyez, je suis tranquille. »

Alors, entouré de députés, de Gardes nationaux, protégé par leur commandant, il se dirigea brusquement vers une porte dérobée, tout près de la cheminée, s'y jeta. Elle fut sur-le-champ refermée sur lui.

Un peu après, la Reine montrait à la députation l'état effroyable de l'appartement, les portes brisées. Elle s'aperçut qu'un député, l'ardent Merlin de Thionville, avait les larmes aux yeux. Il s'en excusa vivement :

« Je pleure, oui, Madame, je pleure, mais sur les malheurs d'une femme sensible et belle, d'une mère... Ce n'est pas sur la Reine. Je hais les reines et les rois... Telle est ma religion. »

Le Roi, rentré dans ses appartements, gardait, sans s'en apercevoir, le bonnet rouge qu'il avait pris. Ce bonnet, trop petit pour entrer dans sa tête, était resté sur ses cheveux. On le lui fit remarquer, et rien ne lui fut plus sensible; il le jeta violemment à ses pieds, s'indignant, dans cette journée où, du reste, il fut héroïque, de retrouver sur lui ce signe de duplicité.

CHAPITRE IX

IMMINENCE DE L'INSURRECTION

(JUILLET-AOUT 1792)

Le 20 Juin et le 10 Août commencent la guerre. — Les volontaires de 1792. — La Marseillaise (mars 92). — Un autel de la patrie dans chaque commune. — La Fayette se déclare pour la Cour contre la Gironde. — La Fayette arrive à Paris, se présente à la barre de l'Assemblée, 27 juin 92. — La Fayette n'est soutenu ni de la Cour ni de Paris. — Danger de la France au dehors et au dedans (juin-juillet 92). — Discussion sur le danger de la patrie (juillet 92). — Discours de Vergniaud contre le Roi. — Lamourette essaye une conciliation, 6 juillet 92. — Fête du 14 Juillet 92. — Déclaration du danger de la patrie, 22 juillet 92. — Impuissance de l'Assemblée, des Jacobins, de Robespierre, de Pétion. — Conduite mesurée de Danton. — La France ne fut sauvée que par la France. — Manifeste du duc de Brunswick. — L'insurrection de Paris est préparée publiquement. — Accueil fait aux fédérés des départements (juillet 92). — Arrivée des Marseillais (fin juillet 92). — Pétion accuse le Roi devant l'Assemblée, 3 août 92. — La Gironde hésite devant l'insurrection.

E peuple s'écoula fort triste des Tuileries. Ils disaient tous : « Nous n'avons rien obtenu... Il faudra bien revenir. »

Les royalistes étaient ravis, bien plus encore qu'indignés. Ce dernier affront fait au Roi leur donnait espoir : il leur semblait que la Révolution avait touché enfin le fond de l'abîme, que, de ce jour, la royauté ne pouvait que remonter.

En réalité, l'événement avait eu deux effets graves. Bien des cœurs s'émouvaient, en France, en Europe, à cette image tragique du royal *Ecce homo*, montré sous le bonnet rouge, ferme pourtant sous les outrages, disant : « Je suis votre Roi. »

Voilà pour le sentiment. Mais les choses étaient les mêmes. Le combat des deux idées s'était précisé nettement. La masse révolutionnaire, venant heurter aux Tuileries, avait compté n'y trouver que l'idole du despotisme, et elle se trouvait avoir rencontré la vieille foi du moyen âge, entière et vivante encore, et même sous le visage prosaïque de Louis XVI, belle de la poésie des martyrs.

Grand spectacle ! où disparaissent les hommes. Restent en présence deux idées, deux fois, deux religions ! chose inouïe, effrayante, comme si, en plein midi, nous voyions deux soleils au ciel !

Tous deux, bénis ou blasphémés ! mais les nier ? qui le pouvait ? Le soleil de la Révolution, né d'hier, déjà immense, inondait les yeux de lumière ; les âmes, de chaleur et d'espoir : toujours grandissant, d'heure en heure, il montrait déjà que bientôt son rival du moyen âge irait pâlissant dans les profondeurs obscures.

Il était dur, faux, injuste de reconnaître la foi dans le refus de Louis XVI, et de ne point la reconnaître dans la demande du peuple. Il ne faut pas envisager le 20 Juin comme une émeute, un simple accès de colère. Le peuple de Paris y fut l'organe violent, mais le légitime organe du sentiment de la France. Il fut comme l'avant-garde du mouvement général qui l'emportait vers la guerre. — La guerre intérieure, d'abord, pour faire face ensuite à l'autre. — Le coup de hache frappé aux portes de la chambre du Roi, ce coup, déjà, il faut le dire, fut frappé sur l'ennemi.

Détournez les yeux de Paris, et contemplez, je vous prie, si votre regard peut l'embrasser, l'immense, l'inconcevable grandeur du mouvement. Six cent mille volontaires inscrits veulent marcher à la frontière. Il ne manque que des fusils, des souliers, du pain. Les cadres sont tout préparés ; les fédérations pacifiques de 90 sont les bataillons frémissants de 92. Les mêmes chefs souvent y commandent ; ceux qui menèrent le peuple aux fêtes vont le guider aux combats. Pour ne citer qu'un exemple, prenons ce fils de l'amour, le bâtard Championnet, chef de la première fédération du Midi, celle de l'Étoile près Valence. Le voilà maintenant qui entraîne ses fédérés : *Sixième bataillon de la Drôme.*

De même, tout à l'heure, dans l'Hérault. Les fédérés de Montpellier vont nous donner ce corps fameux, l'immortelle, l'invincible 32ᵉ *Demi-Brigade.*

Ces innombrables volontaires ont gardé tous un caractère de l'époque vraiment unique qui les enfanta à la gloire. Et maintenant, où qu'ils soient, dans la mort ou dans la vie, morts immortels, savants illustres, vieux et glorieux soldats, ils restent tous marqués d'un signe qui les met à part dans l'Histoire. Ce signe, cette formule, ce mot qui fit trembler toute la terre, n'est autre que leur simple nom : *Volontaires de 92.*

Leurs maîtres, qui les instruisirent et disciplinèrent leur enthousiasme, qui marchèrent devant eux comme une colonne de feu, c'étaient les sous-officiers ou soldats de l'ancienne armée, que la Révolution venait de jeter en avant, ses fils, qui n'étaient rien sans elle, qui par elle avaient déjà gagné leur plus grande bataille, la victoire de la Liberté. Génération admirable, qui vit en un même rayon la Liberté et la Gloire, et vola le feu du ciel.

C'étaient le jeune, l'héroïque, le sublime Hoche, qui devait vivre si peu, celui que personne ne put voir sans l'adorer. — C'était la pureté même, cette noble figure virginale et guerrière, Marceau, pleuré de l'ennemi. — C'était l'ouragan des batailles, le colérique Kléber, qui, sous cet aspect terrible, eut le cœur humain et bon, qui, dans ses *notes* secrètes, plaint la nuit les campagnes vendéennes qu'il lui faut ravager le jour. —

C'était l'homme de sacrifice, qui voulut toujours le devoir, et la gloire pour lui jamais, qui la donna souvent aux autres, et même aux dépens de sa vie, un juste, un héros, un saint, l'irréprochable Desaix.

Et puis, après ces héros, arrivent les ambitieux, les avides, les politiques, les redoutés capitaines, qui plus tard ont cherché fortune avec ou contre César. L'épée la plus acérée, l'âpre piémontais Masséna, avec son profil de loup. Des rois, ou gens propres à l'être, des Bernadotte et des Soult. Le grand sabre de Murat.

Et puis une glorieuse foule, où chaque homme, en d'autres pays, d'autres temps, eût illustré un empire. En France, il y en a tout un peuple. Je les nommerai sans ordre, et j'en omettrai encore plus : Kellermann, Joubert, Jourdan, Ney, Augereau, Oudinot, Victor, Lefebvre, Mortier, Gouvion Saint-Cyr, Moncey, Davoust, Macdonald, Klark, Sérurier, Pérignon, etc., etc. Tels furent les officiers, les maîtres et les instructeurs des légions de 92.

Grands maîtres, qui enseignaient d'exemple. Il ne faudrait pas croire néanmoins que ces rudes et vaillants soldats, comme beaucoup de ceux-ci, les Augereau, les Lefebvre, représentassent l'esprit, le grand souffle du moment sacré. Ah! ce qui le rendait sublime, c'est qu'à proprement parler, ce moment n'était pas militaire. Il fut héroïque. Par-dessus l'élan de la guerre, sa fureur et sa violence, planait toujours la grande pensée, vraiment sainte, de la Révolution, l'affranchissement du monde.

En récompense, il fut donné à la grande âme de la France, en son moment désintéressé et sacré, de trouver un chant, — un chant qui, répété de proche en proche, a gagné toute la terre. Cela est divin et rare, d'ajouter un chant éternel à la voix des nations.

Il fut trouvé à Strasbourg, à deux pas de l'ennemi. Le nom que lui donna l'auteur est *Le Chant de l'armée du Rhin*. Trouvé en mars ou avril, au premier moment de la guerre, il ne lui fallut pas deux mois pour pénétrer toute la France. Il alla frapper au fond du Midi, comme par un violent écho, et Marseille répondit au Rhin. Sublime destinée de ce chant ! il est chanté des Marseillais à l'assaut des Tuileries, il brise le trône au 10 Août. On l'appelle *La Marseillaise*. Il est chanté à Valmy, affermit nos lignes flottantes, effraye l'aigle noir de Prusse. Et c'est encore avec ce chant que nos jeunes soldats novices gravirent le coteau de Jemmapes, franchirent les redoutes autrichiennes, frappèrent les vieilles bandes hongroises, endurcies aux guerres des Turcs. Le fer ni le feu n'y pouvaient ; il fallut, pour briser leur courage, le chant de la Liberté.

De toutes nos provinces, nous l'avons dit, celle qui ressentit peut-être le plus vivement le bonheur de la délivrance, en 89, ce fut celle où étaient les derniers serfs, la triste Franche-Comté. Un jeune noble franc-comtois, né à Lons-le-Saulnier, Rouget de l'Isle, trouva le chant de la France. Rouget de l'Isle était officier de Génie à vingt ans. Il était alors à Strasbourg, plongé dans l'atmosphère brûlante des bataillons de volontaires qui s'y rendaient de tous côtés. Il faut voir cette ville, en ces moments, son bouillonnant foyer de guerre, de jeunesse, de joie, de plaisir, de banquets, de bals, de revues, au pied de la flèche sublime qui se mire au noble Rhin; les instruments militaires, les chants d'amour ou d'adieux, les amis qui se retrouvent, se quittent, s'embrassent aux places publiques. Les femmes prient aux églises, les cloches pleurent, et le canon tonne, comme une voix solennelle de la France à l'Allemagne.

Ce ne fut pas, comme on l'a dit, dans un repas de famille que fut trouvé le chant sacré. Ce fut dans une foule émue. Les volontaires partaient le lendemain. Le maire de Strasbourg, Dietrich, les invita à un banquet, où les officiers de la garnison vinrent fraterniser avec eux et leur serrer la main. Les demoiselles Dietrich, nombre de jeunes demoiselles, nobles et douces filles d'Alsace, ornaient ce repas d'adieu de leurs grâces et de leurs larmes. Tout le monde était ému; on voyait devant soi commencer la longue carrière de la guerre de la Liberté, qui, trente ans durant, a noyé de sang l'Europe. Ceux qui siégeaient au repas n'en voyaient pas tant sans doute. Ils ignoraient que dans peu ils auraient tous disparu, l'aimable Dietrich, entre autres, qui les recevait si bien, et que toutes ces filles charmantes dans un an seraient en deuil. Plus d'un, dans la joie du banquet, rêvait, sous l'impression de vagues pressentiments, comme quand on est assis, au moment de s'embarquer, au bord de la grande mer. Mais les cœurs étaient bien haut, pleins d'élan et de sacrifice, et tous acceptaient l'orage. Cet élan commun, qui soulevait toute poitrine d'un égal mouvement, aurait eu besoin d'un rhythme, d'un chant qui soulageât les cœurs. Le chant de la Révolution, colérique en 92, le *Ça ira* n'allait plus à la douce et fraternelle émotion qui animait les convives. L'un d'eux la traduisit « *Allons !* »

Et ce mot dit, tout fut trouvé. Rouget de l'Isle, c'était lui, se précipita de la salle, et il écrivit tout, musique et paroles. Il rentra en chantant la strophe : « *Allons, enfants de la patrie !* » Ce fut comme un éclair du ciel. Tout le monde fut saisi, ravi, tous reconnurent ce chant, entendu pour la première fois. Tous le savaient, tous le chantèrent, tout Strasbourg, toute la France. Le monde, tant qu'il y aura un monde, le chantera à jamais.

Si ce n'était qu'un chant de guerre, il n'aurait pas été adopté des nations. C'est un chant de fraternité ; ce sont des bataillons de frères qui, pour la sainte défense du foyer, de la patrie, vont ensemble d'un même cœur. C'est un chant qui, dans la guerre, conserve un esprit de paix. Qui ne connaît la strophe sainte : « *Épargnez ces tristes victimes !* »

Telle était bien alors l'âme de la France, émue de l'imminent combat, violente contre l'obstacle, mais toute magnanime encore, d'une jeune et naïve grandeur; dans l'accès de la colère même, au-dessus de la colère.

L'Assemblée exprima, dans sa vérité, ce moment sacré de la France, en ordonnant (6 juillet) que dans chaque commune serait élevé un autel de la patrie. Là, on apporterait les enfants, on inscrirait les naissances. Là viendraient les jeunes époux s'unir dans la foi nouvelle. Là, on écrirait encore ceux qui ont payé leur dette à la vie.

Ces grands actes de la vie humaine, naissances, mariages et morts, ces actes, toujours religieux autant que légaux, en quelque lieu qu'ils soient consacrés, se trouvaient ainsi transportés de la vieille Église au nouvel autel de la Loi. La solennelle question de la vie moderne, ajournée jusqu'ici par la timidité de nos Assemblées, était enfin abordée simplement, courageusement. Plus de compromis bâtard, plus de mélange hétérogène du passé et du présent.

La Fayette et les Feuillants s'obstinaient à placer leur espoir dans ce mélange. Ils étaient, en réalité, la pierre d'achoppement de la Révolution.

Chose étrange et bien propre à faire soupçonner La Fayette, si les prisons de l'Autriche ne l'avaient justifié, il voulait, lui républicain, lui ami de Washington, faire graviter le mouvement révolutionnaire autour d'un Roi, d'une Cour incorrigibles. Comment qualifier cet aveuglement ?

Un dernier appel lui avait été adressé par les Girondins, dans ce grand danger de la France, une sommation suprême de se rallier aux principes qui, au fond, étaient les siens. Servan était encore ministre de la Guerre ; ce fut lui, ou plutôt sans doute ce fut madame Roland, toute puissante sur ce ministre, qui envoya Rœderer au général, pour savoir si décidément il se déclarait pour la Gironde ou pour la Cour. Il choisit ce dernier parti, soit par antipathie personnelle pour les Roland, soit qu'il crût que la Gironde serait entraînée bientôt, absorbée par les Jacobins. Et cela se trouva vrai : pourquoi ? La raison la plus forte peut-être qu'on peut en trouver, c'est justement parce que La Fayette en jugea ainsi. Cela arrive souvent : la prophétie même, la croyance en la prophétie, la rend véridique et produit l'événement. Si La Fayette se fût décidé pour la Gironde, si au parti de l'élan il eût joint les forces du parti modéré, il est douteux qu'on eût eu besoin du parti de la Terreur.

La Cour n'ignorait nullement tout ceci. Sans vouloir employer La Fayette ni dépendre de lui, elle se sentait comme adossée à son armée des

Ardennes, et sa confiance en augmentait. On voyait bien que l'Assemblée était flottante et vacillante, fort inquiète de l'effet que la violence du 20 Juin allait produire sur les esprits. Cette crainte parut le 21 : elle décida, par un décret, qu'aucune réunion de citoyens armés ne pourrait désormais se présenter à sa barre, ni devant aucune autorité constituée ; s'écartant de la conduite qu'elle avait tenue jusque-là, rétractant l'encouragement qu'elle avait donné au 20 Juin par l'accueil fait aux pétitions qui annonçaient le mouvement.

L'Assemblée reculait ainsi ; la Cour avançait. Le 21, au matin, Pétion s'étant présenté aux Tuileries, avec Sergent et autres municipaux, il reçut une avanie : les Gardes nationaux du bataillon des Filles-Saint-Thomas l'accablèrent d'injures et de menaces, l'un d'eux porta la main sur Sergent, malgré son écharpe, et le souffleta si rudement qu'il tomba à la renverse. Des députés, Duhem et autres, ne furent guère mieux traités, au jardin des Tuileries, par des chevaliers de Saint-Louis ou des Gardes constitutionnels. Un homme y fut arrêté pour avoir crié : « Vive la nation ! »

Ce n'est pas tout : on crut pouvoir, dans cet affaiblissement moral de l'Assemblée, la surprendre et lui escamoter la loi martiale, comme on avait fait à la Constituante, en juillet 91. Un petit rassemblement fut formé, poussé jusqu'au Louvre ; puis, l'avis donné brusquement à l'Assemblée, pour mieux faire impression. Mais Pétion, averti, vint au moment même, déclara que l'alarme n'était pas fondée, que l'ordre régnait partout.

De l'Assemblée, Pétion retourna aux Tuileries. On y était de fort mauvaise humeur, n'ayant pu, comme on le croyait, emporter la loi martiale. Le maire ayant commencé d'un ton respectueux et ferme, le Roi, sans autre précaution oratoire, lui dit sèchement : « Taisez-vous ! » et il lui tourna le dos.

Le 22, au matin, parurent une lettre du Roi à l'Assemblée, une *proclamation* royale à la nation. On y faisait parler Louis XVI du ton qu'il eût pu prendre s'il eût eu une armée dans Paris. Il annonçait qu'il avait « des devoirs *sévères* à remplir, qu'il ne les sacrifierait point, » etc., etc.

Ce ton menaçant annonçait qu'on se croyait fort. On comptait sur l'indignation des royalistes et des constitutionnels. Le directoire du département, son président, le duc de La Rochefoucauld, répondait de ces derniers. Le 27 juin, au soir, La Fayette, au grand étonnement de tout le monde, arrive à Paris, descend chez La Rochefoucauld. Le 28, il se présente à la barre de l'Assemblée, et y prononce un discours audacieusement ridicule. Lui, soldat sous le drapeau, lié par la discipline, lui, général dépendant du ministre de la Guerre, il vient régenter l'Assemblée nationale. Il n'a pas craint, dit-il, de venir seul,

« de sortir de cet honorable rempart que l'affection des troupes forme autour de lui. » — Il a pris avec ses compagnons d'armes « l'engagement d'exprimer seul un sentiment commun. » — Il supplie l'Assemblée de poursuivre les auteurs du 20 Juin, « et de détruire *une secte*, etc. » Il parlait des Jacobins précisément dans les termes qu'avait employés Léopold.

Guadet demanda si la guerre était finie, pour qu'un général quittât ainsi son armée, si l'armée avait délibéré pour donner ses pouvoirs à M. de La Fayette; il demanda s'il avait un congé du ministre, proposa d'interroger celui-ci à ce sujet, et de faire faire un *rapport* sur le danger d'accorder aux généraux le droit de pétition.

Le feuillant Ramond, au contraire, demanda une enquête sur la désorganisation que venait accuser La Fayette. La motion de Guadet fut écartée par une majorité de cent voix (339 contre 234).

Cette majorité considérable en faveur de La Fayette fut une chose grave et décisive dans l'histoire de la Révolution. Elle se retrouva la même et plus forte au 8 août. Elle prouva que l'Assemblée n'aurait jamais l'énergie suffisante pour abattre le grand obstacle qui neutralisait à l'intérieur les forces de la France, et, désarmée, discordante, la livrait à l'ennemi. Cet obstacle, la royauté, La Fayette venait le défendre. Innocenter ce défenseur du trône, c'était couvrir le trône et maintenir la France impuissante par lui, au moment de l'invasion. L'Assemblée ne sauvant pas la nation, celle-ci avisera à se sauver elle-même.

Rien n'était plus imprudent que la démarche de La Fayette. La Cour, qu'il venait défendre, ne voulait pas de lui. Une seule voix était pour lui dans la famille royale, celle de Madame Élisabeth, qui sentit sa chevalerie ; mais la Reine était contre, et elle dit que, plutôt que d'être sauvé par lui, il valait mieux périr. Elle ne s'en tint pas à ceci. Une revue devait avoir lieu, où La Fayette eût harangué la Garde nationale, remonté dans son esprit. La Reine fit avertir, la nuit, Santerre et Pétion ; et celui-ci, une heure avant le jour, contremanda la revue. La Fayette alors réunit chez lui plusieurs officiers influents de la Garde nationale, leur demanda s'ils voulaient avec lui marcher contre les Jacobins. Lui-même ne rapporte pas ce fait dans ses Mémoires, mais il est affirmé par son ami Toulongeon. On promit de se réunir le soir aux Champs-Élysées ; cent hommes à peine s'y trouvèrent. On s'ajourna au lendemain, pour agir, si l'on était trois cents, et l'on ne se trouva pas trente. La Fayette vit le Roi, qui le remercia, sans profiter de ses offres. Il partit le lendemain.

Comment expliquer l'inaction des Feuillants, des Gardes nationaux ? Par la peur ? Cependant, beaucoup, que l'on peut citer, ont depuis marqué

glorieusement dans les guerres de la Révolution
et de l'Empire. Non ; ce qui contribua le plus à
les paralyser, c'est qu'ils craignaient de ne rien
faire qu'au profit des royalistes.

Ils se défiaient plus que jamais du Roi, et ils
se fiaient de moins en moins au bon sens de
La Fayette. Le projet que celui-ci avoue justifie
bien cette défiance. Il aurait mené le Roi à Compiègne, et là, le Roi, mieux entouré, devenu tout
à coup ami de la Révolution, en aurait pris
l'avant-garde, eût au besoin commandé l'armée,
marché à l'ennemi. — Supposition étrange ! l'ennemi, dans la pensée de la Cour, c'était justement le sauveur. La Reine eût mené le Roi à la
frontière, mais bien pour la franchir et le placer
dans les rangs autrichiens.

L'indécision des Feuillants, leur répugnance à
suivre La Fayette dans ces voies insensées, montre
qu'il leur restait plus de raison et de patriotisme
qu'on ne le supposait. Nous allons tout à l'heure
les voir à l'Assemblée applaudir le discours redoutable où Vergniaud foudroya le trône, au nom de
la France en danger.

Ce danger était trop visible, au dehors, au
dedans. L'accord de tous les rois apparaissait
contre la Révolution.

A Ratisbonne, le Conseil des ambassadeurs
refusa unanimement d'admettre le ministre de
France. L'Angleterre, *notre amie*, préparait un
grand armement. Les princes de l'Empire, qui

jusque-là se disaient neutres, recevaient l'ennemi dans leurs places et s'approchaient de nos frontières. Le duc de Bade avait mis les Autrichiens dans Kehl. On parlait d'un complot pour leur livrer Strasbourg. L'Alsace criait pour obtenir des armes; on n'en envoyait point. Les officiers abandonnaient cette terre condamnée, passaient à l'autre rive. Le commandant de l'artillerie du Rhin déserta, emmenant plusieurs de ses meilleurs soldats.

En Flandre, c'était bien pis. Le vieux soudard Luckner, ignorant, abruti, était le général de la Révolution. Il avait quarante mille hommes, contre deux cent mille qui arrivaient. Les corps de volontaires montraient, il est vrai, le plus brûlant enthousiasme. On ne contenait leur fougue qu'en les menaçant de les renvoyer chez eux. Mais tout cela était sans habitude militaire, fort peu discipliné. Luckner n'avança que pour reculer. Il prit Courtrai et deux autres places; il réussit assez pour compromettre les infortunés amis de la France; puis il lui fallut se retirer devant des forces supérieures. Un de ses officiers, en se dégageant, laissa, pour mémoire du passage des nôtres, un cruel incendie où disparurent les faubourgs de Courtrai.

Voilà les nouvelles douloureuses qui venaient frapper Paris coup sur coup. Et le péril était peut-être plus grand à l'intérieur. Deux choses y éclataient, qui sont précisément la mort du corps politique. Le centre n'agissait plus, ne voulait plus agir. Non seulement on n'envoyait aux armées ni armes, ni approvisionnements ; mais les lois mêmes de l'Assemblée, on ne les expédiait point aux départements, on n'en instruisait point la France. D'autre part, les extrémités, laissées à elles-mêmes, voulaient et agissaient à part. Les Bouches-du-Rhône, par exemple, s'avisèrent de retenir, de lever des contributions, sous prétexte de les envoyer à l'armée des Alpes, qui couvrait la Provence.

Rien n'empêchait le royalisme de profiter de cette désorganisation. Dans les montagnes les plus inaccessibles du Languedoc, dans ce pays de pierre, l'Ardèche, sans voies ni routes, voici qu'apparaît un *lieutenant général des princes, gouverneur du Bas-Languedoc et des Cévennes*. Il a, dit-il, fait vérifier ses pouvoirs par la Noblesse du pays, pour gouverner pendant la captivité du Roi. Il ordonne à toutes les anciennes autorités de reprendre leurs places, d'arrêter les nouveaux fonctionnaires, tous les membres des Clubs. Il arme les paysans, assiège Jalès et autres châteaux.

On regarde au Midi. Et derrière, l'Ouest commence à prendre feu. Un paysan, Allan Redeler, publie, à l'issue de la messe, que les amis du Roi auront à se rendre en armes près d'une chapelle voisine. Cinq cents y vont du premier coup. Le tocsin sonne de village en village. L'incendie gagnait la Bretagne, si Quimper, sans perdre un moment, n'eût arboré le drapeau rouge, marché avec du canon, écrasé ce premier essai de guerre civile. Le paysan rentra, mais sombre, implacable, altéré de combats, d'embuscades nocturnes, de coups fourrés, de sang. La Chouannerie fut dès lors dans les cœurs.

En général, dans le royaume, les directoires de départements étaient feuillants ou fayettistes, convertis à la royauté. Les municipalités, plus révolutionnaires, soutenaient contre les directoires, avec l'aide des Clubs, une lutte sans fin, qui mettait partout l'anarchie. Le directoire de la Seine-Inférieure, celui de la Somme, se signalèrent par la véhémence de leurs Adresses contre-révolutionnaires après le 20 Juin. Le ministre fit imprimer à l'Imprimerie royale, publier à grand nombre, l'Adresse de la Somme, outrageuse pour l'Assemblée.

La grandeur du danger eut un effet singulier, imprévu, qui, pour ne pas durer, n'en prêta pas moins une force d'unité terrible à la Révolution. Dès le 28, Brissot, qui n'allait plus aux Jacobins, s'y rendit, se porta pour accusateur de La Fayette, demanda l'union, l'oubli.

L'homme de la Presse, Brissot, l'homme des Jacobins, Robespierre, rapprochés un moment, se dirent des paroles de paix.

Le 30 juin, Jean Debry, au nom de la Commission des Douze, fit à l'Assemblée un rapport : « Sur les mesures à prendre, *en cas du danger de la patrie,* » et posa spécialement le cas *où ce danger viendrait précisément du pouvoir exécutif,* dont la mission est de le repousser.

La question était ainsi jetée dans les esprits, lorsque toute la France fut avertie par le rapport, et que dans toutes les villes et dans tous les villages commença à sonner ce mot : *Danger de la patrie;* alors, pour la seconde fois, la cause nationale contre la royauté fut remise aux pures et nobles mains de Vergniaud.

Son discours, d'une ampleur de style, d'un développement grandiose, avec beaucoup de redondance, étonne à la lecture. Le procédé est tout autre que celui de Mirabeau : chaque chose ici a moins de trait et de saillie, tout est subordonné au mouvement général, à un immense crescendo, qui, en allant, emporte tout. C'est comme ces grands fleuves de l'Amérique, larges de plusieurs lieues, qui, à les voir, ont presque l'air d'une mer calme d'eau douce ; mettez-y votre barque, elle va comme une flèche ; on mesure avec terreur la rapidité du courant ; elle va emportée, nul moyen d'arrêter ; elle glisse, elle file, elle irait à l'abîme, aux cataractes écumantes où la masse des eaux se brise du poids d'une mer.

L'idée même du discours, c'est la réponse au mot que le Roi disait, répétait le 20 Juin : « Je ne me suis pas écarté de la Constitution, etc. » Le caractère sublime de ce discours, qui le met hors du temps, au-dessus de la circonstance même, c'est qu'il est la loyale réclamation de l'honneur contre la littéralité perfide qui s'affermit dans la fausse conscience, pour tuer, exterminer l'esprit.

La confiance s'éveilla en tout homme de tout parti, lorsque Vergniaud, lui faisant appel dans une hypothèse éloquente qui malheureusement se rapprochait trop des réalités, prononça ces fortes paroles :

« Si tel était le résultat de la conduite dont je viens de tracer le tableau, que la France nageât dans le sang, que l'étranger y dominât, que la Constitution fût ébranlée, que la contre-révolution fût là, et que le Roi vous dît pour sa justification :

« *Il est vrai que les ennemis qui déchirent la France prétendent n'agir que pour relever ma puissance qu'ils supposent anéantie, venger ma dignité qu'ils supposent flétrie, me rendre mes droits royaux qu'ils supposent compromis ou perdus ; mais j'ai prouvé que je n'étais pas leur complice : j'ai obéi à la Constitution, qui m'ordonne de m'opposer, par un acte formel, à leurs entreprises, puisque j'ai mis des armées en campagne. Il est vrai que ces armées étaient trop faibles ; mais la Constitution ne désigne pas le degré de force que je devais leur donner : il est vrai que je les ai rassemblées trop tard ; mais la Constitution ne me désigne pas le temps auquel je* devais les rassembler : il est vrai que des camps de réserve auraient pu les soutenir, mais la Constitution ne m'oblige pas à former des camps de réserve : il est vrai que lorsque les généraux s'avançaient en vainqueurs sur le territoire ennemi, je leur ai ordonné de s'arrêter ; mais la Constitution ne me prescrit pas de remporter des victoires ; elle me défend même les conquêtes : il est vrai qu'on a tenté de désorganiser les armées par des démissions combinées d'officiers, et par des intrigues, et que je n'ai fait aucun effort pour arrêter le cours de ces démissions ou de ces intrigues ; mais la Constitution n'a pas prévu ce que j'aurais à faire sur un pareil délit : il est vrai que mes ministres ont continuellement trompé l'Assemblée nationale sur le nombre, la disposition des troupes et les approvisionnements, que j'ai gardé le plus longtemps que j'ai pu ceux qui entravaient la marche du gouvernement constitutionnel, le moins possible ceux qui s'efforçaient de lui donner du ressort ; mais la Constitution ne fait dépendre leur nomination que de ma volonté, et nulle part elle n'ordonne que j'accorde ma confiance aux patriotes, et que je chasse les contre-révolutionnaires : il est vrai que l'Assemblée nationale a rendu des décrets utiles, ou même nécessaires, et que j'ai refusé de les sanctionner ; mais j'en avais le droit ; il est sacré, car je le tiens de la Constitution : il est vrai enfin que la contre-révolution se fait, que le despotisme va remettre entre mes mains son sceptre de fer, que je vous en écraserai, que vous allez ramper, que je vous punirai d'avoir eu l'insolence de vouloir être libres; mais j'ai fait tout ce que la Constitution me prescrit; il n'est émané de moi aucun acte que la Constitution condamne; il n'est donc pas permis de douter de ma fidélité pour elle, de mon zèle pour sa défense. (Vifs applaudissements.)

« Si, dis-je, il était possible que dans les calamités d'une guerre funeste, dans les désordres d'un bouleversement contre-révolutionnaire, le Roi des Français leur tînt ce langage dérisoire; s'il était possible qu'il leur parlât de son amour pour la Constitution avec une ironie aussi insultante, ne seraient-ils pas en droit de lui répondre :

« O Roi, qui sans doute avez cru, avec le tyran Lysandre, que la vérité ne valait pas mieux que le mensonge, et qu'il fallait amuser les hommes par des serments comme on amuse les enfants avec des osselets, qui n'avez feint d'aimer les lois que pour conserver la puissance qui vous servirait à les braver; la Constitution, que pour qu'elle ne vous précipitât pas du trône, où vous aviez besoin de rester pour la détruire; la nation, que pour assurer le succès de vos perfidies, en lui inspirant de la confiance : pensez-vous nous abuser aujourd'hui avec d'hypocrites protestations? pensez-vous nous donner le change sur la cause de nos malheurs par l'artifice de vos excuses et l'audace de vos sophismes ? Était-ce nous défendre que d'opposer aux soldats étrangers des forces dont l'infériorité ne laisse pas même d'incertitude sur leur défaite ? Était-ce nous défendre que d'écarter les projets tendant à fortifier l'intérieur du royaume, ou de faire des préparatifs de résistance pour l'époque où nous serions déjà devenus la proie des tyrans ? Était-ce nous défendre que de ne pas réprimer un général qui violait la Constitution, et d'enchaîner le courage de ceux qui la servaient ? était-ce nous défendre que de paralyser sans cesse le gouvernement par la désorganisation continuelle du ministère ? La Constitution vous laissa-t-elle le choix des ministres pour notre bonheur, ou notre ruine ? vous fit-elle chef de l'armée pour notre gloire, ou notre honte ? vous donna-t-elle enfin le droit de sanction, une liste civile, et tant de grandes prérogatives, pour perdre constitutionnellement la Constitution et l'empire ? Non, non, homme que la générosité des Français n'a pu émouvoir, homme que le seul amour du despotisme a pu rendre sensible, vous n'avez pas rempli le vœu de la Constitution ! Elle peut être renversée ; mais vous ne recueillerez point le fruit de votre parjure ! Vous ne vous êtes point opposé par un acte formel aux victoires qui se remportaient en votre nom sur la Liberté, mais vous ne recueillerez point le fruit de ces indignes triomphes ! Vous n'êtes plus rien pour cette Constitution que vous avez si indignement violée, pour ce peuple que vous avez si lâchement trahi ! » (Applaudissements réitérés.)

L'effet fut celui d'une trombe. Le mouvement, longtemps, habilement balancé, augmenté, croissant de force et de vitesse, de plus en plus grand et terrible, devint inéluctable. Personne n'y échappa. L'Assemblée tout entière passa au puissant tourbillon, elle en fut enlevée. Feuillants et fayettistes, royalistes, constitutionnels, de toute nuance, ils se trouvèrent d'accord avec leurs ennemis, et tous ensemble poussèrent des cris d'enthousiasme. Telle est donc la tyrannie de l'éloquence, qu'on ne puisse y échapper ! Ou plutôt devons-nous croire que tous, Français au fond, oublièrent le discours, et l'homme, et le parti, leur propre opinion, et, dans cette voix solennelle, reconnurent, malgré eux, la voix de la patrie ?

Mais lorsqu'un député, Torné, proposa nettement à l'Assemblée, ce qui était pourtant la conclusion logique, qu'elle saisît le pouvoir et gouvernât la France par ses Commissions ; lorsque le positif, le froid, le vaste esprit de Condorcet conduisit la pensée sur tous les moyens pratiques que l'Assemblée devait adopter dans son nouveau métier de Roi, alors elle sentit quelque terreur, recula sur elle-même. Elle eut un dernier regard, un regret, sur l'accord des pouvoirs, qui, si le

Roi y eût mis un peu de bonne foi, eût empêché la guerre civile.

C'était le 6 juillet. Le nouvel évêque de Lyon, Lamourette, profitant d'une belle parole que Carnot avait dite sur l'accord et la paix, dit qu'il fallait à tout prix s'accorder, que les deux moitiés de l'Assemblée devaient se rassurer l'une l'autre sur les deux objets de leurs craintes; qu'il suffisait que le président dît cette seule parole : « Que ceux qui abjurent et exècrent également *la République*, — *et les deux Chambres*, — se lèvent en même temps. »

L'Assemblée fut émue, et elle se leva tout entière.

Chose étrange et peu explicable ! que voulait donc cette Gironde, qui, jusqu'ici, sous l'inspiration de madame Roland, battait le trône en brèche ? Sans doute, ils cédèrent à l'émotion universelle. Elle n'était pas en désaccord avec leur pensée intérieure. Depuis l'effet immense du discours de Vergniaud, qui avait si profondément remué la France, ils sentaient tout trembler, ils commençaient à craindre de trop bien réussir, de n'abattre le trône que pour asseoir sur ses débris le trône de l'anarchie, la royauté des Clubs.

Quoi qu'il en soit, la scène fut bizarre autant qu'imprévue. D'un même élan, le côté droit, le côté gauche, se mêlèrent, s'embrassèrent ; les rangs supérieurs descendirent, la Montagne se jeta dans la Plaine. On vit siéger ensemble Feuillants et Jacobins, Merlin près de Jaucourt, et Gensonné près de Vaublanc. Ces effusions naïves ne doivent pas surprendre. La France est un pays où le bon cœur éclate par accès, dans les plus violentes discordes. Ne vit-on pas, une heure avant la meurtrière bataille d'Azincourt, nos chevaliers, nos barons, divisés par tant de haines, se demander pardon et s'embrasser? Ici, de même : à la veille de la sanglante bataille de la Révolution, ceux-ci un moment s'attendrirent, dirent adieu à la paix, donnèrent à la nature, à l'humanité, aux plus regrettables sentiments de l'âme, ce dernier embrassement.

Cela changea bien vite, et se refroidit fort, quand une lettre de Pétion apprit à l'Assemblée qu'il était suspendu par arrêté du directoire de Paris, et que le directoire ordonnait des poursuites pour l'affaire du 20 Juin. On commença à voir que la scène arrangée habilement par Lamourette n'était qu'une ruse de guerre, un moyen d'entraver l'Assemblée, et de lui faire ajourner la grande mesure populaire qu'on redoutait : la *déclaration du danger de la patrie.*

Et la suspension fut confirmée, publiée par une *proclamation* du Roi, qu'il envoya à l'Assemblée.

Cependant la population s'émouvait pour son maire, les pétitions pleuvaient en sa faveur ; il en vint une « au nom des quarante mille ouvriers en bâtiments de Paris. » Pétion vint lui-même à la barre, et dit, pour justification principale, celle-ci qui est grave : A aucun prix, et quoi qu'il arrivât, il n'avait voulu hasarder de faire couler le sang.

— Le 13, l'Assemblée leva la suspension pour le maire, la maintint encore, chose remarquable, pour le procureur de la Commune, Manuel, qui, selon toute apparence, sous la direction de Danton, avait eu une part fort directe à l'organisation du mouvement.

La fête-anniversaire du 14 Juillet ne fut rien autre chose que le triomphe de Pétion sur le Roi. Les hommes armés de piques avaient tous écrit au chapeau, avec de la craie : « Vive Pétion ! » Tout se passa paisiblement, néanmoins dans une émotion visible ; c'était un calme frémissant, comme une halte avant un combat. Parmi les symboles ordinaires qui figuraient dans la pompe solennelle, tels que la Loi, la Liberté, etc., des hommes en noir, couronnés de cyprès, portaient aussi une chose mystérieuse et redoutable, qu'on voyait briller sous un crêpe : c'était le glaive de la Loi. Voilé encore, il allait déchirer sa fragile enveloppe, et devenir le fer de la Terreur.

Le Roi allait comme traîné, et semblait la victime. Victime moins de la Révolution, que de ses convictions obstinées. Il allait, odieux de son double *veto*, rêveur, mélancolique, dans l'attente d'un assassinat, consolé de sa mort, inquiet pour les siens. Pour la première fois, à leur prière, il portait un plastron caché. « Sa figure, dit un écrivain royaliste, était celle d'un débiteur que l'on mène en prison. » Il ne se laissa pas toutefois traîner jusqu'à la fin. Quand on l'invita à mettre le feu à l'arbre où pendaient les insignes féodaux, il dit que la chose était superflue, et protesta ainsi en quelque sorte, dans ce dernier jour de la royauté, pour l'ancien régime expirant.

La royauté, manifestement, était finie. Le ministère avait donné sa démission le 9 juillet, le directoire de Paris donna la sienne le 20. Toute autorité disparut. L'État fut sans gouvernement ; la capitale, sans administrateurs ; l'armée, sans généraux.

Restait l'Assemblée, hésitante et flottante. Restait la nation, émue, indignée des obstacles, ignorant les remèdes, s'ignorant elle-même, se cherchant à tâtons, se sentant forte, attestant l'Assemblée, ne demandant qu'un signe.

Ce signe était : la *Déclaration du danger de la patrie*.

Qu'était-il en lui-même ? Robespierre le dit parfaitement : un aveu que l'autorité faisait de son impuissance, de l'état effrayant de crise où elle avait laissé venir les choses, un appel à la nation d'y suppléer, de se sauver elle-même.

Cette *déclaration*, demandée le 30 juin, formulée le 4 juillet, votée le 11, ne fut promulguée que le dimanche 22 juillet. On venait de recevoir les plus alarmantes nouvelles de l'Est. Le directoire de Paris, à la veille de sa démission, s'opposait au recrutement ; il en fut positivement accusé par deux excellents citoyens, Cambon et Carnot. Du 11 au 22, on ne put obtenir du pouvoir exécutif l'autorisation nécessaire pour *proclamer le danger de la patrie*.

L'âme de la France était si émue en ce moment, les poitrines si pleines, si près d'éclater, que tous hésitaient à lever la bannière de l'enthousiasme. On craignait que l'ivresse ne tournât à la fureur.

Il fallut pourtant accorder enfin le signal désiré à l'impatience du peuple. Le dimanche 22 juillet, la *proclamation* fut faite sur les places de Paris. Elle se répéta sur toutes les places de France.

Le décret de l'Assemblée portait que, la *proclamation* faite, les Conseils de départements, de districts, de communes, se constitueraient en surveillance permanente ; que tous les Gardes nationaux seraient désormais en activité ; que tout citoyen déclarerait ce qu'il avait d'armes ; que l'Assemblée fixerait le nombre d'hommes à fournir par chaque département ; que le département, le district, en feraient la répartition ; que, trois jours après, les hommes de chaque canton choisiraient entre ceux que le canton devait fournir ; que ceux qui auraient obtenu cet honneur se rendraient, sous trois jours, au chef-lieu du district, où on leur donnerait la solde, la poudre et les balles. Nulle obligation d'uniforme ; ils pouvaient, dans leurs habits de travail, aller au combat.

La *proclamation* fut faite à Paris avec une solennité austère, digne de la situation. Le génie de la Révolution, on le sent ici, était vraiment dans la Commune. Danton y influait déjà par Manuel, procureur de la Commune, par les officiers municipaux et le Conseil général. Son souffle semble avoir animé l'auteur du programme, Sergent, artiste médiocre en lui-même, mais possédé, en ce moment, d'un vertige sublime ; il ne l'a que trop fait passer dans les grandes et terribles fêtes qui précédèrent ou suivirent le 10 Août. On dirait qu'en ceci Sergent fût l'artiste de Danton, comme plus tard David fut celui de Robespierre. Sergent, inférieur comme artiste, nous paraît avoir été plus puissamment inspiré que David pour la mise en scène de ces représentations populaires. Elles eurent un effet véritablement effrayant. L'une d'elles, la fête funèbre, donnée après le 10 Août, jeta dans la population une telle impression de furieuse douleur, que peut-être on doit la considérer comme une des causes du massacre qui suivit.

Le dimanche 22 juillet, à six heures du matin, les canons placés au pont Neuf commencèrent à tirer, et continuèrent, d'heure en heure, jusqu'à sept heures du soir. Un canon de l'Arsenal répondait et faisait écho.

Toute la Garde nationale, en ses six légions, réunie sous ses drapeaux, s'assembla autour de l'Hôtel de Ville ; et l'on y organisa les deux cortèges qui devaient porter dans Paris la *proclama-*

tion. Chacun avait en tête un détachement de cavalerie, avec trompettes, tambours, musique, et six pièces de canon. Quatre huissiers à cheval portaient quatre enseignes : Liberté, Égalité, Constitution, Patrie. Douze officiers municipaux, en écharpes, et, derrière, un Garde national à cheval portant une grande bannière tricolore, où étaient ces mots : « Citoyens ! la patrie est en danger. » — Puis venaient encore six pièces de canon et un détachement de Garde nationale. La marche était fermée par la cavalerie.

La *proclamation* se fit sur les places et sur les ponts.

A chaque halte, on commandait le silence en agitant les banderoles tricolores et par un roulement de tambours. Un officier municipal s'avançait, et, d'une voix grave, lisait l'acte du corps législatif, et disait : « La patrie est en danger. »

Cette solennité était comme la voix de la nation, son appel à elle-même. A elle, maintenant, de voir ce qu'elle avait à faire, ce qu'elle avait dans le cœur de dévouement et de sacrifice, de voir qui voulait combattre, défendre cet immense patrimoine de libertés conquis hier, qui voulait sauver la France et l'espérance du monde.

Des amphithéâtres avaient été dressés sur toutes les grandes places, comme au parvis Notre-Dame, pour recevoir les enrôlements. Des tentes étaient placées sous des banderoles tricolores et des couronnes de chêne ; sur le devant, une table simplement jetée sur deux caisses de tambour. Des municipaux, avec six notables, siégeaient pour écrire, et donner aux enrôlés leurs certificats ; à droite, à gauche, les drapeaux, gardés par les hommes de leurs bataillons.

L'amphithéâtre était isolé et défendu par un grand cercle de citoyens armés, et deux pièces de canon. La musique était au centre, et faisait entendre des hymnes guerriers et patriotiques.

On avait bien fait d'entourer ainsi les amphithéâtres. La foule s'y précipitait. Le cercle des factionnaires suffisait à peine à la repousser. Tous voulaient arriver ensemble, et être inscrits d'une fois. On les contenait, on les écartait, pour régler l'inscription ; quelques-uns seulement passaient, qui gravissaient impatients les escaliers, se pressaient aux balustrades ; à mesure, d'autres venaient, les inscrits redescendaient, et allaient gaiement s'asseoir dans le grand cercle de la place, chantant avec la musique, et caressant les canons.

Un journaliste se plaint de n'avoir pas vu *plus de piques*, autrement dit, plus d'hommes de la classe inférieure. Tout était mêlé ici ; il n'y avait ni haut ni bas, ni supérieurs ni inférieurs ; c'étaient des hommes, voilà tout, c'était la France entière qui se précipitait aux combats.

Il en venait de tout petits, qui tâchaient de prouver qu'ils avaient seize ans, et qu'ils avaient droit de partir. L'Assemblée, par grâce, avait abaissé jusqu'à cet âge la faculté de s'enrôler.

Il y avait des hommes mûrs, des hommes déjà grisonnants, qui ne voulaient pour rien au monde laisser une telle occasion, et, plus lestes que les jeunes, partaient devant pour la frontière. On vit des choses étranges. Au fond de la Basse-Bretagne, le bonhomme La Tour-d'Auvergne, très mûr d'âge, déjà retiré, laisse un matin les belles antiquités celtiques qui faisaient tout son bonheur, s'en va embrasser son maître, un vieux savant celtomane, part sans autre viatique que sa chère grammaire bretonne qu'il portait sur la poitrine, et qui le sauva des balles. Il entra, lui aussi, dans ces bandes, enrôlé de cinquante ans, et se mit héroïquement à former cette jeunesse.

Personne ne voyait ces choses sans émotion. La jeune audace de ces enfants, le dévouement de ces hommes qui laissaient là tout, sacrifiaient tout, tiraient les larmes des yeux. Tels pleuraient, se désespéraient de ne pouvoir partir aussi. Les partants chantaient et dansaient lorsque les municipaux les menaient le soir à l'Hôtel de Ville. Ils disaient à la foule émue : « Chantez donc aussi, vous autres ! criez : « Vive la nation ! »

L'élan fut tel, la fermentation si grande, les cœurs et les imaginations si puissamment ébranlés, que ceux même qui venaient de décréter la *Déclaration du danger de la patrie* ne furent pas sans inquiétude ; ils s'effrayèrent de leur ouvrage.

Brissot avertit le peuple « que la Cour voulait

une émeute, qu'elle ne cherchait qu'un prétexte pour l'éloignement du Roi. »

Non, il ne fallait pas d'émeute ; mais une grande et générale insurrection était devenue nécessaire, ou la France périssait.

L'Assemblée était impuissante. Elle n'osait se décider à condamner La Fayette, l'appui de la royauté.

Les Jacobins étaient impuissants. Leur oracle, Robespierre, prouvait à merveille que l'Assemblée ne faisait rien ; que la Gironde attendait que Louis XVI, aux abois, lui rendît le ministère. Mais quand on lui demandait quel remède il indiquait lui-même, il ne savait rien dire autre chose, sinon qu'il fallait convoquer les assemblées primaires, qui éliraient des électeurs, et ceux-ci éliraient une Convention, pour que, par cette Assemblée, légalement autorisée, on pût réformer la Constitution. Cette Constitution améliorée ne manquerait pas sans doute d'affaiblir et désarmer le pouvoir exécutif.

Une médecine tellement expectante eût eu l'effet naturel de laisser mourir le malade. Avant que les assemblées primaires fussent seulement convoquées, les Prussiens et les Autrichiens, donnant la main à Louis XVI, pouvaient arriver à Paris.

L'impuissance de la Gironde et de l'Assemblée, de Robespierre et des Jacobins, se retrouverait-elle la même dans la Commune de Paris? ce n'était que trop vraisemblable. Son chef, Pétion, était homme de mots et de discours, nullement d'action. Sorti de la noble Constituante, d'une Assemblée essentiellement parleuse, académique, il en gardait le caractère. La place aussi de maire de Paris, cette place qui appelle sans cesse à représenter, semblait toujours paralyser celui qui la remplissait. Pétion n'était guère moins que Bailly, son prédécesseur, majestueux, froid et vide, une cérémonie vivante. Vain comme lui, et plus avide encore de popularité, tous ses discours se résument à peu près par les mots qu'il dit au 20 Juin et qu'il répétait toujours : « Peuple, tu as été sublime... Peuple, tu as assez fait, tu as mérité le repos... Peuple, retourne à tes foyers. »

Nulle force individuelle n'aurait jamais mis cette idole en mouvement. Pour la soulever de son inertie, la lancer dans l'accusation du Roi, comme on va voir tout à l'heure, il ne fallait pas moins qu'une de ces grandes marées de l'océan populaire qui le fait sortir de son lit par un mouvement invincible, emporte tout sur sa vague, les pierres même inertes et pesantes.

Répétons-le, nul en particulier ne peut se vanter du 10 Août, ni l'Assemblée, ni les Jacobins, ni la Commune. Le 10 Août, comme le 14 Juillet et le 6 Octobre, est un grand acte du peuple.

Acte d'énergie, de dévouement, de courage désespéré, partant, moins général que les deux précédents ; — mais, si l'on considère le sentiment universel d'indignation qui l'inspira, on peut le nommer ainsi : c'est un grand acte du peuple.

Des millions d'hommes voulurent ; vingt mille hommes exécutèrent.

L'individu fit peu ou rien. Il est juste néanmoins de remarquer que personne n'observa mieux le mouvement, ne s'y associa plus habilement que Danton.

Le 13 juillet, aux Jacobins, il proposa que les fédérés venus des départements fissent, le lendemain, à la fête du 14, un serment supplémentaire, celui de rester à Paris, tant que la patrie serait en danger. « Et s'ils disaient, les fédérés, ce que pense toute la France, que le danger de la patrie *ne vient que du pouvoir exécutif*, qui leur ôterait donc le droit d'examiner cette question ? »

Le 17, le procureur de la Commune, Manuel (sans aucun doute, sous l'influence de Danton), demanda, obtint, que les sections, désormais en permanence, eussent à l'Hôtel de Ville un bureau central de correspondance, au moyen duquel elles s'entendraient entre elles d'une manière sûre et prompte. Mesure grave, qui créait l'unité, non plus fictive, mais réelle, active, de ce grand peuple de Paris.

Le 27, les Cordeliers, sous la présidence de Danton, décident que, « la Constituante ayant remis le dépôt de la *Constitution* à tous les Français, tous, dans le danger de la *Constitution*, citoyens *passifs* aussi bien qu'*actifs*, sont admis, par la *Constitution* même, à délibérer, à s'armer pour la défendre ; que la section du Théâtre-Français les appelle à elle, etc. » L'arrêté est signé de Danton et des secrétaires Momoro et Chaumette.

Ainsi, à ce moment suprême, la fameuse section des Cordeliers et Danton lui-même s'efforçaient de retenir encore sur l'insurrection un manteau de légalité ; ils *attestaient la Constitution*, au moment où le salut de la France obligeait de la briser.

La France fut sauvée par la France, par des masses inconnues.

L'impulsion fut donnée par l'étranger même, par ses menaces insolentes. Nous lui devons ce magnifique élan de colère nationale, d'où sortit la délivrance.

Le 26 juillet, partit de Coblentz le *manifeste*, outrageusement impérieux, du général de la coalition, du duc de Brunswick. Ce prince, homme judicieux, le trouvait lui-même absurde ; mais les rois lui imposèrent cette œuvre insensée de l'émigration. On y annonçait une guerre étrange, nouvelle, toute contraire au Droit des nations policées. Tout Français était coupable ; toute ville ou village qui résisterait, devrait être *démoli, brûlé*. Quant à la Ville de Paris, elle devait redouter des sévérités terribles : « Leurs Majestés rendant responsables de tous les événements sur leur tête, pour être jugés militairement, sans espoir de pardon, tous les membres de l'Assemblée, du département, du district, de la municipalité, les juges de paix, *les Gardes nationaux et tous autres...* S'il était fait la moindre violence au Roi, on en tirerait une vengeance à jamais mémorable, en livrant Paris à une exécution militaire et une subversion totale, etc., etc. »

Ce *manifeste*, du 26, fut (chose bizarre!), le 28, connu à Paris : on eût dit qu'il venait des Tuileries, et non de Coblentz. Il tomba, comme sur la poudre tombe une étincelle. La section de Mauconseil sortit du vague terrain constitutionnel, déclara : 1° *qu'il était impossible de sauver la Liberté par la Constitution ;* 2° qu'elle abjurait son serment et ne reconnaissait plus Louis pour Roi ; 3° que le dimanche 5 août, elle se transporterait à l'Assemblée, et lui demanderait si elle voulait enfin sauver la patrie, *se réservant,* sur la réponse, de prendre *telle détermination ultérieure qu'il appartiendrait,* et jurant de s'ensevelir, s'il le fallait, sous les ruines de la Liberté.

Cette *déclaration* fut signée de six cents noms, entièrement inconnus.

Jamais insurrection ne fut plus clairement, plus nettement annoncée. Ceux qui, après la victoire, la réclamèrent comme leur et comme préparée par eux, furent bien obligés, pour faire croire qu'ils avaient tout fait, de supposer des mystères, dans l'ombre desquels ils auraient agi. Tout indique, quoi qu'ils aient dit, que ces petits mystères ne firent rien ou pas grand'chose. Ce fut une conspiration immense, universelle, nationale, menée à grand bruit sur la place, en plein soleil. Un de ceux qui tâchèrent *après* de se donner l'honneur de la chose avait bien mieux dit *avant :* « Nous sommes, en ce moment, un million de factieux. »

Sur quarante-huit sections, quarante-sept avaient voté la déchéance de Louis XVI.

Pour la prononcer sans risque de collision, il fallait désarmer la Cour. La Gironde et les Jacobins étaient d'accord là-dessus. Le girondin Fauchet, le jacobin Choudieu, demandèrent, obtinrent de l'Assemblée, que les troupes de Ligne fussent envoyées à la frontière. L'Assemblée, sous cette double influence, ordonna le licenciement de l'état-major de la Garde nationale. C'était briser, dans Paris, l'épée de La Fayette, émoussée déjà, mais qui lui restait encore.

La Cour perdait ainsi ses défenses et ses barrières. On alla encore plus loin : on lui contesta les Suisses ; on remarqua qu'alors même, ils avaient leur chef, leur colonel général, à Coblentz ; c'était le comte d'Artois, et tel de leurs officiers était payé à Coblentz de l'argent de la nation.

Pendant qu'on s'efforçait de désarmer la royauté, arrivait chaque jour dans Paris l'armée de la Révolution. Je parle des différents corps fédérés des départements. Ces fédérés n'étaient point des hommes quelconques, des volontaires pris au hasard : c'étaient ceux qui s'étaient présentés à l'élection pour combattre les premiers, ceux qui se destinaient aux armes, ceux qu'on avait élus sous l'influence des sociétés populaires, comme les plus ardents patriotes et les plus fermes soldats.

Les fédérés tombèrent dans la fermentation de Paris, comme un surcroît d'ardent levain. Reçus chez les particuliers, ou concentrés dans les casernes, inactifs et dévorés du besoin de l'action, ils allaient partout, se montraient partout, se multipliaient. Tout neufs et non fatigués, ravis de se voir enfin (la plupart, pour la première fois) sur le terrain des révolutions, au cratère même du volcan, ces terribles voyageurs appelaient, hâtaient l'éruption. Ils prirent deux résolutions qui leur donnèrent une grande force : celle de s'unir et faire corps, ils se créèrent un Comité central aux Jacobins ; — et celle de rester à Paris. Le 17 juillet, ils avaient adressé à l'Assemblée une audacieuse Adresse : « Vous avez déclaré *le danger de la patrie ;* mais ne la mettez-vous pas en danger vous-mêmes, en prolongeant l'impunité des traîtres ?... Poursuivez La Fayette, suspendez le pouvoir exécutif, destituez les directoires de départements, renouvelez le pouvoir judiciaire. »

L'indignation de l'Assemblée fut presque unanime ; elle passa à l'ordre du jour. Les fédérés, étonnés de ce mauvais accueil, écrivirent aux départements : « Vous ne nous reverrez plus, ou vous nous verrez libres... Nous allons combattre pour la Liberté, pour la vie... Si nous succombons, vous nous vengerez, et la Liberté renaîtra de ses cendres. »

Mieux reçus des Jacobins, ils étaient aussi fort encouragés par la Commune de Paris. Le procureur de la Commune, Manuel, professa aux Jacobins cette doctrine nouvelle : que les fédérés, élus des départements, en étaient les représentants légitimes. Pétion, qui était là, appuyait cette doctrine de sa présence, de la puissante autorité du premier magistrat de Paris. Paris même, en sa personne, semblait adopter ces envoyés de la France, les encourager au combat.

Le 25 juillet, un festin civique fut donné aux fédérés sur l'emplacement des ruines de la Bastille, et la même nuit, du 25 au 26, un *directoire d'insurrection* s'assembla au *Soleil d'Or*, petit cabaret voisin. Il y avait cinq membres du Comité des fédérés ; de plus, les deux chefs des faubourgs, Santerre et Alexandre ; trois hommes d'exécution, Fournier, dit l'Américain, Westermann et Lazouski ; le jacobin Antoine, les journalistes Carra et Gorsas, enfants perdus de la Gironde. Fournier apporta un drapeau rouge, avec cette inscription dictée par Carra : « Loi martiale du peuple souverain contre la rébellion du pouvoir exécutif. » On devait s'emparer de l'Hôtel de Ville et des Tuileries, enlever le Roi, sans lui faire de mal, et le mettre à Vincennes. Le secret, confié à trop de personnes, était connu de la Cour. Le commandant de la Garde nationale alla trouver Pétion et lui dit qu'il avait mis le château en état de défense. Pétion alla, la nuit même, dissoudre les convives attardés du festin civique, qui croyaient combattre au jour. On se décida à attendre les fédérés de Marseille.

Barbaroux, leur compatriote, avait écrit à Marseille d'envoyer à Paris « cinq cents hommes qui sussent mourir. » Rebecqui, autre Marseillais, avait été les recruter, les choisir lui-même. Il ne faut pas oublier que, depuis deux ou trois ans, la guerre, sous diverses formes, existait dans le Midi. Les émeutes de Montauban, de Toulouse, le meurtrier combat de Nîmes, en 90, la guerre civile d'Avignon, en 90 et 91, les affaires d'Arles, d'Aix, la dernière surtout, où les Gardes nationales avaient désarmé un régiment suisse, tout cela avait exalté dans ces contrées l'orgueil militaire, l'amour des combats, la furie de la Révolution. Rebecqui et ses Marseillais étaient alliés et amis du parti français d'Avignon ; ils en considéraient les crimes comme d'excusables représailles. Les cinq cents hommes de Marseille, qui n'étaient point du tout exclusivement Marseillais, étaient déjà, quoique jeunes, de vieux batailleurs de la guerre civile, faits au sang, très endurcis : les uns, rudes hommes du peuple, comme sont les marins ou paysans de Provence, population âpre, sans peur ni pitié; d'autres, bien plus dangereux, des jeunes gens de plus haute classe, alors dans leur premier accès de fureur et de fanatisme, étranges créatures, troubles et orageuses, dès la naissance vouées au vertige, telles qu'on n'en voit guère de pareilles que sous ce violent climat. Furieux d'avance et sans sujet, qu'il vienne un sujet de fureur, vous retrouverez des Mainvielle, que rien ne fera reculer, non pas même la Glacière.

Une chose, si l'on peut dire, les soutenait dans leurs colères et les rendait prêts à tout : c'est qu'ils se sentaient une foi. La foi révolutionnaire, formulée par un homme du Nord dans *La Marseillaise*, avait confirmé le cœur du Midi. Tous maintenant, ceux même qui ignoraient le plus les lois de la Révolution, ses réformes et ses bienfaits, tous savaient, par une chanson, pourquoi ils devaient dès lors combattre, tuer, mourir. La petite bande des Marseillais, traversant villes et villages, exalta, effraya la France par son ardeur frénétique à chanter le chant nouveau. Dans leurs bouches, il prenait un accent très contraire à l'inspiration primitive, accent farouche et de meurtre; ce chant généreux, héroïque, devenait un chant de colère; bientôt, il allait s'associer aux hurlements de la Terreur.

Barbaroux et Rebecqui allèrent recevoir les Marseillais à Charenton. Le premier, jeune, enthousiaste, généreux, lié, d'une part, aux Girondins, par l'amitié des Roland, d'autre part, fort intime avec ces hommes violents du Midi, rêvait une grandiose et pacifique insurrection, une redoutable fête, où quarante mille Parisiens, accueillant les Marseillais, et, pour ainsi parler, les prenant dans leurs bras, emporteraient d'un élan, sans avoir besoin de combat, l'Hôtel de Ville, les Tuileries, entraîneraient l'Assemblée, fonderaient la République. « Cette insurrection pour la Liberté eût été majestueuse comme elle, sainte comme les Droits qu'elle devait assurer, digne de servir d'exemple aux peuples ; pour briser leurs fers, il leur suffit de se montrer aux tyrans. »

Santerre promit les quarante mille hommes, et il en amena deux cents. Il n'avait aucune hâte de donner aux Marseillais l'honneur d'un si grand mouvement.

Barbaroux put voir bientôt combien ce plan romanesque d'une insurrection innocente, généreuse et pacifique, exécutée par des mains furieuses et déjà sanglantes, avait peu de vraisemblance. Dès le lendemain, aux Champs-Élysées, les Marseillais, invités à un festin, se trouvèrent à deux pas des grenadiers des Filles-Saint-Thomas, et il y eut immédiatement une collision sanglante. Qui commença ? on ne le sait. Les Marseillais, chargeant d'ensemble, eurent un avantage facile ; leurs adversaires furent mis en fuite. Le pont-levis des Tuileries s'abaissa pour les recevoir, se releva pour arrêter les Marseillais, qui s'élançaient à leur poursuite. Plusieurs des blessés, reçus aux

Tuileries, furent consolés et pansés par les dames de la Cour.

La petite armée fédérée, cinq cents Marseillais et trois cents Bretons, etc., en tout cinq mille hommes, était au complet dans Paris ; l'insurrection était imminente. Tout le monde s'y attendait. Un muet tocsin sonnait dans les oreilles et dans les cœurs. Le 3 août, il retentit dans l'Assemblée même. Pétion, à la tête de la Commune, se présente à la barre. Spectacle étrange ! le froid, le flegmatique Pétion, ayant derrière lui ses dogues, les Danton et les Sergent, qui le poussaient par derrière, débitant de sa voix glacée un brûlant appel aux armes.

« La Commune vous dénonce le pouvoir exécutif... Pour guérir les maux de la France, *il faut les attaquer dans leur source*, et ne pas perdre un moment. » Suivent les crimes de Louis XVI, ses *projets sanguinaires contre Paris*, les bienfaits de la nation envers lui, son ingratitude, le détail des entraves qu'il met à la défense nationale, l'insolence des autorités départementales, qui se font arbitres entre l'Assemblée et le Roi, et voudraient mettre la France en République fédérative... « Nous aurions désiré pouvoir demander seulement la suspension momentanée de Louis XVI : la Constitution s'y oppose. Il invoque sans cesse la Constitution ; nous l'invoquons à notre tour, et *nous demandons la déchéance*... Il est douteux que la nation puisse se fier à la dynastie ; nous demandons des ministres nommés hors de l'Assemblée, par le scrutin des hommes libres, en attendant que la volonté du peuple, notre souverain et le vôtre, soit légalement prononcée en Convention nationale. »

Il y eut un grand silence. La pétition fut renvoyée à un Comité. La question de la déchéance fut ajournée au jeudi 9 août. Ceci n'était plus une furie de populace, une bravade de fédérés. C'était la grande Commune qui prenait l'avant-garde, sommait l'Assemblée de la suivre. C'était le roi de Paris qui venait dénoncer le Roi. Dans l'état de misère, de sourde fureur où était la population, on pouvait craindre que la péroraison d'une telle harangue ne fût l'assaut des Tuileries, que les mots ne fussent des actes, que la cause de la Liberté, au lieu de se décider par les batailles du Rhin, ne fût remise au hasard d'une émeute de Paris.

La séance du soir fut courte. On rentra chez soi, on consulta les siens. C'est dans ces grandes circonstances que les hommes, incertains, flottants, suivent, sans bien s'en rendre compte, l'influence de leurs entourages, de leurs affections. Quand la lumière de l'esprit vacille, on cherche celle du cœur. Il serait intéressant de savoir, en cette occasion, quelle fut la table du soir pour les grands chefs d'opinion, ce que fut ce soir Robespierre à la table des Duplay, Vergniaud chez madame Roland, ou mademoiselle Candeille.

Autant qu'on peut conjecturer, soit par crainte pour la Liberté, qui pouvait périr en une heure, soit par instinct d'humanité, au moment de voir le sang couler, tous furent incertains, ou reculèrent, à l'apparition prochaine du terrible événement.

Robespierre ne dit rien le soir aux Jacobins, et très probablement s'abstint d'y aller, pour n'exprimer nulle opinion sur les mesures immédiates qu'il convenait de prendre. Il laissa passer le jour, ordinairement décisif dans les révolutions de Paris, le dimanche (5 août). Il se tut le 3, il se tut le 4, et ne recouvra la parole qu'après que ce jour fut passé, le lundi 6 août.

Pour la Gironde et les amis des Roland, qui étaient dans l'action même, ils ne s'abstinrent pas, mais se divisèrent. La Gironde proprement dite, sa pensée, Brissot, sa parole, Vergniaud, redoutaient l'insurrection. Les amis des Girondins, le jeune marseillais Barbaroux, l'appelaient et la préparaient. Rien n'indique de quel côté pencha madame Roland.

On ne peut ici accuser personne. Il y avait lieu vraiment d'hésiter et de réfléchir. Il y avait à parier que la Cour aurait le dessus, si l'on hasardait le combat. La Gironde avait provoqué, ordonné l'organisation de l'armée des piques, mais elle commençait à peine. Rien n'était moins discipliné, moins exercé, moins imposant, que les bandes des faubourgs. Les fédérés même, quoique braves, étaient-ils de vrais soldats? Pour l'armée des baïonnettes, il était infiniment probable qu'une grande partie ne ferait rien, et qu'une autre, très nombreuse, serait contre l'insurrection.

L'attaque des Tuileries n'était point chose facile. Le château, du côté du Carrousel surtout, était un fort redoutable. Il n'y avait pas de grille comme aujourd'hui, point de grand espace libre; mais trois petites cours contre le château, fermées de murs, dont les jours donnaient sur le Carrousel et permettaient de tirer fort à l'aise sur les assaillants. Ceux-ci parvenaient-ils à pénétrer, ils étaient perdus, ce semble : ces trois cours étaient trois pièges, justement comme cette cour du château du Caire où le pacha fit si commodément fusiller les Mameluks. Une fois là, on devait être criblé des fenêtres, foudroyé de tout côté.

La garnison était très sûre. Elle devait, outre les Gardes nationaux les plus dévoués, compter les bataillons suisses, cette milice brave et fidèle, compter les restes de la Garde constitutionnelle (nous l'avons vu, des Murat, des La Rochejaquelein), compter *la Noblesse française*, ainsi se nommaient eux-mêmes les gentilshommes qui s'engageaient à défendre le château. D'Hervilly, leur chef, était une épée connue : il avait formé, recruté, un petit corps redoutable, composé uniquement de maîtres d'armes qu'il éprouvait lui-même, et de spadassins.

Oui, il y avait lieu de songer. Si l'insurrection

venait se faire prendre, écraser, au traquenard des Tuileries, l'Assemblée elle-même était frappée à mort, et perdait la force légale, qui jusqu'ici était dans ses mains. Si elle pouvait, de cette force, vaincre sans combat, pousser le Roi de proche en proche à remettre le pouvoir aux ministres patriotes, pourquoi livrer la grande cause au hasard d'un petit combat, aux chances d'une surprise, d'une panique peut-être, d'un irréparable revers ?

Telles furent les pensées de la Gironde. L'ambition y fut pour quelque chose sans doute. Mais, l'ambition même à part, il faut reconnaître qu'il y avait bien lieu d'hésiter. Disons aussi qu'à cette grande époque, à ce rare moment de patriotisme enthousiaste, l'égoïsme et l'intérêt personnel, sans disparaître entièrement, furent tout à fait secondaires dans les résolutions des hommes. Il faut rendre cette justice alors aux hommes de tout parti.

Le 26 juillet, Brissot avait avoué le motif, fort sérieux, qui, au moment de briser le trône, faisait hésiter la Gironde; il était fondé dans la vieille superstition, absurde, mais trop réelle, et qu'on ne pouvait méconnaître : « Les hommes attachent au mot de *Roi* une vertu magique *qui préserve leur propriété.* »

A cette idée, ajoutez un sentiment, naturel à l'aspect de la fureur qu'on voyait gronder dans le peuple : la crainte d'une grande et terrible effusion de sang humain, qui renouvelât la Glacière, calomniât la Liberté, déshonorât la France. On apprit qu'à Marseille un contre-révolutionnaire avait été égorgé par le peuple. A Toulon, chose déplorable, fatale aux amis de la Liberté, c'était la Loi elle-même, je veux dire ses principaux organes, sur lesquels on avait porté le couteau. Le procureur général syndic (nous dirions préfet) du département, quatre administrateurs, l'accusateur public, un membre du district, d'autres citoyens encore, avaient été massacrés. Si de telles choses arrivaient si loin, contre des magistrats secondaires dont la responsabilité ne pouvait être bien grande, que serait-ce contre le Roi ? que serait-ce ici, à Paris, où depuis si longtemps les Marat et les Fréron demandaient des têtes, du sang, des supplices atroces, des mutilations, des bûchers ?...

Un fait, révélé plus tard, montre assez combien ceux même qui se mettaient en avant, Pétion et autres, étaient effrayés sur le caractère de meurtrière violence qu'allait prendre la Révolution. Duval d'Éprémesnil, celui qui l'avait jadis commencée dans le Parlement, mais depuis fol et furieux dans le sens contraire, ayant parlé indiscrètement pour la Cour dans le jardin des Tuileries, fut reconnu, poursuivi de la foule, frappé, maltraité ; bientôt tous ses vêtements leur restaient aux mains, ou tombaient sur lui en lambeaux sanglants. Il traversa, vivant encore, le

Palais-Royal, se jeta heureusement dans la Trésorerie, qui était en face. On ferma les portes. La foule rugissait autour, allait les forcer. La pauvre petite femme de Duval (il venait de se marier) parvint à traverser tout, voulant mourir avec lui. On alla chercher bien vite le maire de Paris. Pétion vint en effet, entra, vit sur un matelas un spectre pâle et sanglant. C'était Duval, qui lui dit : « Et moi aussi, Pétion, j'ai été l'idole du peuple... » Il n'avait pas fini ces mots, que, soit l'excès de la chaleur, soit terreur et pressentiment trop vrai de sa destinée prochaine, Pétion s'évanouit.

Oui, il y avait lieu de songer, à la veille du 10 Août. Ce n'était pas seulement la Gironde qui hésitait, c'étaient d'excellents citoyens, Cambon, par exemple, qui ne tinrent à la Gironde que fort indirectement, qui n'en eurent nullement l'esprit, et ne connurent d'autre sentiment que l'intérêt de la France. Le 4 août, Cambon obtint que l'Assemblée demandât à sa Commission des Douze un rapport : « Pour rappeler le peuple aux vrais principes de la Constitution. » Cette Commission y travailla immédiatement, et Vergniaud vint, en son nom, séance tenante, proposer d'annuler l'acte insurrectionnel de la section de Mauconseil, ce qui fut à l'instant décrété sans discussion.

Et pourtant, nous le savons bien mieux aujourd'hui, Vergniaud et Cambon avaient tort. L'in-

surrection seule, la plus prompte insurrection, pouvait encore sauver la France. Il n'y avait pas un jour à perdre. La royauté toujours aux Tuileries, servant de point de ralliement aux nobles et aux prêtres par tout le royaume, c'était le plus formidable auxiliaire des armées de la coalition. La Reine attendait, appelait ces armées la nuit et le jour. Elle avouait à ses femmes ses vœux et ses espérances : « Une nuit, dit madame Campan, que la lune éclairait sa chambre, elle la contempla, et me dit que, dans un mois, elle ne verrait pas cette lune, sans être dégagée de ses chaînes. Elle me confia que tout marchait à la fois pour la délivrer. Elle m'apprit *que le siège de Lille allait se faire*, qu'on leur faisait craindre que, malgré le commandant militaire, l'autorité civile ne voulût défendre la ville. *Elle avait l'itinéraire des princes et des Prussiens : tel jour ils devaient être à Verdun, et tel jour à un autre endroit.* Qu'arriverait-il à Paris ? Le Roi n'était pas poltron, mais il avait peu d'énergie. « Je monte-
« rais bien à cheval, disait-elle encore, mais alors
« j'anéantirais le Roi... »

Tout le monde voyait aux portes de la France deux armées disciplinées, redoutables par leurs précédents : la prussienne, pleine de la tradition du grand Frédéric ; l'autrichienne et hongroise, illustre par les succès de la guerre des Turcs. Ces deux armées avaient de plus cette grave particularité, qu'elles venaient, presque sans coup férir, d'étouffer déjà deux révolutions, celles de Hollande et de Belgique. Nul politique, nul militaire ne pouvait croire à une résistance sérieuse de la part de nos armées désorganisées, des masses indisciplinées qui venaient derrière, de nos généraux suspects, d'une Cour qui appelait l'ennemi. Un miracle seul pouvait sauver la France, et peu de gens l'attendaient.

Madame Roland avoue sans détour qu'elle comptait peu sur la défense du Nord, qu'elle examinait avec Barbaroux et Servan les chances de sauver la Liberté dans le Midi, d'y fonder une République : « Nous prenions, dit-elle, des cartes géographiques, nous tracions la ligne de démarcation. » — « Si nos Marseillais ne réussissent pas, disait Barbaroux, ce sera notre ressource. »

Ceci n'était pas particulier aux Girondins. Marat, la veille du 10 Août, demanda à l'un d'entre eux de le sauver à Marseille, et se tint prêt à partir sous l'habit d'un charbonnier.

Vergniaud affirme que Robespierre avait la même intention, et que c'était aussi à Marseille qu'il voulait se retirer. Quoiqu'on soit porté à douter de l'affirmation d'un ennemi sur un ennemi, j'avoue que le témoignage d'un tel homme, loyal, plein de cœur et d'honneur, me semble avoir beaucoup de poids.

Deux hommes seuls, parmi ceux qui influaient, paraissent avoir été immuablement opposés à l'idée de quitter Paris, les deux qui avaient du génie,

Vergniaud et Danton. La chose est à peu près certaine pour Danton. Celui qui, après le 10 Août, quand l'ennemi approchait, ne sourcilla pas, et s'obstina à faire face, celui-là, avant le 10, dans un péril moins imminent, ne faiblit pas, à coup sûr.

Pour Vergniaud, la chose est certaine. Il donna son avis en présence d'environ deux cents députés. Contre l'opinion de la plupart de ses amis, il dit : « *Que c'était à Paris qu'il fallait assurer le triomphe de la Liberté, ou périr avec elle;* que, si l'Assemblée sortait de Paris, ce ne pouvait être que comme Thémistocle, avec tous les citoyens, en ne laissant que des cendres, ne fuyant un moment devant l'ennemi que pour lui creuser son tombeau. »

Vergniaud et Danton jugèrent justement comme Richelieu, quand la Reine Henriette lui faisait demander si elle pouvait se réfugier en France. Il écrivit à la marge de la lettre : — « Faut-il dire à la reine d'Angleterre que qui quitte sa place la perd ? » — Et Louis XI disait : « Si je perds le royaume, et que je me sauve avec Paris, je me sauve avec la couronne sur la tête. »

Comment allait-on s'y prendre pour résister dans Paris ? La première chose était d'en être maître. Or, Paris n'avait point Paris, tant que l'ami des Prussiens était dans les Tuileries. C'est par les Tuileries qu'il fallait commencer la guerre.

Obtiendrait-on d'un peuple, peu aguerri jusque-là, un moment de colère généreuse, un violent accès d'héroïsme qui fît cette folie sublime? Cela était fort douteux. Ce peuple semblait trop misérable, abattu peut-être sous la pesanteur des maux. Le girondin Grangeneuve, dans l'ardeur de son fanatisme, demanda cette grâce au capucin Chabot, qu'il lui brûlât la cervelle, le soir, au coin d'une rue, pour voir si cet assassinat, dont on eût certainement accusé la Cour, ne déciderait pas le mouvement. Le capucin, peu scrupuleux, s'était chargé de l'affaire, mais, au moment, il eut peur, et Grangeneuve se promena toute la nuit, attendant en vain la mort, et désolé de ne pouvoir l'obtenir.

CHAPITRE X

LA VEILLE ET LA NUIT DU 10 AOUT

Combien l'histoire du 10 Août a été altérée. — Le 10 Août était prévu. — Plusieurs réclament l'initiative du 10 Août. — L'Assemblée déclare qu'il n'y a pas lieu d'accuser La Fayette, 8 août. — On n'espère plus que l'Assemblée puisse sauver la patrie, 8 août. — Préparatifs du combat, 9 août. — Les chances de la Cour étaient très fortes. — Le tocsin, la nuit du 10 Août.

Je ne connais aucun événement des temps anciens ni modernes qui ait été plus complètement défiguré que le 10 Août, plus altéré dans ses circonstances essentielles, plus chargé et obscurci d'accessoires légendaires ou mensongers.

Tous les partis, à l'envi, semblent avoir conspiré ici pour exterminer l'Histoire, la rendre impossible, l'enterrer, l'enfouir, de façon à ce qu'on ne la trouve même plus.

Plusieurs alluvions de mensonges, d'une étonnante épaisseur, ont passé dessus. Si vous avez vu les bords de la Loire, après les débordements des dernières années, comme la terre a été retournée ou ensevelie, les étonnants entassements de limon, de sable, de cailloux, sous lesquels des champs entiers ont disparu, vous aurez quelque faible idée de l'état où est restée l'histoire du 10 Août.

Le pis, c'est que de grands artistes, ne voyant en toutes ces traditions, vraies ou fausses, que des objets d'art, s'en sont emparés, leur ont fait l'honneur de les adopter, les ont employées habilement, magnifiquement, consacrées d'un style éternel. En sorte que les mensonges, qui jusquelà restaient incohérents, ridicules, faciles à détruire, ont pris, sous ces habiles mains, une consistance déplorable, et participent désormais à l'immortalité des œuvres du génie qui malheureusement les reçut.

Il ne faudrait pas moins d'un livre pour discuter une à une toutes ces fausses traditions. Nous laissons ce soin à d'autres. Pour nous, qu'il nous suffise ici de donner seulement deux sortes de faits, les uns prouvés par des actes authentiques, les autres vus, ou accomplis, par des témoins irrécusables, dont plusieurs vivent encore. Nous les avons préférés sans difficulté aux historiens connus, ou auteurs de Mémoires, pour la raison, grave et décisive, qu'aucun ou presque aucun de ceux-ci (ni Barbaroux, ni Weber, ni Peltier, etc.)

n'ont pris part à la bataille, et ne l'ont pas même vue.

La bataille du 10 Août semble un de ces loyaux combats où les deux partis, de longue date, ont soin de s'avertir d'avance. La population de Paris, d'une part, et la Cour, de l'autre, donnèrent la plus grande publicité aux préparatifs.

Il n'y eut aucune surprise. On se tromperait entièrement, si l'on supposait le Roi investi à l'improviste. Avec une Commune discordante, un maire comme Pétion, avec la désorganisation absolue où étaient tous les pouvoirs, avec la force militaire que le Roi avait dans sa main, il était plus libre de fuir qu'il ne l'avait jamais été. Les masses, on va le voir, se rassemblèrent à grand'-peine, et tard, et très lentement. Le 10 Août, à six heures du matin, le Roi était parfaitement libre encore de s'en aller, lui et les siens, en se plaçant au centre d'un carré de Suisses et de gentilshommes. A deux lieues, il montait à cheval, et passait en Normandie, à Gaillon, où on l'attendait. Il hésita, et la Reine ne se souciait point de fuir, se croyant sûre cette fois d'écraser la Révolution dans la cour des Tuileries.

Dès le 3 août, le faubourg de Paris le plus misérable, celui qui souffrait le plus de cette halte cruelle dans la faim, sans paix ni guerre, Saint-Marceau prit son parti : il envoya à la section des Quinze-Vingts, invitant ses frères du faubourg Saint-Antoine à marcher avec lui en armes. Ceux-ci répondirent qu'ils iraient. — Premier avertissement.

Autre, le 4. L'Assemblée ayant condamné la *déclaration* insurrectionnelle de la section de Mauconseil, la Commune se refusa à publier ce décret.

Voilà des actes publics, et, certes, assez clairs. En même temps, nombre de particuliers voulaient agir, se remuaient, conspiraient en plein vent. Beaucoup réclament ici la grande initiative, prétendent avoir fait le 10 Août.

« C'est moi, » dit plusieurs fois Danton. Sans doute, il y contribua, mais bien moins par son action immédiate que par l'élan qu'il donna, ou augmenta, longtemps d'avance, par son influence sur la Commune, sur Manuel, sur Sergent et autres, peut-être sur Pétion même.

« C'est moi, dit Thuriot (le 17 mai 93), qui, avant le 10 Août, ai marqué, préparé l'instant où il fallait exterminer les conspirateurs. »

« C'est moi, dit encore Carra, qui, réuni au directoire insurrectionnel, le 4 août, au *Cadran Bleu*, écrivis le plan de l'insurrection. Nous nous rendîmes de là chez Antoine, rue Saint-Honoré, vis-à-vis l'Assomption, dans la maison où demeure Robespierre. Son hôtesse fut si effrayée qu'elle vint demander à Antoine s'il voulait faire égorger Robespierre. A quoi Antoine répondit : « Si quel« qu'un doit être égorgé, ce sera nous; pour « Robespierre, qu'il se cache. »

Barbaroux, tout en avouant que le 10 Août fut l'effet d'un mouvement irrégulier que préparèrent une foule d'hommes, se donne pourtant bonne part dans la direction du mouvement. Lui aussi il a tracé le plan de l'insurrection. Cette pièce importante, qui eût pu tout révéler, il avoue qu'il la laissa dans la poche d'un vêtement d'été, et qu'avec ce vêtement, le plan, pendant plusieurs jours, alla chez la blanchisseuse.

Robespierre, *on vient de le voir, ne se pressait pas d'agir.* Il n'avait nullement conseillé le mouvement, mais il le veillait de près, et, sans s'y mêler en rien, se tenait prêt à profiter. Il fit dire à Barbaroux, par un abbé en guenilles (depuis, l'un des juges de 93), que Panis l'attendait à la mairie, avec Sergent et Fréron. Ces deux derniers étaient sous l'influence de Danton; mais Panis était un homme de Robespierre. Ils avertirent Barbaroux qu'il fallait décider les Marseillais à quitter leur caserne, trop éloignée, pour s'établir aux Cordeliers. Placés là, tout près du pont Neuf, ils étaient bien plus à même d'agir sur les Tuileries, de prendre l'avant-garde du mouvement, de lui donner un élan, une impulsion résolue, que les bandes peu disciplinées des faubourgs n'avaient nullement. L'avantage était visible pour le succès de l'affaire. Seulement, il y avait ceci à considérer : Danton régnait aux Cordeliers; allait-il être le *moteur essentiel, l'agent principal?* Ce fut sans doute une inquiétude pour Robespierre. Il sortit de sa réserve, et fit prier Barbaroux et Rebecqui de passer chez lui.

La chambre de Robespierre, ornée par madame Duplay, était une vraie chapelle, qui reproduisait sur les murs, sur les meubles, l'image d'un seul et unique Dieu, Robespierre, toujours Robespierre. Peint à droite sur la muraille, à gauche il était gravé. Son buste était au fond, son bas-relief vis-à-vis. De plus, il y avait sur les tables, en gravures, une demi-douzaine de petits Robespierre. De quelque côté qu'il se tournât, il ne pouvait éviter de voir son image. On parla des Marseillais et de la Révolution. Robespierre se vanta d'en avoir hâté le cours, et, plus que personne, amené la crise où l'on arrivait. Mais n'allait-elle pas s'arrêter, cette Révolution, si l'on ne prenait un homme très populaire pour en diriger le mouvement?... « Non, dit brutalement Rebecqui, pas de dictateur, pas plus que de roi. » Ils sortirent bientôt ; mais Panis, qui les avait amenés, ne les lâcha pas : « Vous avez mal saisi la chose, dit-il. Il s'agissait uniquement d'une autorité d'un moment. Si l'on suivait cette idée, nul plus digne que Robespierre. »

Tout le monde, d'après la vieille routine, croyait que le mouvement aurait lieu un dimanche, le 5 ou le 12. Donc, le samedi 4, au soir, deux jeunes Marseillais vont à la mairie. Ils trouvent au bureau Sergent et Panis. Ces jeunes gens étaient admirables d'élan, de courage, d'impatience et de douleur. Ils voyaient venir le jour du combat, et n'avaient rien dans les mains pour le soutenir. L'un d'eux criait : « De la poudre ! des cartouches ! ou je me brûle la cervelle !... » Il tenait un pistolet, et l'approchait de son front.

Sergent, homme tout spontané, qui avait le cœur d'un artiste, d'un Français, sentit que c'était là peut-être le vrai cri de la patrie. Pour réponse, il se mit à pleurer ; son émotion entraîna Panis. Ils jouèrent leur tête sur ce coup de dé, signèrent l'ordre (qui eût été celui de leur mort, si la France n'eût vaincu), l'ordre de délivrer des cartouches aux Marseillais.

La Cour ne s'endormait pas. Dans la nuit du 4 au 5, elle fit silencieusement venir de Courbevoie aux Tuileries les fidèles et redoutables bataillons des Suisses. On en avait envoyé quelques compagnies à Gaillon, où le Roi devait chercher un asile.

Ce bruit de fuite remplissait tout Paris, le lundi 6. Les fédérés disaient qu'ils voulaient cerner le château. Ils n'étaient que cinq ou six mille. Mais la section des Quinze-Vingts déclara qu'elle aussi marcherait aux Tuileries. Tout ce qui lui manquait pour cela, c'était son chef ordinaire. Santerre avait été consigné chez lui par le commandant de la Garde nationale ; il en profita, et tel fut son respect pour la discipline, qu'il garda à la lettre la consigne, dans ce jour qui semblait devoir être celui du combat.

Il était impossible de voir ce que voulait l'Assemblée. Le 6, elle accueillait une pétition foudroyante des fédérés, qui la menaçait elle-même; elle admit les pétitionnaires aux honneurs de la séance. Le 8, elle déclara qu'il n'y avait point lieu à l'accusation de La Fayette. Le rapport de Jean Debry, le violent commentaire qu'y joignit Brissot, ne servirent de rien. La démarche, certainement illégale, audacieuse, du général, près de l'Assemblée, ce précédent qui contenait en puissance le 18 Brumaire, fut innocentée. Quatre cent six voix contre deux cent vingt-quatre en jugèrent ainsi. Ce qui les excuse un peu, c'est peut-être la tentation naturelle de résistance que donnaient aux députés les cris, les menaces dont ils étaient environnés. A la sortie, plusieurs d'entre eux furent frappés; quelques-uns faillirent périr : réfugiés dans un corps de garde, ils n'échappèrent que par une prompte et secrète évasion à la vengeance du peuple.

Ils se plaignirent en vain dans la séance du 9. Les autorités vinrent avouer qu'elles avaient peu de moyens pour réprimer les désordres. Rœderer, procureur du département, accusa le maire de ne point venir se concerter sur les mesures à prendre. Il avertit que les Quinze-Vingts parlaient de sonner le tocsin, de soulever le peuple en masse, si l'on ne prononçait pas la déchéance du Roi. Puis, le maire vint à son tour parler des gardes de réserve qu'il plaçait dans les Tuileries, faisant entendre en même temps qu'il ne fallait pas y compter beaucoup : « Que toute la force armée était devenue délibérante, et qu'elle se trouvait, comme tous les citoyens, divisée d'opinion. »

Un député feuillant demandant que les fédérés quittassent Paris, et qu'on demandât au maire *s'il pouvait assurer le salut public*, — « Non, dit le girondin Guadet, demandez-le plutôt au Roi. » — Et le jacobin Choudieu ajouta que c'était à l'Assemblée même qu'il fallait adresser la question : « Les dangers de la patrie, dit-il, sont dans votre faiblesse, dont vous avez donné hier, au sujet de La Fayette, le honteux exemple. Il se trouve ici des hommes qui n'ont pas le courage d'avoir une opinion. Ceux qui ont craint hier un général, une armée, ceux-là n'oseront jamais toucher au foyer des conspirations, qui est aux marches du trône. Envoyez-moi à l'Abbaye, si vous voulez, mais déclarez que vous êtes incapables de sauver la patrie. »

C'était la pensée même de Paris. Les quarante-huit sections s'assemblèrent dans la soirée. Elles nommèrent des commissaires pour remplacer le Conseil général de la Commune, et les investirent de pouvoirs illimités, absolus, pour sauver la chose publique. L'ancien Conseil siégeait à l'Hôtel de Ville; les membres du nouveau, envoyés par les sections, s'y joignirent dans la nuit, à mesure qu'ils étaient nommés, et le remplacèrent au jour.

La Cour ne pouvait l'ignorer. Mais elle se croyait très forte. D'abord, elle venait d'avoir, par le vote en faveur de La Fayette, la majorité dans l'Assemblée, quatre cents voix contre deux cents. Elle n'avait pas à craindre d'être frappée par l'arme des Lois. L'attente des armées étrangères et la presque certitude que la France serait écrasée, avaient étonnamment réchauffé le zèle de ses partisans. Jamais, dit un contemporain, la Cour n'avait été plus nombreuse, plus brillante peut-être, que dans les jours qui précédèrent immédiatement le 10 Août. Les Suisses et les gentilshommes dont elle était entourée lui assuraient un noyau très sûr de force militaire, auquel le commandant de la Garde nationale, très royaliste, Mandat, pouvait joindre à volonté ses bataillons les plus zélés. Légalement, il ne pouvait agir que par l'autorisation du maire. On a beaucoup discuté s'il l'avait ou s'il ne l'avait pas. Il a affirmé lui-même, et il est très vraisemblable, que, plusieurs jours auparavant, il avait tiré du maire une telle quelle autorisation; les circonstances n'étant nullement favorables à l'insurrection, l'autorisation, alors, était de peu de conséquence. Au 10 Août, cette autorisation surannée ne pouvait servir ; Mandat y suppléa par une réquisition au département de Paris.

Pendant la journée du 9, on avait coupé la galerie du Louvre, pour interdire de ce côté l'entrée du château. On avait fait entrer très publiquement, par les cours, d'épais madriers de chêne, pour obstruer, blinder les fenêtres, sauf les jours qu'on réserverait pour foudroyer l'ennemi.

Dès minuit, le tocsin sonna aux Cordeliers où étaient Danton et les Marseillais, puis dans tout Paris. Mais l'effet en fut petit ; les faubourgs s'ébranlèrent lentement, difficilement ; le vendredi n'est pas un jour favorable. Les meneurs disaient eux-mêmes, en langage significatif : « que le tocsin *ne rendait pas.* »

Pétion avait été mandé aux Tuileries, sous un prétexte, et il n'osa refuser. Une tête si chère au peuple, étant retenue comme otage, ôtait bien des chances à l'insurrection.

Santerre, dit-on, trouvait tout cela de mauvais signe, et ne voulait pas marcher. Marcher sans le fameux brasseur, c'est ce que le faubourg ne faisait pas aisément. Aussi se fit-il attendre à peu près une heure. Il laissa aller devant l'avant-garde des ardents, qui, comme on verra, se firent écraser ; puis il laissa encore aller les Marseillais devant, qui furent un moment seuls, et faillirent périr de même.

Eussent-elles été meilleures, ces bandes, les dispositions du commandant général Mandat semblaient infaillibles, si peu qu'elles fussent obéies. Un corps à l'Hôtel de Ville, un autre au pont Neuf, devaient laisser passer les deux faubourgs, puis les prendre par derrière, pendant que les

Suisses les chargeraient par devant. Si les choses se passaient ainsi, les faubourgs ne devaient pas seulement être vaincus, mais exterminés.

Et même, après la défection des deux corps, plusieurs croient que l'insurrection eût encore été vaincue, si le Roi seulement était resté aux Tuileries. Les Suisses, les braves gentilshommes qui étaient avec lui, n'auraient pas livré leur vie, de désespoir, comme ils firent. La résistance eût été terrible, longue, et dès lors victorieuse. Le peuple comptait peu de vrais soldats, et il se serait rebuté.

Tout le monde le pensait ainsi. Les meneurs des Marseillais, Barbaroux entre autres, qui, dirigeant les mouvements, et leur imprimant l'ensemble, ne purent combattre de leurs personnes, et n'avaient pas la ressource de se faire tuer à coups de fusil, n'étaient pas moins prêts à mourir. Barbaroux prit sur lui du poison, afin de pouvoir toujours rester maître de lui-même, et ne pas tomber entre les mains de la Cour, à qui, selon toute apparence, allait revenir la victoire.

La Révolution, à bien regarder, malgré le grand nombre de ceux qui combattaient pour elle, avait des chances inférieures. La force militaire était de l'autre côté. Ce qu'elle avait, c'était la force morale, la colère et l'indignation, l'enthousiasme, la foi.

Quelles étaient les pensées de cette grande

population, l'émotion, la terrible inquiétude des femmes et des familles, quand on entendit sonner le tocsin, nous le savons par un témoignage bien touchant, celui de la jeune femme de Camille Desmoulins, la belle, l'infortunée Lucile[*]. Nous reproduisons, sans y changer un mot, cette page naïve :

« Le 8 août, je suis revenue de la campagne ; déjà tous les esprits fermentaient bien fort ; j'eus des Marseillais à dîner, nous nous amusâmes assez. Après le dîner, nous fûmes chez M. Danton. La mère pleurait, elle était on ne peut plus triste ; son petit avait l'air hébété. Danton était résolu ; moi, je riais comme une folle. Ils craignaient que l'affaire n'eût pas lieu ; quoique je n'en fusse pas du tout sûre, je leur disais, comme si je le savais bien, je leur disais qu'elle aurait lieu. « Mais, « peut-on rire ainsi ? » me disait madame Danton. — « Hélas ! lui dis-je, cela me présage que je « verserai bien des larmes ce soir. » — Il faisait beau ; nous fîmes quelques tours dans la rue ; il y avait assez de monde. Plusieurs Sans-Culottes passèrent en criant : « Vive la nation ! » Puis des troupes à cheval, enfin des troupes immenses. La peur me prit ; je dis à madame Danton : « Allons-« nous-en. » Elle rit de ma peur ; mais, à force de lui en dire, elle eut peur aussi. Je dis à sa mère : « Adieu ! vous ne tarderez pas à entendre sonner « le tocsin... » Arrivée chez elle, je vis que chacun s'armait. Camille, mon cher Camille, arriva avec un fusil. O Dieu ! je m'enfonçai dans l'alcôve, je me cachai avec mes deux mains et me mis à pleurer. Cependant, ne voulant pas montrer tant de faiblesse et dire tout haut à Camille que je ne voulais pas qu'il se mêlât dans tout cela, je guettai le moment où je pouvais lui parler sans être entendue, et lui dis toutes mes craintes. Il me rassura en me disant qu'il ne quitterait pas Danton. J'ai su depuis qu'il s'était exposé. Fréron avait l'air déterminé à périr. « Je suis las de la « vie, disait-il, je ne cherche qu'à mourir. » — Chaque patrouille qui venait, je croyais les voir pour la dernière fois. J'allai me fourrer dans le salon qui était sans lumière, pour ne point voir tous ces apprêts... Nos patriotes partirent; je fus m'asseoir près d'un lit, accablée, anéantie, m'assoupissant parfois; et, lorsque je voulais parler, je déraisonnais. Danton vint se coucher, il n'avait pas l'air fort empressé, il ne sortit presque point. Minuit approchait; on vint le chercher plusieurs fois; enfin il partit pour la Commune. Le tocsin des Cordeliers sonna, il sonna longtemps. Seule, baignée de larmes, à genoux sur la fenêtre, cachée dans mon mouchoir, j'écoutais le son de cette fatale cloche... Danton revint. On vint plusieurs fois nous donner de bonnes et de mauvaises nouvelles; je crus m'apercevoir que leur projet était d'aller aux Tuileries; je le leur dis en sanglotant. Je crus que j'allais m'évanouir. Madame Robert demandait son mari à tout le monde.

« S'il périt, me dit-elle, je ne lui survivrai pas.
« Mais ce Danton, lui, ce point de ralliement ! si
« mon mari périt, je suis femme à le poignarder...»
Camille revint à une heure ; il s'endormit sur
mon épaule... Madame Danton semblait se préparer à la mort de son mari. Le matin, on tira
le canon. Elle écoute, pâlit, se laisse aller, et
s'évanouit...

« Qu'allons-nous devenir, ô mon pauvre Camille ? je n'ai plus la force de respirer... Mon
Dieu ! s'il est vrai que tu existes, sauve donc des
hommes qui sont dignes de toi... Nous voulons
être libres ; ô Dieu, qu'il en coûte !... »

LIVRE VII

CHAPITRE PREMIER

LE 10 AOUT

La pensée du 10 Août. — Les vainqueurs du 10 Août. — Les sections nomment des commissaires et les envoient à l'Hôtel de Ville. — Précautions militaires de la Cour, qui retient Pétion aux Tuileries. — Pétion délivré. — La nouvelle Commune prépare la voie à l'insurrection. — État intérieur du château. — Les nobles, les Suisses, la Garde nationale. — Défiance témoignée à la Garde nationale. — Le Roi essaye de passer la revue. — Le Roi universellement abandonné. — La Commune arrête le commandant de la Garde nationale. — Mandat est tué. — Le Roi quitte le château avec la Reine. — L'avant-garde de l'insurrection se présente aux Tuileries; elle est surprise, égorgée, dispersée. — La Cour espérait-elle frapper un coup sur l'Assemblée? — L'insurrection attaque les Tuileries. — Le Roi fait dire de cesser le feu, lorsqu'il n'a plus d'espoir. — Défense obstinée des Suisses, leur belle retraite. — *La Garde nationale tout entière se déclare pour l'insurrection.* — *Massacre des Suisses.* — *Clémence et modération de plusieurs des vainqueurs du 10 Août.*

La nuit du 10 Août fut très belle, doucement éclairée de la lune, paisible jusqu'à minuit, et même un peu au delà. A cette heure, il n'y avait encore personne ou presque personne dans les rues. Le faubourg Saint-Antoine, en particulier, était silencieux. La population dormait, en attendant le combat.

Et pourtant, le bruit avait couru dans la soirée qu'une colonne envoyée des Tuileries allait marcher vers l'Hôtel de Ville. On craignait une surprise. De fortes patrouilles de Garde nationale allaient et venaient dans le faubourg. Toutes les fenêtres étaient illuminées. Tant de lumières pour une si belle nuit, ces lumières solitaires pour n'éclairer personne, c'était d'un effet étrange et sinistre. On sentait que ce n'était pas là l'illumination d'une fête.

Quelle était la pensée forte et calme sur laquelle dormait le peuple, et qui servit d'oreiller à tant d'hommes dont cette nuit fut la dernière ? Un des combattants du 10 Août, qui vit encore, me l'a expliquée nettement : « On voulait en finir avec les ennemis publics ; on ne parlait ni de république, ni de royauté ; *on parlait de l'étranger*, du

Comité autrichien qui allait nous l'amener. Un riche boulanger du Marais, qui était mon voisin, me dit, sous le feu le plus vif, dans la cour des Tuileries : « C'est grand péché pourtant de tuer « ainsi des chrétiens ; mais, enfin, c'est autant de « moins pour ouvrir la porte à l'Autriche. »

Le 10 Août, disons-le, fut un grand acte de la France. Elle périssait, sans nul doute, si elle n'eût pris les Tuileries.

La chose était fort difficile. Elle ne fut nullement exécutée, comme on l'a dit, *par un ramas de populace*, mais véritablement par le peuple, je veux dire par une masse mêlée d'hommes de toute classe : militaires et non militaires, ouvriers et bourgeois, Parisiens et provinciaux. Plusieurs quartiers de Paris envoyèrent, sans exception, tout ce qu'ils avaient d'hommes qui pussent combattre ; dans la section des Minimes, par exemple, sur mille hommes inscrits, six cents se présentèrent, proportion considérable, lorsqu'on savait très bien qu'il s'agissait, non de parade, mais d'une affaire sérieuse. Les hommes à piques composaient à peu près seuls les premières bandes qui parurent de bonne heure devant le château ; mais l'armée réelle de l'insurrection, qui s'en empara, en avait peu, en comparaison : elle était armée de fusils. Sa colonne principale, qui, entre sept ou huit heures, se rassembla, s'échelonna de la Bastille à la Grève, comptait quatre-vingts ou cent compagnies, chacune de cent hommes armés régulièrement ; c'étaient environ huit ou dix mille Gardes nationaux. Il y avait deux ou trois mille hommes armés de piques, alignés entre les bataillons de ces dix mille baïonnettes. C'est ce que nous ont affirmé les témoins et acteurs encore vivants du 10 Août. Pour l'avant-garde, qui affronta le premier péril, força l'entrée du château, fit enfin la très rude et périlleuse exécution, elle se composait, on le sait, de cinq cents fédérés marseillais, levés et choisis avec soin parmi d'anciens militaires, de trois cents fédérés bretons, l'honneur et la bravoure même, dont beaucoup avaient servi. Et ce qu'on n'a dit nulle part, mais qui est plus que vraisemblable, ces braves durent être appuyés d'autres braves, bien plus animés encore, de la masse des Gardes françaises, devenus, sous La Fayette, Garde nationale soldée, puis licenciés récemment avec autant d'imprudence que d'ingratitude. Nous y reviendrons.

Tout cela fut enlevé d'un même mouvement d'indignation, de patriotisme. Il n'y eut aucun préparatif, aucun chef, quoi qu'on ait dit*. Bien loin qu'aucun individu eût assez d'influence en ce moment pour soulever le peuple, les Clubs même y firent très peu. Ils étaient moins fréquentés au mois d'août qu'à aucune autre époque de l'année. On se lassait aussi de leur parlage éternel ; on sentait qu'il fallait des actes. Leurs plus grands orateurs parlaient dans le désert.

Ce qui brusqua l'insurrection et la fit éclater à un jour peu ordinaire, un vendredi, c'est que les Marseillais, sans ressource à Paris, voulaient combattre ou partir. Le tocsin paraît avoir sonné d'abord aux Cordeliers, où ils logeaient. Le faubourg Saint-Antoine répondit, et tout le reste de la ville. Les sections, on l'a vu, étaient d'accord : quarante-sept sur quarante-huit avaient voté la déchéance du Roi. Le 9 août, avant minuit, elles avaient fait l'acte décisif de nommer chacune trois commissaires, *pour se réunir à la Commune, sauver la patrie.* Tel fut le pouvoir général et vague qui leur fut donné. Ces commissaires furent, pour la plupart, des hommes obscurs, inconnus, ou du moins fort secondaires. Ni Marat, ni Robespierre, ne fut nommé, ni aucun des grands chefs d'opinion. Pour Danton, il était déjà, ainsi que Marat, dans l'ancienne municipalité. Ces commissaires s'en allèrent un à un à l'Hôtel de Ville, sans armes; on les laissa entrer. Ils trouvèrent l'ancien Conseil de la Commune en permanence, mais fort peu nombreux, toujours décroissant de nombre. Sous l'Hôtel de Ville, à l'arcade Saint-Jean, principale issue de la rue Saint-Antoine qui débouchait dans la Grève, une force considérable avait été postée par le commandant général de la Garde nationale, Mandat, zélé fayettiste, royaliste constitutionnel. Cette force lui répondait de l'Hôtel de Ville, gardait le passage; elle avait pour instruction, si le faubourg descendait, de le laisser passer et le prendre en queue. Mandat avait de plus mis de l'artillerie au pont Neuf, de sorte que si le faubourg poussait jusque-là, il y était foudroyé, et ne pouvait opérer sa jonction avec les Cordeliers et le faubourg Saint-Marceau.

Tout ceci n'était pas fort encourageant pour les commissaires des sections envoyés à l'Hôtel de Ville. Comment remplaceraient-ils l'ancienne Commune royaliste et se constitueraient-ils souveraine autorité de Paris? C'était toute la question. Le tocsin sonnait de tous côtés sans produire de grands résultats. L'armée de la Cour était debout dès longtemps et l'arme au bras; l'armée de l'insurrection était dans son lit; il n'y avait pas quinze cents personnes rassemblées autour des Quinze-Vingts. Seulement, en regardant dans les longues et profondes impasses qui s'ouvrent sur les rues du faubourg Saint-Antoine, on commençait à voir s'agiter les lumières, les hommes aller et venir. Quelques-uns des plus diligents étaient sur leurs portes, tout prêts, armés, et attendaient les autres. Beaucoup étaient paresseux; ils entendaient bien sonner, mais ce n'était pas d'usage de commencer l'émeute en pleine nuit; il y avait là-dessus une tradition établie.

Ce retard était effrayant. Plusieurs des commissaires de sections, réunis à l'Hôtel de Ville, en étaient à regretter qu'on eût fait sonner le tocsin. L'ancienne Commune s'était écoulée, ou à peu près. Mais, pour constituer la nouvelle, les commissaires ne se voyaient pas suffisamment appuyés. Ce qui ajoutait à leur embarras, c'est que la Cour avait en ce moment un grand otage dans les mains, le maire populaire de Paris, Pétion. Elle avait aussi Rœderer, procureur-syndic du département. Elle pouvait, au besoin, faire parler les deux premières autorités de la Ville, le département, la mairie. Pétion, mandé vers onze heures au château, n'avait osé refuser de s'y rendre. Sa première conduite dans les jours précédents avait été fort étrange. Le 4, on l'a vu, il avait dénoncé la guerre à la royauté. Le 8, il avait paru s'intéresser encore à cette royauté, il avait averti le département qu'il ne pouvait répondre de la sûreté du château. Le 9, il avait demandé qu'un camp fût établit au Carrousel, *pour protéger les Tuileries.* Ce camp de Gardes nationaux, en couvrant la place, l'eût-il défendue? ou, tout au contraire, rendu la défense impossible? c'est ce qu'on ne peut pas trop dire. Le château n'eût tiré de ses fenêtres qu'en tirant sur ses défenseurs. Le 9 encore, Pétion, soit pour endormir la Cour, soit par lassitude, par conviction que le mouvement n'aurait pas lieu, demanda au département la somme de 20,000 francs pour renvoyer les Marseillais, qui, dans leur découragement, voulaient s'éloigner de Paris.

Pétion entra donc, bon gré mal gré, dans la fosse aux lions. Jamais le château n'avait eu un aspect si sombre. Sans parler d'une masse de troupes de toutes armes, de l'artillerie formidable qui remplissait les cours, il lui fallut pousser à travers une haie d'officiers français ou suisses, qui le regardaient d'un œil peu amical. Pour les Gardes nationaux, leur attitude n'était nullement plus rassurante : ceux qui s'y trouvaient étaient pris uniquement dans les plus violents royalistes des bataillons connus pour leur royalisme, des Filles-Saint-Thomas, des Petits-Pères, et de la Butte-des-Moulins. Les noms de traître et de Judas se disaient très haut autour du maire de Paris. Il montra son flegme ordinaire. Il arriva sans encombre aux appartements du Roi, tout remplis de monde et sombres, à ce même appartement où, le soir du 21 juin, Louis XVI lui avait parlé si durement; le même dialogue, s'il se fût reproduit la nuit du 10 Août, eût été pour Pétion un arrêt de mort. Il y avait là beaucoup de gentilshommes à visage pâle, que la vue seule du maire de Paris agitait d'une sorte de tremblement nerveux. Mandat, le commandant de la Garde nationale, sans trop calculer s'il ne risquait pas de faire poignarder Pétion, lui fit subir cette espèce d'interrogatoire : « Pourquoi les administrateurs de la police de la Ville avaient distribué des cartouches aux Marseillais ? Pourquoi, lui, Mandat, pour chacun de ses Gardes nationaux, n'avait reçu que trois cartouches ?... » — La Cour, fort défiante pour la Garde nationale, n'avait pas exigé qu'elle fût mieux pourvue de munitions. En revanche, chacun de ses Suisses avait quarante coups à tirer.

Pétion, sans s'étonner, répondit avec l'air froid qui lui était ordinaire : « Vous avez demandé de la poudre; mais vous n'étiez pas en règle pour en avoir. » La réponse n'était pas trop bonne; c'était le maire lui-même, Pétion, qui devait faire décider la chose par la municipalité, donner pouvoir au commandant; si celui-ci n'était pas en règle, c'est que le maire ne l'y mettait pas.

L'entretien prenait une fâcheuse tournure; tout le monde était ému, excepté le Roi peut-être, qui quittait son confesseur, venait de mettre ordre à sa conscience, et ne s'inquiétait pas beaucoup de ce qui pourrait arriver. Pétion n'était pas bien. L'appartement était petit, la foule trop serrée, l'air raréfié : « Il fait étouffant ici, dit-il, je descends pour prendre l'air. » Sans que personne osât l'empêcher, il descendit au jardin.

Sa promenade fut longue, beaucoup plus qu'il n'eût voulu. Le jardin était fermé très exactement. Pétion n'était pas gardé, mais suivi et serré de près. Les Gardes nationaux royalistes, qui allaient et venaient, ne lui épargnaient pas les injures et les menaces. Il prit un moment le bras de Rœderer, procureur-syndic du département. Un moment, il s'assit en causant sur la terrasse qui longe le palais. La lune éclairait le jardin; mais cette terrasse, étant dans l'ombre que les bâtiments projetaient, avait été éclairée par une ligne de ampions. Les grenadiers des Filles-Saint-Thomas les renversèrent et les éteignirent. Plusieurs disaient : « Nous le tenons, sa tête répondra de tout. » D'autres, plus jeunes, ou plus exaltés par le vin et le péril, ne semblaient pas trop bien comprendre combien il importait de ménager une tête si précieuse. De moment en moment, le ministre de la Justice venait lui dire : « Montez, monsieur, ne vous en allez pas sans avoir parlé au Roi ; le Roi veut absolument vous parler. » A quoi il répondait flegmatiquement : « C'est bon ; » et il gagnait ainsi du temps.

On ne pouvait rien faire à l'Hôtel de Ville qu'on n'eût repris Pétion. On imagina d'envoyer demander à l'Assemblée qu'elle le réclamât. Quelques députés, au bruit du tocsin, s'étaient rassemblés, toutefois en petit nombre ; ils ne décrétèrent pas moins, comme Assemblée nationale, que le maire devait paraître à la barre. Pétion, sommé au nom du Roi de rester, au nom de l'Assemblée de partir, opta de bon cœur pour l'Assemblée, ne fit que la traverser, retourna à pied chez lui. Cependant sa voiture restait, comme pour le représenter, dans la cour des Tuileries ; jusqu'à quatre heures, on eut au château la simplicité de croire qu'il allait revenir d'un moment à l'autre, et se replacer dans la main de ses ennemis.

Les amis de Pétion le reçurent joyeusement, mais le consignèrent, fermèrent les portes sur lui, jugeant avec raison que, dans ce moment d'action, l'idole populaire n'était bonne à nulle autre chose. L'ayant maintenant en sûreté, ils étaient libres d'agir. Les commissaires des sections remplacèrent l'ancienne Commune au nom du peuple, maintinrent à leur poste le procureur de la Commune, Manuel, et son substitut, Danton, et firent donner par le premier l'ordre d'éloigner du pont Neuf l'artillerie qu'y avait placée le commandant de la Garde nationale. Ils rétablirent ainsi la communication des deux rives, ouvrirent le passage au faubourg Saint-Marceau, aux Cordeliers, aux Marseillais.

C'était, en réalité, l'acte décisif de l'insurrection. Danton, qui jusque-là était à l'Hôtel de Ville, revint tranquillement chez lui, rassura sa femme*. Le sort en était jeté, et le dé lancé. Le reste était du destin.

L'intérieur du château, à cet instant, offrait un spectacle comique et terrible. Ce n'était qu'indécision, faiblesse, ignorance. La seule autorité populaire qui fût au château était Rœderer, procureur-syndic du département. Un des ministres lui dit : « Est-ce que la Constitution ne nous permettrait pas de faire proclamer la loi martiale ? » Le procureur tira la Constitution de sa poche, et chercha en vain l'article. Mais quand on l'eût proclamée, cette loi, qui l'aurait exécutée ?

Lorsqu'on apprit que Manuel avait donné ordre de désarmer le pont Neuf, c'est-à-dire d'assurer le passage à l'insurrection, ni les ministres ni

Rœderer, ne voulurent prendre sur eux de donner un ordre contraire. Rœderer dit qu'il ne pouvait rien faire sans savoir si Manuel n'avait pas agi avec l'autorisation de la municipalité ; qu'il fallait, pour en délibérer, faire venir tous les membres du département aux Tuileries (chose difficile à cette heure). Le département envoya seulement deux de ses membres ; Rœderer les voulait tous. Pour cela, il fallait un ordre du Roi. Le Roi dit que, constitutionnellement, il ne pouvait rien ordonner que par un ministre. Le ministre n'était pas là ; on remit la chose au moment où il serait revenu.

Il était environ quatre heures. On entendit dans la cour un bruit de voitures ; on entr'ouvrit un contrevent ; c'était la voiture du maire, qui, lasse de l'attendre, s'en allait à vide. Le jour commençait à luire ; Madame Élisabeth s'approcha de la fenêtre et dit à la Reine : « Ma sœur, venez donc voir le lever de l'aurore. » La Reine y alla ; le jour était déjà splendide, mais le ciel d'un rouge de sang.

Regardons, puisqu'il fait jour, l'état de la place, calculons ses forces. Elles étaient encore formidables, moindres qu'à minuit, il est vrai ; une partie des Gardes nationaux s'étaient écoulés.

Le nerf de la garnison, c'étaient 1,330 Suisses, soldats excellents, braves et disciplinés, obéissants jusqu'à la mort. Ce nombre est celui qu'accuse dans son livre le commandant suisse Pfyffer. Mais il y faut ajouter un nombre assez considérable de Gardes constitutionnels licenciés qui avaient pris l'habit rouge des Suisses, et vinrent combattre sous ce déguisement. Leurs corps morts, après le combat, se distinguèrent facilement à la finesse du linge, à l'élégance de la coiffure ; les vrais Suisses avaient les cheveux tout simplement coupés en rond ; leurs chemises étaient grossières. La présence de ces faux Suisses dans les rangs des vrais étonna sans doute ceux-ci, et ne laissa pas de les inquiéter. Ils durent mieux voir qu'il s'agissait de guerre civile, de querelle entre Français, où les étrangers ne pouvaient se mêler qu'avec précaution. Le vieux colonel suisse, Affry, s'abstint positivement, et ne voulut pas tirer. Les autres promirent seulement de faire ce que ferait la Garde nationale, pas davantage, ni moins.

Celle-ci, à plus forte raison, avait l'esprit traversé des mêmes pensées. Quoiqu'elle fût toute tirée des trois bataillons royalistes, et encore soigneusement triée dans ces bataillons, quoique nul Garde national n'eût répondu au suprême appel de cette nuit sans avoir une opinion décidée pour le Roi, ces défenseurs bourgeois du château ne voyaient pas sans jalousie les nobles cavaliers qu'on avait appelés à partager le péril, et à qui, sans nul doute, la Cour eût attribué tout l'honneur de la défense. Ces gentilshommes étaient généralement les mêmes *chevaliers du poignard* que la Garde nationale, sous le règne de La Fayette, avait chassés du château, en avril 90. Ils n'acceptèrent pas

moins le péril et vinrent défendre le Roi au
10 Août 92. Péril réel, en plus d'un sens. Ils
n'arrivaient au château qu'à travers une populace
très hostile, en simple habit noir, sans armes
ostensibles, avec des poignards ou des pistolets.
Et là, ils trouvaient la malveillance, la jalousie
naturelle des Gardes nationaux. Il y avait lieu
d'hésiter, mais on leur avait envoyé des cartes
d'entrée personnelles, à domicile. Six cents répondirent à l'appel, auxquels il fallait ajouter l'honorable domesticité des châteaux royaux, d'anciens
serviteurs, qui ne manquèrent pas au jour du péril. Le tout formait une Cour fort sérieuse, sans
ordre, sans étiquette, mais vraiment imposante et
militaire. Ces gens en noir, tous officiers ou chevaliers de Saint-Louis, portaient le costume civil,
et, par un contraste étrange, c'étaient des marchands, des employés, des fournisseurs, qui, comme
Gardes nationaux, étaient en soldats. Sur l'aspect
de ces figures bourgeoises, les gens d'épée crurent qu'ils ne feraient pas mal de les remonter un
peu. Ils leur frappaient sur l'épaule : « Allons,
messieurs de la Garde nationale, c'est le moment
de montrer du courage. — Du courage? soyez
tranquilles, répliqua un capitaine de la Garde
nationale, nous en montrerons, croyez-le, mais
non à côté de vous. »

En réalité, on ne témoignait pas beaucoup de
confiance à la Garde nationale. Les nobles occupaient les appartements les plus intérieurs, les

postes de confiance. Les Suisses avaient chacun quarante cartouches ; les Gardes nationaux, trois. L'artillerie surtout de la Garde nationale fut l'objet d'une défiance excessive, ce qui fit, comme il arrive, qu'elle la mérita de plus en plus. On plaça derrière les canonniers de chaque pièce des pelotons de Suisses ou de grenadiers des Filles-Saint-Thomas, qui les surveillaient, le sabre nu, et se tenaient prêts à tomber sur eux. Ces canonniers se voyaient d'ailleurs placés juste sous les balcons, dont le feu plongeait sur eux. Plusieurs fois ils essayèrent d'écarter la batterie ; autant de fois l'état-major les remit au point où il pouvait toujours les écraser à plaisir.

Qui commandait dans le château ? les Gardes nationaux ne connaissaient d'autre chef que Mandat. La Commune le fit appeler. Son instinct lui disait de ne pas s'y rendre. Au second appel, il hésita, consulta autour de lui. Les ministres l'engageaient à ne point obéir. Le constitutionne Rœderer lui dit qu'aux termes de la Loi, le commandant de la Garde nationale était aux ordres de la municipalité. Dès lors, il ne résista plus. Il lui parut qu'en effet il fallait éclaircir l'affaire des canons du pont Neuf, et sans doute aussi s'assurer du poste qu'il avait mis à la Grève pour attaquer, écraser le faubourg à son passage. Donc, il se raisonna lui-même, étouffa ses pressentiments, fit un effort, et partit.

Son départ ébranlait la défense du château. Il

laissait le commandement à un officier fort peu rassuré. La Reine, qui n'était pas non plus sans pressentiments, prit Rœderer à part, et lui demanda ce qu'il pensait qu'il y eût à faire.

Et, justement pendant ce temps, les conseillers de la Reine avaient fait, à l'insu des ministres, la chose la plus imprudente. A cette Garde nationale flottante et de mauvaise humeur, qui se demandait pourquoi elle allait combattre, et si elle n'était pas folle de tirer avec les gentilshommes sur la Garde nationale, ils imaginèrent de montrer ce qui devait la mieux convaincre qu'elle avait raison d'hésiter. Pour confirmer tout le monde dans la conviction que la royauté était impossible, il ne fallait qu'une chose, c'était de montrer le Roi.

Ce pauvre homme, lourd et mou, n'avait pu, même en cette nuit suprême de la monarchie, veiller jusqu'au bout ; il avait dormi une heure, et venait de se lever. On le voyait à sa coiffure, aplatie et défrisée d'un côté. On put juger alors du danger de ces modes perfides en Révolution. Qui est sûr, en de telles crises, d'avoir là, à point nommé, le valet de chambre coiffeur ?... Tel il était, et tel les maladroits le firent descendre, le montrèrent, le promenèrent. Pour comble de mauvais augure, il était en violet; cette couleur est le deuil des rois ; ici, c'était le deuil de la royauté. Il y avait pourtant, même en ceci, quelque chose qui pouvait toucher. Mais on eut encore le tact de rendre une scène tragique parfaitement ridicule. Aux pieds de ce Roi défrisé, le vieux maréchal de Mailly se jette à genoux, tire l'épée, et, au nom des gentilshommes qui l'entourent, jure de vaincre ou mourir pour le petit-fils d'Henri IV. L'effet fut grotesque et dépassa tout ce que la caricature a représenté des Voltigeurs de 1815. Le Roi, gras et pâle, promenant un regard morne qui ne regardait personne, apparut, au milieu de ces nobles, ce qu'il était réellement, l'ombre et le néant du passé.

Par un mouvement naturel, tout ce qu'il y avait de Gardes nationaux et d'hommes de toute sorte, se rejetant violemment de ce néant à la réalité vivante, crièrent : « Vive la nation ! »

Décidément la nation ne voulait pas s'égorger elle-même; ce massacre impie était impossible. Aux réquisitions des officiers municipaux, les Gardes nationaux avaient répondu : « Pouvons-nous tirer sur nos frères? » La vue du Roi et des nobles acheva de les décider. Ce fut une désertion universelle. Les canonniers auraient voulu non seulement partir eux-mêmes, mais emmener leurs canons. Ne le pouvant sous le feu des balcons qui les menaçaient, ils rendirent du moins les pièces inutiles en y enfonçant de force un boulet, sans charge de poudre; il eût fallu pour le retirer une opération longue et difficile, impossible au moment où le combat allait commencer.

Le Roi remonta essoufflé, échauffé du mouvement qu'il s'était donné, rentra dans la chambre à coucher, s'assit et se reposa. La Reine pleurait, sans mot dire ; mais elle se remit très vite, reparut avec le Dauphin, courageuse et l'air dégagé, les yeux secs, rouges, il est vrai, jusqu'au milieu des joues. La foule des assistants se trouvait réunie surtout dans la salle du billard, beaucoup montés sur les banquettes, pour voir ce qui allait se passer. M. d'Hervilly, l'épée nue, dit d'une voix haute : « Huissier, qu'on ouvre les portes à la Noblesse de France. » L'effet du coup de théâtre que ces mots faisaient attendre fut très médiocre. Deux cents personnes entrèrent dans cette salle, d'autres se mirent en ligne dans les pièces précédentes. Une bonne partie de cette Noblesse se composait de bourgeois. Beaucoup d'entre eux étaient ridiculement armés, et en plaisantaient eux-mêmes. Un page et un écuyer du Roi, par exemple, portaient sur l'épaule, en guise de mousquet, une paire de pincettes qu'ils venaient de se partager. La plupart, néanmoins, avaient des armes moins innocentes, des poignards et des pistolets, des couteaux de chasse. Plusieurs avaient des espingoles.

Ils se rangèrent en bataille dans les appartements. Ce qui restait de Garde nationale pour défendre le château crut que c'était surtout contre elle que cette Noblesse, si brusquement appelée, faisait cette manœuvre. Le commandant des

Gardes nationaux avait été demander des ordres, et n'en avait point reçu. On avait profité de ce moment d'absence pour lui diviser sa troupe, en mettant vingt hommes à un autre poste. La Garde nationale, manifestement en suspicion, ne s'obstina plus à défendre ceux qui ne voulaient point être défendus par elle; elle acheva de s'écouler, sauf un nombre imperceptible. De ceux-ci était Weber, le frère de lait de la Reine; éperdu de douleur et d'inquiétude pour elle, il retourna, rentra aux appartements, la trouva en larmes : « Mais, Weber, que faites-vous ? dit-elle; vous ne pouvez rester ici... Vous êtes ici le seul de la Garde nationale. »

L'abandon des Tuileries était bien plus grand encore que ne le pensait la Reine. Le château était déjà seul, et comme une île dans Paris. Toute la ville était ou hostile, ou dans une neutralité moins que sympathique. La Révolution venait de s'accomplir à l'Hôtel de Ville : le premier sang était versé, celui de Mandat, commandant général de la Garde nationale.

Mandat, arrivé à la Grève, l'avait trouvée toute changée. Une foule immense remplissait tout l'Hôtel de Ville, toute la place. Le poste qu'il avait mis à l'arcade Saint-Jean en avait été écarté. Avancer était périlleux, retourner était impossible. Il suivit la fatalité, monta, et se trouva en face de la nouvelle Commune, en présence de l'insurrection qu'il avait promis d'écraser. Tombé au piège de ceux contre qui il avait dressé ses pièges, interrogé en vertu de quel ordre il avait doublé la garde du château, il allégua un ordre du maire (ordre déjà ancien et sans rapport avec la journée du 10); puis il convint qu'il n'avait à présenter nul autre acte qu'une réquisition adressée par lui au département. Enfin, ne sachant plus que dire, il prétendit qu'un commandant avait droit de prendre des précautions *subites pour un événement imprévu*. On lui rappela qu'il avait dit au château, en parlant de Pétion : « Sa tête nous répond du moindre mouvement. » Celle de Mandat ne tenait guère. Ce qui décida son sort, c'est qu'on jeta sur le bureau l'ordre même qu'il avait donné au commandant du poste de l'arcade Saint-Jean, de faire feu sur les colonnes du peuple *en l'attaquant par derrière*. Un hourrah universel s'éleva contre lui, on lui mit la main au collet, on le traîna à la prison de la Ville; mais quelqu'un observa qu'il y serait tué sur l'heure. On essaya de le transférer à l'Abbaye.

Il y avait jusque-là, ce semble, hésitation parmi les chefs, incertitude sur les dispositions réelles du peuple, crainte et tâtonnement. Le tocsin leur avait paru d'abord si peu réussir, qu'un moment ils eurent l'idée de le suspendre; peut-être l'eussent-ils fait, s'ils l'eussent pu; mais le contre-ordre eût été long à répandre dans Paris, et les cloches étaient lancées. Vers six heures, lorsque Mandat parut à l'Hôtel de Ville et fut arrêté, la

Commune essaya de justifier cet acte. Elle envoya à l'Assemblée nationale accuser Mandat, assurer que, lui seul, avait fait sonner le tocsin, que c'était pour cette cause qu'on l'avait réprimandé. Un accident rompit ces ménagements politiques. Les violents ne permirent pas que Mandat parvînt vivant à l'Abbaye. A la sortie même de l'Hôtel de Ville, ils lui cassèrent la tête d'un coup de pistolet

La Commune, perdant ainsi son plus précieux otage, ne pouvait plus reculer; elle fut, décidément et sans retour, jetée dans l'insurrection, et donna l'ordre de battre la générale.

Il était sept heures du matin, et déjà, de la Bastille jusqu'à l'église de Saint-Paul, dans cette partie ouverte et large de la rue Saint-Antoine, il y avait, nous l'avons dit, 80 ou 100 divisions, chacune de cent hommes, armés de fusils, environ huit ou dix mille Gardes nationaux. Leur empressement avait été extraordinaire, ce qu'on n'eût guère supposé d'après les lenteurs de la nuit. La masse, grossie dans la rue Saint-Antoine par chaque rue latérale qui avait fourni des affluents à ce fleuve, passa sans difficulté la fatale arcade Saint-Jean, où Mandat s'était flatté de l'anéantir. Elle resta une heure à la Grève, sans pouvoir obtenir d'ordre : les uns disaient que la Commune espérait encore quelque concession de la Cour; les autres, que le faubourg Saint-Marceau traînait, qu'on craignait qu'il ne pût faire à temps sa jonction au pont Neuf.

A huit heures et demie, un millier d'hommes à piques perdirent patience et prirent leur parti. Ils percèrent les rangs de la Garde nationale, disant qu'ils se passeraient d'elle. Ils étaient fort mal armés; ils n'avaient pas entre eux tous une douzaine de fusils; beaucoup n'avaient pas même de piques, mais des broches, ou tout simplement des outils de leur état. Quelques fédérés, marseillais ou autres, qui étaient des soldats aguerris, ne purent voir ces gens s'en aller seuls, avec si peu de chance : ils essayèrent de les diriger et hasardèrent d'aller à leur tête essuyer le premier feu.

La famille royale venait de quitter les Tuileries. Le procureur-syndic, Rœderer, avait lui-même joint sa voix à celle des zélés serviteurs qui voulaient à tout prix mettre le Roi hors de péril. Des deux côtes, on parlementait. Un jeune homme, pâle et mince, introduit comme député des assaillants, avait tiré de Rœderer l'autorisation d'introduire vingt députés dans le château. En attendant, plusieurs, sans autre façon, chevauchaient sur la muraille et causaient familièrement avec les quelques Gardes nationaux qui étaient encore dans les cours.

Rœderer crut le danger très imminent. Il amusa le jeune parlementaire de l'offre d'introduire les députés de l'insurrection, courut à toutes jambes au château, traversa rapidement la foule qui remplissait les salles : « Sire, dit-il au Roi, Votre

Majesté n'a pas cinq minutes à perdre; il n'y a de sûreté pour elle que dans l'Assemblée nationale. » Un administrateur du département (marchand de dentelles de la Reine, zélé constitutionnel) parlait aussi dans ce sens : « Taisez-vous, monsieur Gerdret, lui dit la Reine; quand on a fait le mal, on n'a pas droit de parler... Il ne vous appartient pas, monsieur, d'élever ici la voix. » — Puis, se tournant vers Rœderer : « Mais enfin, nous avons des forces... — Madame, tout Paris marche... Sire, ce n'est plus une prière que nous venons vous faire... nous n'avons qu'un parti à prendre... nous vous demandons la permission de vous entraîner. » Le Roi leva la tête, regarda fixement Rœderer, puis, se tournant vers la Reine, il dit : « Marchons, » et se leva.

Le Roi, adressant ce mot à la Reine, trancha une question délicate, qui autrement se fût agitée. Irait-il seul à l'Assemblée? ou bien y serait-il accompagné d'une épouse si impopulaire? C'était peut-être en ce moment la question décisive de la monarchie. M. de Lally-Tollendal, dans les prétendus Mémoires de Weber, avoue ce qu'ont dissimulé tous les autres historiens, à savoir que, selon le bruit public, le département et la municipalité devaient engager le Roi à quitter seul les Tuileries et se placer seul dans l'Assemblée nationale. Ce projet laissait à la royauté quelque chance de salut. La Reine, il est vrai, restait en péril; elle risquait, moins d'être tuée peut-être, que d'être prise et jugée (ce qu'elle craignait bien plus), d'avoir un procès scandaleux qui l'aurait mise, déshonorée, dégradée, au fond d'un couvent.

Rœderer, obligé d'emmener la Reine avec le Roi, insista du moins pour n'emmener personne de la Cour. Mais la Reine voulut être suivie de madame de Lamballe et de madame de Tourzel, gouvernante des enfants. Les autres dames restèrent terrifiées, inconsolables, d'être abandonnées.

« Lorsque nous fûmes au bas de l'escalier, dit Rœderer, le Roi me dit : « Que vont devenir toutes
« les personnes qui sont restées là-haut ? — Sire,
« elles sont en habit de ville. Elles quitteront leur
« épée et vous suivront par le jardin. — C'est vrai,
« dit le Roi... Mais pourtant il n'y a pas un grand
« monde au Carrousel. — Ah ! sire, douze pièces
« de canon, un peuple immense qui arrive... »

Ce dernier regret, ce petit mot de sensibilité, cette hésitation, ce fut tout ce que Louis XVI donna à ses défenseurs. Il se laissa entraîner, et les abandonna à la mort.

Un officier suisse, d'Affry, a déclaré que la Reine lui avait ordonné de faire tirer les Suisses. Un autre, le colonel Pfyffer, dans son livre publié en 1821, dit que le vieux maréchal de Noailles annonça que le Roi lui laissait le commandement, et qu'on ne devait pas se laisser forcer. — La Reine ne doutait pas que la défense ne fût victorieuse ; elle dit, en partant, à ses femmes qu'elle laissait : « Nous allons revenir. »

Ceux qui restaient se trouvèrent très diversement affectés du départ du Roi. Un officier suisse dit tristement à Rœderer : « Monsieur, croyez-vous donc sauver le Roi, en le menant à l'Assemblée ? » Quelques-uns se désespérèrent d'être ainsi abandonnés; plusieurs arrachèrent leurs croix de Saint-Louis, brisèrent leurs épées.

D'autres, par une disposition contraire, n'ayant plus rien à ménager, plus de Roi, de femmes ni d'enfants à protéger, eurent comme une joie furieuse du combat à mort qu'ils allaient livrer. Ils versèrent aux Suisses l'eau-de-vie à pleins verres, et sans s'amuser à défendre la longue ligne de murailles qui régnait entre la cour et le Carrousel, ils ordonnèrent au concierge de lever les barres de la porte Royale. Il les leva en effet, se sauva à toutes jambes. La foule, qui frappait à cette porte, s'y précipita avec une confiance aveugle, s'élança par l'étroite cour, sans remarquer ni les fenêtres de face toutes hérissées de fusils, ni les baraques latérales qui fermaient la cour de droite et de gauche, et la regardaient d'un œil louche.

Ceux qui entrèrent étaient ces impatients dont nous avons parlé, ces hommes à piques qui étaient partis en avant, et qui, sur la route avaient augmenté jusqu'au nombre de deux ou trois mille. Ils arrivèrent, sans s'arrêter, tout courants, au vestibule. Là enfin, ils regardèrent. Ce vestibule du palais, bien plus vaste qu'aujourd'hui, était vraiment imposant. Le grand escalier qui montait majestueusement à la chapelle, puis, en retour, aux appartements, était, sur chaque marche, chargé d'une ligne de Suisses. Immobiles, silencieux, du haut en bas de l'escalier, ils couchaient en joue la foule des assaillants. Quelles étaient les dispositions de ces Suisses? Bien diverses, difficiles à dire. Beaucoup, sans nul doute, désiraient de ne pas tirer. Un grand nombre de ces soldats étaient du canton de Fribourg, quelques-uns vaudois sans doute, c'est-à-dire français, français de langue, français de caractère. Nul doute qu'il ne leur semblât odieux, impie, de tirer sur leur vraie patrie, la France.

Un moment avant l'irruption, des canonniers de la Garde nationale étaient venus trouver ces pauvres Suisses, qui, avec beaucoup de larmes, s'étaient jetés dans leurs bras. Deux même n'hésitèrent pas à laisser là le château et suivre nos canonniers. Ils étaient sous le balcon d'où les voyaient leurs officiers. Ils furent tirés, et avec une si remarquable justesse, que les deux Suisses tombèrent, sans que les Français eussent été touchés.

Forte leçon pour les autres. La discipline aussi sans doute, l'honneur du drapeau, le serment, les retenaient immobiles. La foule des assaillants, voyant ces hommes de pierre, n'eut aucune peur, mais se mit à rire. Elle leur lança des brocards, mais les Suisses ne riaient pas. On aurait pu douter qu'ils fussent vraiment en vie. Le gamin s'enhardit vite, et tout le peuple parisien est gamin sous ce rapport. Ceux-ci, avec douze mauvais fusils, des piques et des broches, n'étaient point pour engager le combat avec cette troupe de Suisses armés jusqu'aux dents. Ils savaient que plusieurs Suisses avaient essayé de passer du côté de la Garde nationale; ils résolurent d'aider à leur bonne volonté. Quelques-uns qui avaient des crocs au bout d'un bâton, s'avisèrent de jeter aux soldats cette espèce de hameçon, d'en accrocher un, puis deux, par leur uniforme; il les tiraient à eux avec de grands éclats de rire. La pêche aux Suisses réussit. Cinq se laissèrent prendre ainsi sans faire résistance *. Les officiers commencèrent à craindre une sorte de connivence entre les attaqués et les attaquants, et ils ordonnèrent le feu.

On vit alors toute la force de la discipline. Ils tirèrent sans hésiter. L'effet de ces feux, étagés du haut en bas de l'escalier, et qui plongeaient tous ensemble et presque à bout portant sur une même masse vivante, fut épouvantable. Il n'y eut jamais dans un lieu si étroit un si terrible carnage. Tout coup fut mortel. La masse chancela tout entière et s'affaissa sur elle-même. Nul de ceux qui entrèrent sous le vestibule n'en sortit. Les seuls récits que nous ayons sont ceux des royalistes qui étaient sur l'escalier. Deux heures après, un des assaillants, qui traversa le vestibule et vit cette montagne de morts, dit qu'on était suffoqué de l'odeur de boucherie et qu'on ne respirait pas.

Il ne faut pas demander si ceux qui étaient dans la cour s'enfuirent à toutes jambes. Ils ne purent le faire si vite qu'ils ne fussent criblés au passage du feu des baraques qui serraient la cour de droite et de gauche; elles étaient pleines de soldats. Ce fut, à la lettre, la chasse à l'affût; les chasseurs avaient le gibier au bout du fusil, et pouvaient choisir. Trois ou quatre cents hommes périrent dans ce fatal défilé sans riposter d'un seul coup.

Deux sorties se firent à la fois de ce palais meurtrier, une des Suisses au centre, sous le pavillon de l'Horloge, une autre des gentilshommes qui s'élancèrent du pavillon de Flore, poussèrent toute la déroute loin du quai, vers les petites rues du Louvre et la rue Saint-Honoré. Les Suisses, se formant en bataille dans le Carrousel, et faisant feu de toutes parts, criblèrent la queue des fuyards, et toute la place fut encore semée de cadavres.

Le château se crut vainqueur, s'imagina avoir écrasé l'armée de l'insurrection; mais c'était seulement l'avant-garde. Au milieu même du feu, pendant que les Suisses tiraient encore sur la foule entassée au passage étroit des rues, M. d'Hervilly se jette à eux, sans chapeau, sans armes : « Ce n'est pas cela, dit-il, il faut vous porter à l'Assemblée, près du Roi. » Le vieux Vioménil criait : « Allez, braves Suisses, allez ; sauvez le Roi ; vos ancêtres l'ont sauvé plus d'une fois. »

Rœderer pensa alors (plusieurs des acteurs du 10 Août pensent encore aujourd'hui) que ce moment était prévu, et que la Cour avait, dans cette espérance, voulu le combat. L'insurrection écrasée, ou du moins découragée par la vigueur du premier coup, la garnison se repliait sur l'Assemblée nationale ; on la proclamait dissoute ; le Roi, enveloppé de troupes, sortait de Paris, fuyait à Rouen, où on l'attendait, se retrouvait roi. Jamais la Reine, je le pense, si elle ne se fût crue bien sûre de son fait, n'eût laissé aux Tuileries tant de serviteurs dévoués. Elle attendait, dans l'Assemblée, pâle et palpitante, le succès de ce violent coup de Jarnac frappé sur la Révolution. L'Assemblée elle-même, un moment, se crut à sa dernière heure, au moment d'être massacrée, tout au moins prisonnière du Roi qu'elle avait sauvé dans son sein.

Et cependant, bien loin que la contre-révolution eût vaincu, la révolution marchait. La jonction de Saint-Antoine et de Saint-Marceau s'était faite au pont Neuf. On pouvait, du pavillon de Flore, voir au levant, déjà au quai du Louvre, l'armée vengeresse du peuple, la forêt de ses baïonnettes flamboyante des feux du matin.

Il y avait eu bien des lenteurs ; l'armée, peu formée aux manœuvres, avait perdu du temps, surtout à s'allonger en colonnes, sur ces quais alors très étroits. Les cinq cents Marseillais, les trois cents Bretons et les autres fédérés, une troupe très militaire, avaient le poste d'honneur ; ils allaient les premiers au feu ; ils devaient entrer au Carrousel par les guichets voisins du pont Royal. Le Marais et autres sections de la rive droite devaient pénétrer par le Louvre ; Saint-Marceau et la rive gauche se chargeaient du pont Royal, du quai des Tuileries, du quai de la Concorde et de la place, de sorte que le château fût entre deux feux. Saint-Antoine avait deux petits canons, Saint-Marceau autant, c'était toute l'artillerie.

Si la masse des fuyards avait été rejetée vers le quai, elle eût pu jeter du trouble, du découragement dans les colonnes qui venaient ; mais elle fut, comme on l'a vu, rejetée vers la rue Saint-Honoré et les petites rues du Louvre. Les Marseillais et le faubourg Saint-Antoine ne virent rien de ce spectacle affligeant ; ils arrivèrent frais, confiants, la tête haute. Ils savaient en général qu'on avait attiré, massacré leurs frères ; ils doublèrent le pas, furieux. Les sections du Marais, arrivées au Carrousel par les petites rues du Louvre, virent nombre de blessés ; mais ces blessés, pleins d'enthousiasme, de haine et de colère, demandaient vengeance pour la perfidie des

Suisses : « Nous avions encore, dirent-ils, la bouche à leur joue, qu'ils ont versé notre sang. »

Les Marseillais passèrent les guichets du quai, virent les Suisses en bataille sur le Carrousel, s'ouvrirent brusquement, démasquèrent leurs petits canons, et tirèrent à brûle-pourpoint deux coups à mitraille. Les soldats rentrèrent, sans attendre un second coup, laissant leurs blessés, et sans doute un peu surpris de trouver vivante à ce point l'insurrection qu'ils croyaient avoir tuée. Les fédérés et Saint-Antoine avancèrent au pas de charge, et remplirent deux des trois cours : la cour Royale ou du Centre, et celle des Princes, voisine du pavillon de Flore et du quai. Les sections, venues par le Louvre, avaient rempli le Carrousel, bien moins grand à cette époque ; elles poussaient les premiers venus, et, tant qu'elles pouvaient, fonçaient dans les cours. L'immense et sombre façade, par ses cent fenêtres, scintillait d'éclairs. Outre tous les feux de face, les gentilshommes à l'affût aux fenêtres du pavillon de Flore et de la grande galerie du Louvre, tiraient sur le flanc. Derrière le pavillon de l'Horloge, sous le réseau de feux croisés qui retardaient les assaillants, restèrent fermes les grenadiers suisses, qui répondaient par des salves aux tirailleurs de l'insurrection. Le temps était calme, la fumée fort épaisse ; il n'y avait pas un souffle d'air pour la dissiper ; on tirait comme dans la nuit : chose contraire aux assaillants ; ils distinguaient peu les fenêtres, leurs coups allaient frapper les murs. Au contraire, leurs ennemis, visant des murailles vivantes, je veux dire des masses d'hommes, n'avaient que faire de tirer juste ; chaque coup tuait ou blessait. Las de recevoir sans donner, des fédérés, au milieu d'une grêle de balles, mirent en batterie, à la grande porte, une pièce de quatre, dont deux boulets persuadèrent aux Suisses de quitter la cour. Ils rentrèrent au vestibule, en bon ordre, et, de temps à autre, ils en sortaient par pelotons pour tirer encore.

Au moment où les fédérés passèrent du Carrousel dans la cour, les baraques alignées parallèlement au château firent feu sur eux par derrière, ne doutant pas d'obtenir le même succès qu'elles avaient eu une heure plus tôt. Mais, dès la première décharge, les Marseillais se jetèrent avec furie sur les ouvertures des baraques, et, ne pouvant les forcer, ils y lancèrent des gargousses d'artillerie dont l'explosion fit sauter les toits, renversa les murs, incendia tout. Le feu courut en un clin d'œil d'un bout à l'autre, enveloppa toute la ligne, et tout disparut dans des tourbillons de flamme et de fumée, scène effroyable, dont les assaillants eux-mêmes détournèrent les yeux avec horreur.

Est-ce alors, ou beaucoup plus tôt, qu'un capitaine suisse, Turler, vint demander au Roi s'il fallait déposer les armes ? Grave question historique, qui, résolue dans un sens ou dans l'autre, doit modifier nos idées sur le caractère de Louis XVI.

Selon une tradition royaliste, les Suisses, un moment vainqueurs, allaient marcher sur l'Assemblée, un député les arrêta, les somma de poser les armes, et le capitaine s'adressant au Roi n'en tira nulle réponse, sinon qu'il fallait les rendre à la Garde nationale.

Selon une version plus sûre, puisqu'elle est constatée par le procès-verbal de l'Assemblée, *ce fut après que le Roi eut entendu le rapport* du procureur général Rœderer annonçant à l'Assemblée *que le château était forcé*, ce fut alors, et même après une vive terreur panique répandue dans l'Assemblée, que le Roi avertit le président *qu'il venait de faire donner ordre aux Suisses de ne point tirer*.

Ceci éclaircit la question qu'on a essayé d'obscurcir. Le Roi voulut éviter une plus longue effusion du sang, *lorsqu'il sut que le château était forcé*, lorsqu'il n'eut plus d'espoir. Cet ordre pouvait avoir le double avantage de diminuer l'exaspération des vainqueurs et de couvrir l'honneur des vaincus, de sorte que ceux-ci pussent dire, comme ils n'ont pas manqué de le faire, que l'ordre du Roi avait pu seul leur arracher la victoire.

A cette heure, le château était forcé; les Suisses, qui avaient défendu pied à pied l'escalier, la chapelle, les galeries, étaient partout enfoncés, poursuivis, mis à mort. Les plus heureux étaient les gentilshommes, qui, maîtres de la Grande-Galerie du Louvre, avaient toujours une issue prête pour échapper. Ils s'y jetèrent et trouvèrent à l'extrémité l'escalier de Catherine de Médicis, qui les mit dans un lieu désert. Tous, ou presque tous, échappèrent ; on n'en vit point parmi les morts. Les corps qui portaient du linge fin portaient aussi l'habit rouge : c'étaient les faux Suisses, anciens Gardes constitutionnels, et non pas les gentilshommes.

Les habits rouges étaient fort nombreux, bien au delà des 1,330 véritables Suisses qu'accuse leur capitaine. Suisses ou non, tous furent admirables. Ils se retirèrent lentement par le jardin, attendant, ralliant leurs camarades avec le sang-froid et l'aplomb de vieilles troupes manœuvrant comme à la parade, serrant tranquillement leurs rangs à mesure que la fusillade les éclaircissait. Ils firent dix haltes peut-être dans la traversée du jardin (dit un témoin oculaire *) pour repousser les assaillants, chaque fois avec des feux de file parfaitement exécutés. Une chose dut les étonner fort, ce fut la prodigieuse multitude de Gardes nationaux qui remplissait le jardin, et allait toujours croissant. A huit heures, avant le combat, il y avait eu à la Grève huit ou dix mille Gardes nationaux armés de fusils ; entre midi et une heure, immédiatement après le combat, le même témoin en vit aux Tuileries jusqu'à trente ou quarante mille. En faisant la part, ordinairement nombreuse, des hommes qui volent toujours au secours de la victoire, il reste néanmoins bien évident que le 10 Août fut fait ou consenti, ratifié en quelque sorte, par l'ensemble de la population, non par une partie du peuple, et nullement la partie infime, comme on l'a tant répété. Il y avait un grand nombre d'hommes en uniforme parmi ceux qui prirent le château. Ces uniformes même causèrent une fatale méprise. Les fédérés bretons, portant des habits rouges, furent pris par les officiers du château pour des Suisses qui auraient passé à l'ennemi, et tirés de préférence; huit tombèrent du premier coup.

L'effrayante unanimité de la Garde nationale, qui, de moment en moment, se manifestait aux Suisses, acheva de les briser. Arrivés près du grand bassin, vers la place Louis XV, leurs rangs flottèrent, ils commencèrent à se débander; la mortelle pensée du salut individuel, qui perd presque toujours les hommes, entra visiblement en eux. Ils virent, ou crurent voir, que leur courage, leur discipline admirable, les avaient perdus, en ralentissant leur retraite. Quelques centaines se lancèrent, comme des cerfs furieux, sous le couvert des grands arbres, renversèrent les tirailleurs ennemis, gagnèrent la porte qui est en face de la rue Saint-Florentin : trois cents environ échappèrent; un groupe, serré de trop près, se jeta dans l'Hôtel de la Marine; ils y furent cherchés, égorgés. Ceux qui restèrent mieux ensemble essayèrent, des Tuileries, de passer aux Champs-Élysées; mais à peine eurent-ils posé le pied sur la place, qu'un bataillon de Saint-Marceau, qui avait deux pièces en batterie à la descente du pont, leur tira un coup à mitraille, un seul coup, qui en mit trente-quatre sur le carreau. Les autres, dispersés par cette terrible exécution, jetèrent leurs fusils, mirent le sabre à la main, arme inutile contre les piques de leurs ennemis acharnés. Une trentaine tinrent un instant près de la statue de Louis XV (où est maintenant l'obélisque), au pied de ce triste monument de la monarchie, si peu digne de leur dévouement et de leur fidélité.

Quelques-uns, qui eurent le bonheur de gagner les Champs-Élysées, furent cachés par de braves gens qui les travestirent et les firent évader le soir. En général, dans cette journée sanglante, il n'y eut point de milieu : les vaincus trouvèrent ou la mort, ou l'hospitalité la plus dévouée, généreuse jusqu'à l'héroïsme, et qui, au besoin, pour les sauver, elle-même affronta la mort. Et cela, à part de toute opinion politique; de violents révolutionnaires se conduisirent en ceci tout comme les royalistes.

Au château même, la foule, horriblement irritée par ses pertes énormes et par ce qu'elle croyait de la perfidie des Suisses, ne se montra pas aussi aveuglément barbare qu'on eût pu le supposer. Les dames de la Reine, qu'on haïssait infiniment plus qu'aucun homme, comme *les conseillères, les confidentes de l'Autrichienne,* n'éprouvèrent nulle indignité. La princesse de Tarente avait fait ouvrir les portes, et recommanda aux premiers qui entrèrent une très jeune demoiselle, Pauline de Tourzel. Quelques femmes, madame Campan entre autres, furent un moment saisies, menacées de la mort. Elles n'en eurent que la peur; on les lâcha avec ce mot: « Coquines, la nation vous fait grâce. » Les vainqueurs les escortèrent eux-mêmes pour les faire échapper, et les aidèrent à se déguiser pour échapper aux bandes de poissardes qui criaient derrière elles qu'on aurait dû les tuer.

Un des assaillants, M. Singier (depuis connu et estimé comme directeur de théâtre), a conté qu'entrant dans la chambre de la Reine, il vit la foule qui brisait les meubles et les jetait par les fenêtres; un magnifique clavecin, orné de peintures précieuses, allait avoir le même sort. Singier ne perd pas de temps; il se met à en jouer, en chantant *La Marseillaise.* Voilà tous ces hommes furieux, sanglants, qui oublient leur fureur au moment même; ils font chorus, se rangent autour du clavecin, se mettent à danser en rond, et répètent l'hymne national.

Non, cette foule, si mêlée, des vainqueurs du 10 Août, n'était pas, comme on l'a tant dit, une bande de brigands, de barbares. C'était le peuple tout entier ; toute condition, toute nature, et tout caractère, se rencontraient là, sans nul doute. Les passions les plus furieuses s'y trouvèrent ; mais les basses, les ignobles, rien n'indique qu'en ce moment d'exaltation héroïque elles se soient montrées chez personne. Il y eut beaucoup d'actes magnanimes. Et le mot touchant du boulanger que nous avons rapporté au commencement de ce chapitre montre assez que le péril, qui rend si souvent féroces les hommes qui l'affrontent pour la première fois, n'avait nullement éteint dans le cœur des assaillants les sentiments d'humanité.

Une scène extraordinaire, pathétique au plus haut degré, eut lieu dans l'Assemblée nationale. Qu'elle passe à la postérité, pour témoigner à jamais de la magnanimité du 10 Août, du noble génie de la France, qu'elle conserva encore dans les fureurs de la victoire. Un groupe de vainqueurs se jeta dans l'Assemblée, pêle-mêle avec des Suisses. L'un d'eux porta la parole : « Couverts de sang et de poussière, le cœur navré de douleur, nous venons déposer dans votre sein notre indignation. Depuis longtemps une Cour perfide a préparé la catastrophe. Nous n'avons pénétré dans ce palais qu'en marchant sur nos frères massacrés. Nous avons fait prisonniers ces malheureux instruments de la trahison ; plusieurs ont mis bas les armes : nous n'emploierons contre eux que celles de la générosité. Nous les traiterons en frères. » (Il se jette dans les bras d'un Suisse, et, dans l'excès de l'émotion, il s'évanouit ; les députés lui portent secours. Alors, reprenant la parole) : « Il me faut une vengeance. Je prie l'Assemblée de me laisser emmener ce malheureux ; je veux le loger et le nourrir. »

CHAPITRE II

LE 10 AOUT DANS L'ASSEMBLÉE
LUTTE
DE L'ASSEMBLÉE ET DE LA COMMUNE

(FIN D'AOUT)

Des vainqueurs du 10 Août, fédérés, Gardes françaises, etc. — Théroigne de Méricourt. — Meurtre de Suleau. — Impuissance de l'Assemblée. — Inertie des Girondins pendant la nuit du 10 Août. — Situation de l'Assemblée dans la matinée du 10 Août. — Le Roi se réfugie dans le sein de l'Assemblée. — Deux paniques dans l'Assemblée. — Le Roi, n'ayant plus d'espoir, fait cesser le feu. — L'Assemblée conserve à la royauté une chance de résurrection. — L'Assemblée s'annule elle-même. — Desespoir des familles des victimes du 10 Août. — Défiance et fureur du peuple. — La Commune organe de cette fureur. — Sentiments contradictoires du peuple, sensible et furieux. — Danger de la situation. — Le Roi, prisonnier, est enfermé au Temple. — La Commune exige la création d'un Tribunal extraordinaire. — Influence de Marat sur la Commune. — Création du Tribunal extraordinaire, 17 août 92. — Danger de la France ; Longwy assiégé, le 20 août. — Menaces de La Fayette, sa fuite. — Fermeté magnanime de Danton. — Premiers mouvements de la

Vendée. — *Le nouveau Tribunal accusé de fonctionner lentement.* — *Nouvelle de la prise de Longwy.* — *Fête des morts du 10 Août.*

IL n'est pas facile de sonder le profond volcan de fureur d'où éclata le 10 Août, de dire comment les colères de toutes sortes s'étaient entassées, accumulées, mutuellement échauffées d'une fermentation si terrible. Si nous ne pouvons les retrouver dans leur force et leur violence, énumérons du moins, analysons les éléments divers qui, mêlés, formèrent la lave brûlante.

La souffrance du peuple, sa douloureuse misère, en fut le plus faible élément. Et pourtant cette misère était extrême. Toute ressource était consumée depuis longtemps ; quoique le pain fût à bas prix, le travail manquait entièrement, il n'y avait pas moyen d'aller chez le boulanger. La mort au grabat, dans un grenier ignoré, ou dans la rue au coin des bornes, c'était la dernière perspective. Ces pauvres gens, presque sans armes, et nullement aguerris alors, ne firent pas grand'chose au 10 Août ; seulement ils allèrent des premiers aux Tuileries : c'est sur eux que tomba la première, la meurtrière fusillade. S'il n'y avait eu que ceux-là, le château n'eût pas été pris.

Il y avait un autre élément, auquel la Cour

ne pensait pas, un élément très militaire, qui agit certainement d'une manière bien autrement efficace.

On a confondu tous les vainqueurs sous le nom de Marseillais; on a cru du moins qu'ils étaient presque tous fédérés des départements, Marseillais, Bretons et autres. Mais avec ceux-ci marchaient des hommes non moins aguerris, aussi furieux tout au moins, de plus ulcérés d'une blessure récente. Quels? Les fils aînés de la Liberté, les anciens Gardes françaises. Il y avait parmi eux des jeunes gens, d'une audace, d'une ambition extraordinaires, dont plusieurs sont devenus illustres. Les Gardes françaises, un moment, s'étaient laissé amortir par La Fayette; ils avaient formé le noyau, le nerf de la Garde nationale soldée. La conduite très diverse de ce corps au massacre du Champ-de-Mars (une partie tira, une partie refusa) donna beaucoup à penser. En janvier, le ministre de la Guerre, Narbonne, obtint qu'ils fussent assimilés aux troupes de Ligne, cessassent de recevoir haute paye, ne fussent plus une troupe privilégiée. La plupart n'acceptèrent pas ce changement, restèrent ici à battre le pavé, attendant les événements, se mêlant aux groupes, soufflant la guerre et le combat, donnant leur assurance au peuple, lui communiquant l'esprit militaire. Une lettre, écrite un an après par un de ces Gardes françaises (depuis, le général Hoche), adressée par lui à un journaliste, lettre fière, amère, irritée, peint à merveille cette jeunesse, l'esprit superbe qui était en elle, sa violente indignation contre tout obstacle. On dirait que la même plume écrivit en janvier 92 l'éloquent *Adieu des Gardes françaises aux sections de Paris*. Ces philippiques militaires sont pleines du génie colérique qui frappa le coup du 10 Août.

Le matin, un de ces Gardes françaises était sur la terrasse des Feuillants avec la fameuse amazone liégeoise Théroigne de Méricourt. Elle était armée et allait combattre; elle y alla, en effet, et s'y distingua, jusqu'à mériter une couronne que lui décernèrent les vainqueurs. Il n'était encore que sept ou huit heures, une heure avant le combat. On amène sur la terrasse une fausse patrouille qu'on vient de saisir. C'étaient onze royalistes armés d'espingoles, qui venaient de reconnaître les Champs-Élysées et tous les entours des Tuileries. Il se trouvait parmi eux plusieurs hommes très connus, très odieux, de violents écrivains royalistes désignés depuis longtemps à la haine publique, entre autres un abbé Boujon, auteur dramatique, et le journaliste Suleau, un jeune homme audacieux, l'un des plus furieux agents de l'aristocratie. Suleau et Théroigne se trouvèrent en face, la fureur et la fureur.

Suleau était personnellement haï de Théroigne, non seulement pour les plaisanteries dont il l'avait criblée dans *Les Actes des Apôtres*, mais pour avoir publié à Bruxelles un des journaux qui écrasèrent la révolution des Pays-Bas et de Liège, *Le Tocsin des rois*. L'infortunée ville de Liège, unanimement française, et qui, tout entière, jusqu'au dernier homme, vota sa réunion à la France, avait été libre deux ans, et elle venait de retomber sous l'ignoble tyrannie d'un prêtre par la violence de l'Autriche. Théroigne, à ce moment décisif, n'avait pas manqué à sa patrie. Mais elle fut suivie de Paris à Liège, arrêtée en arrivant par les Autrichiens, spécialement comme coupable de l'attentat du 6 Octobre contre la Reine de France, sœur de l'autrichien Léopold. Menée à Vienne et relâchée à la longue, faute de preuves, elle revenait exaspérée, accusant surtout les agents de la Reine, qui l'auraient suivie, livrée. Elle écrivait son avanture, allait l'imprimer, et déjà elle en avait lu quelques pages aux Jacobins. Le violent génie du 10 Août était dans Théroigne. C'était une femme audacieuse, galante, mais non pas *une fille*, comme l'ont dit les royalistes ; elle n'était nullement dégradée. Ses passions les plus connues furent pour des hommes fort étrangers à l'amour, la première pour un castrat italien qui la ruina ; plus tard pour l'abstrait, le sec, le froid Sieyès, pour le mathématicien Romme, jacobin austère, gouverneur du jeune prince Strogonoff; Romme ne se faisait nullement scrupule de mener son élève chez la belle et éloquente Liégeoise. Le très honnête Pétion était l'ami de Théroigne. Toujours, quelque irrégulière que pût être sa vie personnelle, elle visa, dans ses amitiés, au plus haut, au plus austère, au plus pur; elle voulait dans les hommes ce qu'elle avait elle-même, le courage et la sincérité. Un de ses biographes les plus hostiles avoue qu'elle exprimait le plus profond dégoût pour l'immoralité de Mirabeau, pour son masque de Janus. Et elle ne montra pas moins d'antipathie pour celui de Robespierre, elle détestait son pharisaïsme. Cette franchise imprudente, qui la mena bientôt à la terrible aventure, avait éclaté en avril 92. A cette époque où Robespierre se répandait en calomnies, en dénonciations sans preuves, elle dit fièrement, dans un café, « qu'elle lui retirait son estime. » La chose, contée le soir ironiquement par Collot d'Herbois aux Jacobins, jeta l'amazone dans un amusant accès de fureur. Elle était dans une tribune, au milieu des dévotes de Robespierre. Malgré les efforts qu'on faisait pour la retenir, elle sauta par-dessus la barrière qui séparait les tribunes de la salle, perça cette foule ennemie, demanda en vain la parole; on se boucha les oreilles, craignant d'ouïr quelque blasphème contre le dieu du temple; la pauvre Théroigne fut brutalement chassée sans être entendue.

Cette insulte en présageait une autre plus cruelle, dont elle fut frappée à mort. Après le 10 Août et le 2 Septembre, Théroigne (qu'on a mêlée, sans la moindre preuve et contre toute vraisemblance, à ce dernier événement) prit parti, avec sa violence ordinaire, pour le parti qui flétrissait les assassins de Septembre. Elle était encore fort populaire, aimée, admirée de la foule pour son courage et sa beauté. Les Montagnards imaginèrent un moyen de lui ôter ce prestige, de l'avilir par une des plus lâches violences qu'un homme puisse exercer sur une femme. Elle se promenait presque seule sur la terrasse des Feuillants ; ils formèrent un groupe autour d'elle, le fermèrent tout à coup sur elle, la saisirent, lui levèrent les jupes, et nue, sous les risées de la foule, la fouettèrent comme un enfant. Ses prières, ses cris, ses hurlements de désespoir, ne firent qu'augmenter les rires de cette foule cynique et cruelle. Lâchée enfin, l'infortunée continua ses hurlements ; tuée par cette injure barbare dans sa dignité et dans son courage, elle avait perdu l'esprit. De 1793 jusqu'en 1817, pendant cette longue période de vingt-quatre années (toute une moitié de sa vie !), elle resta folle furieuse, hurlant comme au premier jour. C'était un spectacle à briser le cœur, de voir cette femme héroïque et charmante, tombée plus bas que la bête, heurtant ses barreaux, se déchirant elle-même et mangeant ses excréments. Les royalistes se sont complus à voir là une vengeance de Dieu sur celle dont la beauté fatale enivra la Révolution dans ses premiers jours ; ils ont su un gré infini à la brutalité montagnarde de l'avoir brisée ainsi. Royalistes et robespierristes, encore aujourd'hui, s'accordent à merveille, après l'avoir avilie vivante, pour avilir sa mémoire.

J'ai voulu donner d'ensemble cette destinée tragique. Voyons l'acte violent, coupable, par lequel Théroigne la mérita peut-être, au 10 Août, cette destinée. Elle avait, devant elle, ce Suleau tant détesté, celui qu'elle envisageait comme le plus mortel ennemi de la Révolution, et en France, et aux Pays-Bas. C'était un homme dangereux non par sa plume seulement, mais par son courage, par ses relations infiniment étendues, dans sa province et ailleurs. Montlosier conte que Suleau, dans un danger, lui disait :

« J'enverrai, au besoin, toute ma Picardie à votre secours. » Suleau, prodigieusement actif, se multipliait ; on le rencontrait souvent déguisé. La Fayette, dès 90, dit qu'on le trouva ainsi, sortant le soir de l'hôtel de l'archevêque de Bordeaux. Déguisé cette fois encore, armé, le matin même du 10 Août, au moment de la plus violente fureur populaire, quand la foule, ivre d'avance du combat qu'elle allait livrer, ne cherchait qu'un ennemi, Suleau pris, dès lors était mort.

Desmoulins, picard comme lui, et son camarade au collège de Louis-le-Grand, avait eu comme une seconde vue de l'événement : il avait offert à Suleau de le cacher chez lui. Mais celui-ci croyait vaincre. Il tomba au piège avant le combat.

S'il périssait, du moins ce n'était pas Théroigne qui pouvait le mettre à mort. Les plaisanteries même qu'il avait lancées contre elle auraient dû le protéger. Au point de vue chevaleresque, elle devait le défendre ; au point de vue qui dominait alors, l'imitation farouche des républicains de l'antiquité, elle devait frapper l'ennemi public, quoiqu'il fût son ennemi. Un commissaire, monté sur un tréteau, essayait de calmer la foule; Théroigne le renversa, le remplaça, parla contre Suleau. Deux cents hommes de Garde nationale défendaient les prisonniers; on obtint de la section un ordre de cesser toute résistance. Appelés un à un, ils furent égorgés par la foule. Suleau montra, dit-on, beaucoup de courage, arracha un sabre aux égorgeurs, essaya de se faire jour. Pour mieux orner le récit, on suppose que la virago (petite et fort délicate, malgré son ardente énergie) aurait sabré de sa main cet homme de grande taille, d'une vigueur et d'une force décuplées par le désespoir. D'autres disent que ce fut le Garde française qui donnait le bras à Théroigne, qui porta le premier coup.

Ce massacre, exécuté à la place Vendôme, devant la porte des Feuillants, et comme sous les yeux de l'Assemblée, constata d'une manière terrible l'impuissance de celle-ci. Par deux fois elle déclara les prisonniers sous la sauvegarde de la Loi, et l'on n'en tint compte. Un fatal précédent s'établit, un préjugé effroyable, à savoir, que le passant, le premier venu, pouvait, en dépit des autorités nommées par le peuple, représenter le peuple souverain en sa fonction la plus délicate, la Justice. Cette Justice de combat, faite au moment de la bataille par l'ennemi sur l'ennemi, va se reproduire dans un mois, aux jours de Septembre, sur des prisonniers désarmés.

L'Assemblée était en cause non moins que la royauté. La majorité qui venait d'innocenter La Fayette avait, par cela même, dans l'esprit du peuple, perdu l'Assemblée elle-même. Les Girondins, il est vrai, par l'organe de Brissot, avaient attaqué le général, et pouvaient se laver les mains de l'étrange absolution. Mais il était trop manifeste qu'ils croyaient encore pouvoir se servir de la royauté; ennemis ou non de La Fayette, ils lui ressemblaient en ceci : républicains de principe, comme lui, mais, comme lui, royalistes de politique, de situation, ils n'en différaient guère que sur la longueur du sursis qu'ils auraient accordé à l'institution royale. Rien n'indique qu'ils aient eu avec la Cour le moindre rapport direct. La fameuse *consultation* donnée, dit-on, au Roi par Vergniaud, et copiée docilement par tous les historiens, n'est qu'une fiction maladroite. Quelque étourdis qu'aient pu être les Girondins, jamais ils n'auraient donné un tel acte écrit contre eux-mêmes. Et à qui? à cette Cour qui, dans les élections et partout, leur préférait sans difficulté les plus violents Jacobins. C'est une chose très certaine que nous avons affirmée, et que nous répétons : jusqu'au 10 Août, la Cour, en toute occasion, ne vit nul ennemi plus dangereux que les Girondins. Elle se serait fiée à Danton bien plus qu'à Vergniaud. Vergniaud, Brissot, Roland, Guadet, furent pour elle l'objet d'une haine bien autrement profonde. Ils lui semblaient près du pouvoir, et capables de le garder. Elle eût préféré cent fois le triomphe passager des violents à la victoire des modérés, qui, dans un délai fort court, pouvaient fonder la République.

Les Girondins ne parurent pas à l'Assemblée dans la nuit du 10 Août. Elle avait commencé à se réunir vers minuit et demi, au bruit du tocsin. Les quelques députés qui vinrent étaient des Feuillants, et ils vinrent pour sauver la royauté; on le voit au choix de leur président : ce fut le feuillant Pastoret. Ledit Pastoret s'éclipsa; ils prirent alors un député inconnu pour les présider. Où donc étaient Brissot, Vergniaud, la pensée de la Gironde, sa grande, sa puissante voix? où étaient-ils? que pensaient-ils?

Ils attendaient, et se réservaient. — Chose peu étonnante, au reste, quand on voit l'hésitation des acteurs connus de tous les partis. Robespierre s'abstint dans cette nuit, tout aussi bien que Vergniaud.

Évidemment les Girondins se réservaient le rôle de médiateurs; ils attendaient que la Cour éperdue, au bruit de la fusillade, vînt se jeter dans leurs bras.

La très peu nombreuse Assemblée qui siégea la *nuit, dans l'absence des grands chefs d'opinion*, montra beaucoup de prudence. Elle évita, par-dessus tout, le piège qu'on lui tendait, en l'appelant au château. Quelques membres proposèrent que le Roi vînt plutôt se réunir à l'Assemblée. La discussion, souvent interrompue, traîna jusqu'au matin ; les Girondins, rougissant à la longue de leur absence dans un tel moment, apparurent enfin ; à sept heures, Vergniaud occupa le fauteuil.

Et ce fut pour être obligé de saluer la formidable puissance qui s'était formée cette nuit, puissance inconnue, mystérieuse, au matin lancée du volcan, comme pour écraser l'Assemblée : la Commune du 10 Août.

Un substitut du procureur de la Commune (ne serait-ce pas Danton ? il avait alors ce titre) entra, avec deux officiers municipaux, et notifia, sans préface, à l'Assemblée nationale, que le peuple souverain, *réuni en sections, avait nommé* des commissaires ; *qu'ils exerçaient tous les pouvoirs*, et que, pour leur coup d'essai, ils avaient pris un arrêté pour suspendre le Conseil général de la Commune.

Un membre de l'Assemblée proposa d'annuler tout, les commissaires et l'arrêté. Mais, à l'instant, un autre membre dit prudemment qu'insinuation valait mieux que violence ; qu'en ce danger, il était imprudent d'écarter des hommes utiles ; qu'en tout cas, il fallait attendre des éclaircissements ultérieurs. — L'Assemblée résolut d'attendre, ce qui était le plus facile. Entre la victoire du royalisme et celle de l'anarchie, entre le château et la Commune, menacée également des deux parts d'être dévorée, elle ménagea l'inconnu et garda devant le sphinx un silence de terreur.

Et à ce moment même où elle n'osait plus agir ni prendre parti, par une contradiction étrange, la circonstance venait en quelque sorte réclamer d'elle la force qu'elle n'avait plus.

C'est à ce moment qu'on lui demanda de protéger Suleau et les autres prisonniers ; elle essaya de le faire, et vit son autorité méconnue (huit heures). A ce moment encore, on lui annonça que le Roi voulait se retirer dans son sein. Elle répondit froidement : « Que la Constitution lui en laissait la faculté. » On demandait que la Garde du Roi pût entrer ; on craignait qu'elle ne fût massacrée, si elle restait aux portes. Mais l'Assemblée, en la recevant, avait à craindre de faire de sa propre salle un champ de bataille ; elle s'attacha à la lettre de la Loi, qui lui défendait de délibérer au milieu des baïonnettes ; elle fit semblant de croire que cette Garde venait là pour protéger l'Assemblée, et déclara : « Qu'elle ne voulait de garde que l'amour du peuple. »

Nous n'avons point raconté dans le chapitre précédent, où nous expliquions la bataille, le voyage du Roi pour aller à l'Assemblée. Ce voyage n'était pas long; mais on pouvait le croire infiniment dangereux, dans l'état d'irritation où était la foule; à tort: il n'eut d'autre résultat que de prouver que la vie du Roi, ni même celle de la Reine, n'étaient nullement en péril.

Au départ, le Roi probablement n'était pas sans inquiétude. Il ôta son chapeau où était un plumet blanc, et s'en mit un qu'il prit à un Garde national. Les Tuileries étaient solitaires et silencieuses, déjà jonchées de feuilles sèches, bien avant le temps ordinaire; le Roi en fit la remarque : « Elles tombent cette année de bonne heure. » Manuel avait imprimé que la royauté n'irait que jusqu'à la chute des feuilles.

A mesure qu'on approchait de la terrasse des Feuillants, on apercevait une foule d'hommes et de femmes fort animés. A vingt-cinq pas environ de la terrasse, une députation de l'Assemblée vint recevoir le Roi; les députés l'environnèrent; mais cette escorte ne suffisait pas pour tenir en respect quelques-uns des plus violents. Un homme, du haut de la terrasse, brandissait une perche de huit ou dix pieds : « Non! non! criait-il, ils n'entreront pas, ils sont cause de tous nos malheurs... Il faut que cela finisse!... A bas! A bas! » Rœderer harangua la foule; et quant à l'homme à la perche qui ne voulait pas se taire, il la lui arracha des mains et la jeta au jardin, sans autre cérémonie; l'homme resta stupéfait, et ne dit plus rien.

Après un moment d'embarras, causé par l'encombrement, la famille royale arrivant au passage même qui menait à l'Assemblée, un Garde national provençal dit au Roi, avec l'accent original du Midi : « Sire, n'ayez pas peur, nous sommes de bonnes gens, mais nous ne voulons pas qu'on nous trahisse davantage. Soyez un bon citoyen, sire... Et, surtout, n'oubliez pas de chasser vos calotins du château... »

Un autre Garde national (quelques-uns disent que c'était l'homme même à la longue perche, qui semblait si furieux) s'émut de voir le Dauphin pressé de la foule, à ce passage si étroit; il le prit dans ses bras et l'alla poser sur le bureau des secrétaires. Tout le monde applaudissait.

Le Roi et la famille royale s'étaient assis sur les sièges peu élevés qu'occupaient ordinairement les ministres. Il dit à l'Assemblée : « Je suis venu ici pour éviter un grand crime... » — Parole injuste et dure que rien ne justifiait. La foule avait envahi, le 20 Juin, les Tuileries, sans péril pour Louis XVI ; et, le 10 Août même, rien n'annonce que personne en ait voulu à ses jours, ni même à ceux de la Reine.

Le président Vergniaud ayant répondu que l'Assemblée « avait juré de mourir en soutenant les droits du peuple et les autorités constituées, » le Roi monta et vint s'asseoir à côté de lui. Mais un membre fit observer que la Constitution défendait de délibérer en présence du Roi. L'Assemblée désigna alors la loge du logographe, qui n'était séparée de la salle que par une grille de fer, et se trouvait au niveau des rangs élevés de l'Assemblée. Le Roi y passa avec sa famille; il s'y plaça sur le devant, indifférent, impassible; la Reine, un peu sur le côté, pouvant cacher à cette place la terrible anxiété où la mettait le combat. On entendait à ce moment la meurtrière fusillade qui jeta d'abord par terre tant d'hommes du peuple, et fit croire aux gentilshommes qu'il ne s'agissait plus que de marcher sur l'Assemblée, de la disperser, d'emmener le Roi. La Reine ne disait pas un mot, ses lèvres étaient serrées, dit un témoin oculaire (M. David, depuis consul et député); ses yeux étaient ardents et secs, ses joues enflammées, ses mains fermées sur ses genoux. Elle combattait du cœur, et nul, sans doute, de ceux qui se faisaient tuer au château ne porta dans la bataille une passion plus acharnée.

De cette loge, de cette salle du Manège, fort légèrement construite, on entendait tous les bruits. A la première fusillade succéda un grand silence; puis, à neuf heures, neuf heures et demie, les quelques coups de canon tirés par les Marseillais, toutes les vitres vibrèrent. Quelques-uns crurent que des boulets passaient par-dessus la salle. L'Assemblée était très digne, dans une calme et ferme attitude. Elle la conserva, malgré deux paniques. Un moment, la fusillade, très rapprochée, fit croire aux tribunes que les Suisses étaient vainqueurs, qu'ils venaient envahir la salle et disperser l'Assemblée. Tous les assistants criaient aux députés : « Voilà les Suisses, nous ne vous quittons pas ; nous périrons avec vous. » Un officier de la Garde nationale était à la barre, et disait : « Nous sommes forcés. » Députés, tribunes, assistants, Gardes nationaux, tous, jusqu'aux jeunes secrétaires placés à côté du Roi, se levèrent d'un mouvement héroïque, et jurèrent de mourir pour la Liberté... Contre qui un tel serment, sinon contre le Roi même, qu'alors on croyait vainqueur ? Jamais son isolement ne ressortit davantage. La situation à ce moment se révélait tout entière : d'un côté, l'Assemblée, le peuple ; d'autre part, le Roi... En face, la France et l'ennemi.

Une autre panique eut lieu, mais dans l'autre sens. Ce fut la victoire du peuple, les craintes de l'Assemblée pour la sûreté du Roi. On eut un moment l'idée que les vainqueurs, dans leur furie, pourraient venir frapper en lui le chef de ces Suisses, de ces nobles, qui avaient fait un si grand carnage du peuple. On arracha la grille qui séparait de la salle la loge du logographe, afin que la famille royale pût, au besoin, se réfugier dans le sanctuaire national. Plusieurs députés y travaillèrent : le Roi s'y employa lui-même, avec sa force peu commune et son bras de serrurier.

Le procureur du département, Rœderer, vint annoncer bientôt que le château était forcé. — Une décharge de canon se fit entendre peu après ; c'était le faubourg Saint-Marceau qui, du pont de la Concorde, tirait sur les Suisses fugitifs. — *Et c'est alors seulement*, tard, trop tard en vérité, que le Roi, ayant perdu toute espérance, fit savoir au président qu'il avait donné aux Suisses l'ordre de ne point tirer, et d'aller à leurs casernes.

Quoique l'Assemblée eût manifesté si vivement la crainte que le Roi ne vainquît, la victoire de l'insurrection, accomplie sans elle, parut l'abattre et l'annuler. Elle transférait en réalité le pouvoir de fait à une puissance nouvelle, la Commune, à qui l'on faisait honneur de la victoire. Quand on proposa à l'Assemblée de nommer un commandant de la Garde nationale, elle renvoya ce choix à la toute puissante Commune. Puis, des combattants apportant des bijoux pris aux Tuileries, l'Assemblée déclina cette responsabilité, sous le prétexte qu'elle n'avait aucun lieu où les garder. Elle les envoya encore à la Commune.

L'Assemblée semblait avoir le sentiment que le peuple se défiait d'elle. Par deux fois, suivant l'élan du dehors, et voulant rassurer la foule, les députés se levèrent, et répétèrent le serment : « Vivre libre ou mourir. » Ils y joignirent une Adresse, mais fort générale et vague, où l'on conseillait au peuple *de respecter les Droits de l'homme.*

Guadet était au fauteuil, et répondait comme il pouvait aux députations diverses qui se succédaient à la barre. C'était une section qui venait sommer l'Assemblée de jurer qu'elle sauverait l'empire; l'Assemblée jurait. C'était la Commune qui venait signifier qu'elle avait donné le commandement à Santerre, et présentait son vœu pour la déchéance du Roi. Puis un groupe d'inconnus venait déclarer qu'il fallait faire justice de la grande trahison : « Le feu est aux Tuileries, disaient-ils, et nous ne l'arrêterons qu'après que la vengeance du peuple sera satisfaite... Il nous faut la déchéance. » Ils le firent comme ils le disaient, repoussant les pompiers à coups de fusil. Neuf cents toises de bâtiments étaient en feu.

L'Assemblée se sentait glisser sur la pente. Elle voulut enrayer. Enrayer! mais avec quoi? avec la royauté même. Pour arrêter sa chute, elle prit justement le poids fatal qui devait la précipiter.

Vergniaud rentra, l'air abattu, pour donner à l'Assemblée l'avis de la Commission extraordinaire qu'elle avait créée exprès. Le grand orateur souffrait de ne reconnaître la confiance du Roi réfugié dans l'Assemblée que par une mesure rigoureuse. La chose semblait dure, inhospitalière. « Je m'en rapporte, dit-il, à la douleur dont vous êtes pénétrés, pour juger s'il importe au salut de la patrie que vous adoptiez cette mesure sur-le-champ. Je demande la suspension du pouvoir exécutif, un décret pour la nomination du gouverneur du prince royal. Une Convention prononcera sur les mesures ultérieures... Le Roi sera logé au Luxembourg. Les ministres seront nommés par l'Assemblée nationale. »

A ce moment même, le peuple revint obstiné, frappa à la porte. « La déchéance! la déchéance! » c'était encore le cri de nouveaux pétitionnaires.

A quoi Vergniaud répondit que l'Assemblée avait fait tout ce que ses pouvoirs lui permettaient de faire, que c'était à la Convention de prononcer sur la déchéance.

Ils s'en allèrent en silence, mais non satisfaits.

L'Assemblée, tout en disant qu'elle ne décidait rien, n'allait-elle pas préjuger audacieusement l'avenir, par la nomination d'un gouverneur de l'héritier du trône, lorsqu'il restait incertain s'il y aurait un trône encore?

Loger le Roi au Luxembourg! au lieu de Paris d'où il est le plus facile d'échapper dans la campagne! Qui ne sait que le Luxembourg est assis sur les catacombes, et que, par vingt souterrains, il pouvait remettre la royauté sur le chemin de Varennes? C'est ce qu'une section vint très justement représenter à l'Assemblée.

Celle-ci, quoi qu'elle pût faire, n'allait plus pouvoir marcher qu'à la suite de la Commune. Aux ministres girondins qu'elle rétablit, elle ajouta comme ministre de la Justice l'homme de la Commune, Danton. Elle vota que les communes auraient droit de faire partout des visites domiciliaires pour savoir si les suspects n'avaient pas des armes cachées. C'était armer la nouvelle puissance, dont on se défiait tant tout à l'heure, d'une inquisition sans bornes.

Il était trois heures de nuit. En cette séance de vingt-sept heures, l'Assemblée vaincue, près de la royauté vaincue, en réalité avait abdiqué.

Cette éclipse du premier pouvoir de l'État, du seul, après tout, qui fût reconnu de la France, était effrayante dans la situation. Le combat n'avait pas fini ; il durait encore dans les cœurs, ils restaient gonflés de vengeance. Le soir du 10, on avait en hâte jeté au cimetière de la Madeleine les cadavres des sept cents Suisses qui avaient été tués. Mais le nombre des morts était bien plus grand du côté des insurgés. Les Suisses généralement avaient tiré derrière de bonnes murailles ; les autres n'avaient eu que leurs poitrines pour parer les coups ; onze cents insurgés avaient péri ; beaucoup d'entre eux, gens mariés, pauvres pères de famille, que les extrêmes misères avaient poussés au combat, qui, entre une femme désespérée et des enfants affamés, avaient préféré la mort. Des tombereaux les ramassaient, les ramenaient dans leurs quartiers, et là, on les étalait pour les reconnaître. Chaque fois qu'une de ces lugubres voitures, couverte, mais reconnaissable à la longue traînée de sang qu'elle laissait derrière elle, chaque fois qu'elle entrait au faubourg, la foule l'entourait, muette, haletante, la foule des femmes qui attendaient dans une horrible anxiété. Et puis, à mesure, éclataient, avec une étrange variété d'incidents les plus pathétiques, les sanglots du désespoir.

Nulle scène de ce genre n'avait lieu sans jeter dans l'âme des spectateurs un nouveau levain de vengeance; des jeunes gens reprenaient la pique, rentraient dans Paris pour tuer... Qui tuer? où et comment? c'était toute la question. Ils allaient à l'Abbaye, où étaient les officiers suisses. Ils allaient à l'Assemblée nationale, où cent cinquante soldats suisses avaient trouvé un asile. On avait beau leur expliquer que ces soldats avaient tiré malgré eux, que d'autres avaient tiré en l'air, que d'autres enfin, ceux, par exemple, qu'on amena de Versailles, étaient même absents à l'heure du combat. Ils venaient aveugles et sourds, l'oreille pleine des sanglots des veuves, les yeux pleins de la rouge vision des tombereaux combles de sang. Ils ne voulaient que du sang, et heurtaient leurs têtes aux portes.

La Commune, sortie de la fureur du 10 Août, n'était pas pour s'opposer à ces mouvements de vengeance. Elle prit, le matin du 11, une mesure vraiment sinistre. La prison de l'Abbaye, qui renfermait les officiers suisses, était fortement menacée, entourée de rassemblements; malgré l'Assemblée nationale, qui, pour sauver les soldats, les envoyait au palais Bourbon, la Commune décida qu'ils iraient à l'Abbaye. Et cela fut fait.

Il y avait dans cette Commune des éléments très divers. Une partie, la meilleure, étaient des hommes simples, grossiers, naïvement colériques, qui n'étaient pas incapables de sentiments généreux ; malheureusement, ils suivirent jusqu'au bout la pensée brutale et stupide : *En finir avec l'ennemi.* Mais le meurtre ne finit rien. Les autres étaient des fanatiques, fanatiques d'abstractions, géomètres politiques, prêts à rogner par le fer ce qui dépassait la ligne précise du contour qu'ils s'étaient tracé au compas. Enfin, et c'était le pire élément, il y avait des bavards, des harangueurs étourdiment sanguinaires (de ce genre était Tallien), il y avait de méchants petits scribes, natures basses et aigres, irrémédiablement mauvaises, sans mélange et sans retour, parce qu'elles étaient légères, sèches, vides, de nulle consistance. Ces fouines à museau pointu, propre à tremper dans le sang, se caractérisent par deux noms : l'un, Chaumette, étudiant en médecine et journaliste ; l'autre, Hébert, vendeur de contremarques à la porte des spectacles, qui rimait des chansonnettes, avant de devenir horriblement célèbre sous le nom de Père Duchêne.

Ces scribes furent tout d'abord la cheville ouvrière de la Commune.

Du 11 août au 2 Septembre, elle appela dans son sein le scribe des scribes, le fol des fols,

Marat, Robespierre. Tous deux sortirent de leurs trous et siégèrent à la Commune.

Le matin du 11, la Commune envoya à l'Assemblée deux de ses membres lettrés, Hébert, et Léonard Bourdon, un régent, pédant furieux, qui fonda une pension selon les institutions de Lycurgue. En allant, ils ne purent se dispenser de monter chez le maire, Pétion, qui était encore au lit. Ils trouvèrent là Brissot, qui vint à eux, tout ému : « Quelle est donc cette fureur? dit-il. Quoi! les massacres ne finiront pas? » Pétion parla dans le même sens. Hébert et Bourdon haussèrent les épaules et s'en allèrent sans rien dire. Ils ont depuis accusé cette faiblesse de Pétion et de Brissot, cette sensibilité coupable, pour les conduire à la mort.

La Commune, sans doute sur leur avis, sentant combien Pétion pouvait être embarrassant dans les grandes mesures de haute politique qu'elle se proposait de prendre, fit savoir à l'Assemblée, que dans sa tendre inquiétude pour la vie si précieuse de ce bon maire de Paris, de ce père du peuple, etc., etc., dans la crainte qu'il ne tombât sous le poignard royaliste, elle avait mis à ses côtés deux agents pour le suivre partout, sans le perdre de vue, et le garder jour et nuit.

Cette violence hypocrite contrastait avec la sensibilité naïvement exaltée que montrait partout le peuple. Malheureusement, sa sensibilité se trahissait par deux effets tout contraires.

Les uns, émus de pitié pour les familles en deuil, pour ce grand désastre privé et public, voulaient justice et vengeance, une punition exemplaire ; si la Loi ne la faisait pas, ils allaient la faire eux-mêmes.

Les autres, émus d'intérêt pour des hommes désarmés qui, fussent-ils coupables, ne devaient, après tout, être frappés que par la Loi, voulaient à tout prix sauver leurs ennemis, sauver l'humanité, l'honneur de la France.

Ces mouvements contradictoires de sensibilité, ici humaine, là furieuse, se trouvèrent plus d'une fois, chose bizarre, dans les mêmes personnes. Les tribunes de l'Assemblée étaient pleines d'hommes hors d'eux-mêmes, qui étaient venus tout exprès pour obtenir des lois de sang. Les Suisses étaient là tremblants dans les bâtiments des Feuillants, et la foule aux tribunes, aux cours, dans les rues voisines, attendant sa proie. Un député fit remarquer que ces infortunés Suisses n'avaient pas mangé depuis trente heures ; les tribunes furent émues. Un brave homme vint à la barre et dit qu'il priait les tribunes de l'aider à sauver les Suisses, de venir avec lui pour faire entendre raison à la foule du dehors. Tous le suivirent ; ils arrachèrent des mains du peuple plusieurs Suisses qu'il tenait déjà, rentrèrent avec ces malheureux ; ce fut la scène la plus extraordinaire et la plus attendrissante ; les victimes se jetèrent dans les bras de ceux qui naguère demandaient leur mort et qui les avaient délivrés ; les Suisses levaient les mains au ciel, faisaient serment à la cause du peuple et se donnaient à la France.

Le ministre de la Justice, Danton, se montra très digne de sa position nouvelle, en se portant pour défenseur des droits de l'humanité. Il exprima devant l'Assemblée nationale une pensée de sévérité magnanime qui était au cœur des vrais vainqueurs du 10 Août : « Où commence l'action de la Justice, là doivent cesser les vengeances populaires. Je prends, devant l'Assemblée nationale, l'engagement de protéger les hommes qui sont dans son enceinte ; je marcherai à leur tête, et je réponds d'eux. »

La Justice, c'était en effet le seul remède à la vengeance. Il y avait là toute une population exaspérée de ses pertes. Si la robe de César, montrée aux Romains, fut un signal de massacre, qu'était-ce de la robe du peuple, de la chemise sanglante des victimes du 10 Août, partout reproduite et multipliée, partout étalée aux yeux indignés, avec la légende terrible de la trahison des Suisses, et ce mot des honnêtes fédérés bretons qui courait partout : « Nous avions encore la bouche à leur joue... ils nous ont assassinés !... »

Ceux que l'on accusait ainsi étaient-ils regardés du peuple comme des prisonniers ordinaires, ou comme des criminels ? Après la victoire, après la bataille, le danger passé, le vainqueur prend pour les prisonniers un sentiment de clémence ; mais la bataille durait. Le grand parti royaliste, quelque coup qu'il eût reçu, restait tout entier. Aux royalistes purs il fallait joindre la masse des royalistes constitutionnels, les vingt mille bourgeois qui avaient signé la *protestation* contre le 20 Juin, et s'étaient ainsi compromis pour le Roi sans retour. Personne, même après le 10 Août, ne voyait bien nettement à qui, en dernier lieu, resterait l'avantage. Le 10, beaucoup avaient eu peur de ne pas être vus avec les vainqueurs. Le 11, beaucoup avaient peur d'être obligés de garder le Roi. Santerre, le nouveau commandant de la Garde nationale, ne trouvait nulle obéissance : deux adjudants refusèrent positivement d'aller garder le Roi aux Feuillants. Santerre fut obligé d'avouer à la Commune : « Que la diversité des opinions faisait qu'il avait peu de force. » Et en même temps un député, Thuriot, vint déclarer qu'il avait connaissance d'un *projet* pour enlever la famille royale.

La Commune, par l'organe de son procureur, Manuel, déclara à l'Assemblée que si l'on mettait le Roi au Luxembourg, ou, comme on voulait encore, au ministère de la Justice, elle n'en répondait plus. L'Assemblée lui donna le soin de choisir le lieu, et elle choisit le Temple, donjon isolé, vieille tour, dont on refit le fossé. Cette tour, basse, forte, sombre, lugubre, était l'ancien Trésor de l'ordre des Templiers. C'était, depuis longtemps, un lieu délabré, à peu près abandonné. Lieu marqué d'une bizarre fatalité historique. La royauté y brisa le moyen âge, par la main de Philippe-le-Bel. Et elle-même y revint brisée avec Louis XVI. Cette laide tour, dont on ne savait guère le sens ni l'ancienne destination, se trouvait là tout étrange, comme un hibou au grand soleil, dans un quartier fort populeux. C'était, comme aujourd'hui, du reste, un quartier d'industrie pauvre, de commerce misérable, de revendeurs, de brocanteurs, de petits métiers exercés par des fabricants ouvriers eux-mêmes. L'enclos du Temple s'était d'autant plus aisément peuplé de ces petites industries, qu'il recevait les ouvriers sans patente, non autorisés, qui, sous l'abri de l'antique privilège du lieu, vendaient librement aux pauvres du mauvais, du vieux, tellement quellement rajusté. Cet enclos, par un effet de ce triste privilège, avait aussi servi d'asile aux banqueroutiers effrontés, qui, selon la Loi énergique du moyen âge, payaient leurs dettes sans argent, « *en prenant le bonnet vert, et frappant du cul sur la pierre* » Chute rapide et cruelle, Louis XVI, encore Roi le 10, s'il demeurait au Luxembourg, résidence ordinaire des princes, — prisonnier avoué le 11, s'il était mis sous la clef du ministère de la Justice, — semblait au Temple le captif de la faillite royale et le banqueroutier de la monarchie.

Louis XVI était un otage ; sa vie importait à la France. Il semblait en sûreté. Tous alors, même les plus violents, auraient défendu une tête si précieuse. La vengeance populaire, arrêtée de ce côté, se retournait d'autant plus furieuse contre les autres prisonniers. Le seul moyen peut-être qui restât de les soustraire à un massacre indistinct, c'était de les présenter comme prisonniers de guerre, de les soumettre à un jugement militaire, qui frapperait uniquement ceux qui avaient commandé, sauverait la foule de ceux qui n'avaient fait qu'obéir. Un ancien militaire, le député Lacroix, proposa à l'Assemblée de faire nommer, par le commandant de la Garde nationale, une Cour martiale qui jugerait sans désemparer les Suisses, officiers et soldats. La part principale que les fédérés, marseillais, bretons, presque tous anciens soldats, avaient eue à la victoire, aurait, sans nul doute, obligé de prendre les juges surtout parmi eux. Ces militaires se seraient montrés plus indulgents pour un délit militaire, que des juges populaires, tirés d'une foule ivre de vengeance. Ceci n'est point une supposition, mais une induction légitime. La plupart des fédérés de Marseille, loin de partager la fureur commune, déclarèrent qu'ils ne considéraient plus les vaincus comme ennemis, demandèrent à l'Assemblée la permission d'escorter les Suisses et de leur faire un rempart de leurs corps. Soldats, ils comprenaient bien mieux la vraie position du soldat, l'inexorable nécessité de la discipline qui avait pesé sur ces Suisses, et les avait rendus coupables malgré eux.

Lacroix, qui donna ce conseil, violent en apparence, humain en réalité, de faire juger immédiatement les vaincus par une Cour martiale, était un homme trop secondaire pour que nous ne cherchions pas plus haut à qui appartient l'initiative réelle de cette grande mesure. Lacroix était alors dans les rangs de la Gironde, mais déjà, et de plus en plus, uni d'esprit à Danton. Ce qu'ils avaient de commun, c'était la facilité de caractère, l'amour de la vie, du plaisir ; tous deux étaient des hommes d'énergie, et, sous des formes âpres, violentes, nullement ennemis de l'humanité. Je ne crois pas que la proposition ait été inspirée par les Girondins, qui n'aimaient point les formes militaires. Les Montagnards, en général, ne les aimaient pas davantage, Robespierre pas plus que Brissot. Je serais porté à croire que Lacroix exprimait la pensée de Danton.

Ce qui ferait supposer que cette mesure eût épargné le sang, c'est que la Commune la repoussa. Placée au centre même de la fermentation populaire, loin de calmer l'esprit de vengeance, elle allait toujours l'irritant. Elle n'osait dire nettement qu'elle craignait de trouver les fédérés militaires trop généreux pour les vaincus ; le 13, elle demanda seulement qu'au lieu de Cour martiale, on créât un tribunal *formé en partie de fédérés, en partie de sectionnaires parisiens*. — Le 15, elle s'enhardit, ne parla plus de fédérés, demanda que le jugement se fît *par des commis-*

saires pris dans chaque section. Ceux qu'on choisissait dans un tel moment ne pouvaient guère manquer d'être les plus violents des sections, et probablement les membres mêmes de la Commune. En d'autres termes, la Commune priait l'Assemblée de charger la Commune même de juger à mort tous ceux qu'on avait arrêtés et tous ceux qu'on arrêterait. Quelle limite dans cette route? On ne pouvait le prévoir. Dès le 12, une bande de pétitionnaires était venue sur les bancs mêmes de l'Assemblée nationale désigner un député comme traître, et demander qu'on le mît en accusation.

Rien n'étonne de la Commune, quand on sait l'étrange oracle qu'elle commençait à consulter. Le 10, au soir, une troupe effroyable de gens ivres et de polissons avaient, à grand bruit, apporté à l'Hôtel de Ville l'homme des ténèbres, l'exhumé, le ressuscité, le martyr et le prophète, *le divin* Marat. C'était le vainqueur du 10 Août, disaient-ils. Ils l'avaient promené triomphalement dans Paris, sans que sa modestie y fît résistance. Ils l'apportèrent sur les bras, couronné de lauriers, et le jetèrent là, au milieu du grand Conseil de la Commune. Plusieurs rirent; beaucoup frémirent; tous furent entraînés. Lui seul il n'avait aucun doute, ni hésitation, ni scrupule. La terrible sécurité d'un fol qui ne sait rien ni des obstacles du monde, ni de ceux de la conscience, reluisait en sa personne. Son front jaune, son vaste *rictus* de crapaud souriait effroyablement sous sa couronne de laurier. Dès ce jour, il fut assidu à la Commune, quoiqu'il n'en fût pas membre, y parla toujours plus haut. Les politiques eurent à songer s'ils suivraient jusqu'au bout un aliéné. Mais comment, devant cette foule furieuse, oser contredire Marat ? Danton ne l'eût pas osé ; seulement, il venait peu à la Commune. Robespierre, qui y siégeait, l'osait encore moins. La chose lui dut coûter. La Commune prit plusieurs décisions vraiment étonnantes, celle-ci, entre autres, évidemment dictée par Marat : « Que désormais les presses des empoisonneurs royalistes seraient confisquées, adjugées aux imprimeurs patriotes. » Avant même que ce bel arrêt fût rendu, Marat l'avait exécuté. Il avait été tout droit à l'Imprimerie royale, déclarant que les presses et les caractères de cet établissement appartenaient au premier, au plus grand des journalistes, et, ne s'en tenant point aux paroles, il avait, par droit de conquête, pris telle presse et tel caractère, emporté le tout chez lui.

L'Assemblée avait donc à décider si elle remettrait à cette Commune, ainsi gouvernée, le glaive de la Justice nationale. Quelle serait cette Justice ? Les uns voulaient un tribunal vengeur, rapide, expéditif. Marat préférait un massacre. Cette idée, loin de rien coûter à sa philanthropie, en était, disait-il, le signe : « On me conteste, disait-il, le titre de philanthrope... Ah ! quelle injustice ! Qui ne voit que je veux couper un petit nombre de têtes pour en sauver un grand nombre?... » Il variait sur ce petit nombre; dans les derniers temps de sa vie, *il s'était arrêté, je ne sais pourquoi, au chiffre minime, en vérité, de* 273,000.

Le tribunal de vengeance pouvait éviter le massacre. La Commune, par la voix de Robespierre, en demanda à l'Assemblée la création immédiate. Présentée avec des formes adoucies, des ménagements insidieux, mêlés de menaces, la *proposition* fut reçue dans un grand silence. Un seul député (Chabot) se leva pour l'appuyer. Et pourtant elle passa. On espéra éluder la *proposition* dans l'application ; on la décréta en principe.

Dès ce moment, d'heure en heure, des pétitions menaçantes vinrent exiger l'exécution du décret rendu. En une soirée, trois députations de la Commune se succédèrent à la barre. La troisième alla jusqu'à dire : « Si vous ne décidez rien, nous allons attendre. » Le 17, une nouvelle députation vint dire : « Le peuple est las de n'être pas vengé; craignez qu'il ne se fasse justice. Ce soir, à minuit, le tocsin sonnera. Il faut un Tribunal criminel aux Tuileries, un juge par chaque section. Louis XVI et Antoinette voulaient du sang; qu'ils voient couler celui de leurs satellites. »

A cette violence brutale, le jacobin Choudieu, Thuriot, ami de Danton, répondirent par les plus nobles paroles. Le premier dit : « Ceux qui viennent crier ici ne sont pas les amis du peuple ; ce sont ses flatteurs... On veut une inquisition ; j'y résisterai jusqu'à la mort... »

Et Thuriot, un mot sublime : « La Révolution n'est pas seulement à la France ; nous en sommes comptables à l'humanité. »

A ce moment, entrent les sectionnaires que la Commune chargeait de former les jurys. L'un d'eux : « Vous êtes comme dans les ténèbres sur ce qui se passe. Si, avant deux ou trois heures, le directeur du jury n'est pas nommé, si les jurés ne sont pas en état d'agir, de grands malheurs se promèneront dans Paris. »

L'Assemblée obéit sur l'heure. Elle vota la création d'un Tribunal extraordinaire. Toutefois avec une précaution, l'élection à deux degrés, comme pour les députés ; le peuple nommait un électeur par section, et ces électeurs nommaient les juges.

Les noirs nuages du dehors, l'orage de la frontière, couvraient, il faut le dire, l'intérieur comme d'un voile noir ; de moins en moins on distinguait l'image de la Justice. Des lettres arrivaient, comme autant de cris des villes frontières, comme les coups du canon d'alarme que tirait de moment en moment le vaisseau national qui semblait sombrer sous voiles. C'était Thionville, c'était Sarrelouis, qui criaient à l'Assemblée. La première disait qu'abandonnée de la France, elle se ferait sauter avant que d'ouvrir ses portes. Les Prussiens étaient partis de Coblentz le 30 juillet, avec un corps magnifique de cavalerie d'émigrés, quatre-vingt-dix escadrons. Le 18 août, les Prussiens opérèrent leur jonction avec le général autrichien Clairfayt. L'armée combinée, forte de cent mille hommes, investit Longwy le 20 août.

Et quelle défense à l'intérieur? Merlin de Thionville dit dans l'Assemblée, qu'au Comité de Surveillance il y avait quatre cents lettres, *prouvant que le plan et l'époque de l'invasion étaient dès longtemps connus à Paris*. En réalité, la Reine et beaucoup de royalistes avaient l'itinéraire de l'ennemi, le regardaient marcher sur la carte, et le suivaient jour par jour.

La Fayette semblait ne voir d'ennemis que les Jacobins. Par une Adresse, il appelait son armée à rétablir la Constitution, defaire le 10 Août, rétablir le Roi. Ceci équivalait à mettre l'étranger à Paris. Il n'y a aucun exemple d'une telle infatuation. Heureusement, il ne trouva aucun appui dans son armée. Il passa les troupes en revue. n'entendit nul autre cri que : « Vive la nation! » Il se vit seul, et n'eut d'autres ressources que de passer la frontière. Les Autrichiens lui rendirent le service essentiel de l'arrêter, et, par là, ils le réhabilitèrent. Sans cette captivité, il était perdu ; une ombre très fâcheuse serait restée sur sa mémoire.

Le 16, l'Assemblée l'avait décrété d'accusation. Le commandement de l'Est fut donné à Dumouriez; et dans le Nord, Luckner fut remplacé par Kellermann.

Le même jour, le 18, le Tribunal extraordinaire était déjà organisé. Danton saisit l'occasion, et crut couper court aux vengeances. Dans une Adresse admirable, où l'on croit sentir, avec le grand cœur de Danton, le talent de ses secrétaires, Camille Desmoulins, Fabre d'Églantine, il posa le Droit révolutionnaire, le Droit du 10 Août, frappa la royauté sans retour, établissant qu'elle avait trahi jusqu'à ses propres amis. Mais, en même temps, sous les termes de la Terreur même, il posait, pour l'ordre nouveau, les bases de la Justice.

Ce discours, tout à la fois inspiré et calculé, faisait la part aux deux puissances : l'une, la Commune de Paris, « sanctionnée par l'Assemblée nationale; » l'autre, l'Assemblée elle-même; Danton la relevait généreusement : « Félicitons-la, disait-il, de ses décrets libérateurs. »

Par un remarquable esprit de prévoyance, il signalait de loin le mal social, bien autrement profond, que couvrait l'agitation révolutionnaire; aux premiers grondements souterrains, que personne n'entendait bien encore, ce pénétrant génie devinait, signalait le volcan. Chose étonnante! dans ce discours prophétique, Danton s'occupe de Babeuf, le voit en esprit; celui qui ne doit se montrer que quand tous les grands hommes de la Révolution seront couchés dans la terre, il le voit et le condamne, laissant à la société, pour se défendre un jour, l'autorité de son nom : « Toutes mes pensées, dit-il, n'ont eu pour objet que la liberté politique et individuelle, le maintien des lois, la tranquillité publique, l'unité des quatre-vingt-trois départements, la splendeur de l'État, la prospérité du peuple français, et non l'*égalité impossible des biens*, mais une Égalité de droits et de bonheur. »

Au total, dans cette Adresse, habilement violente, parmi la foudre et les éclairs du 10 Août, Danton proclamait tout ce que la situation pouvait comporter de raison et de justice. Il constatait l'union des pouvoirs publics, la sienne même avec la Gironde; il disait qu'il n'adressait aux tribunaux d'autres reproches que ceux que le ministre de l'Intérieur, Roland, adressait aux corps administratifs. Il s'associait à la passion populaire, de manière à la calmer, demandait aux tribunaux la sévérité, qui seule, dans un tel moment, pouvait amener dans les cœurs une réaction de la clémence. L'Adresse finissait par cette grave parole : « Que la Justice des tribunaux commence, la Justice du peuple cessera. »

L'Assemblée parut un moment animée de cet esprit. Tout était sauvé, si elle prenait d'une main ferme, comme Danton le demandait, le drapeau de la Révolution, le portait devant le peuple. Elle frappa deux grands coups révolutionnaires :

sur les nobles, la séquestration des biens des émigrés, qui entraient en armes en France ; *sur les prêtres* non-assermentés, l'expulsion sous quinze jours. Cette dernière mesure ne semblait pas trop violente, quand on apprenait que la Vendée, que les Deux-Sèvres, incendiées de leurs prédications, venaient de prendre les armes. L'indignation monta à ce point, que Vergniaud, l'homme humain entre tous, proposa de déporter les réfractaires à la Guyane.

Ces sévérités ne suffisaient pas à la Commune. Les supplices qui commencèrent ne la calmèrent même pas. Le Tribunal extraordinaire, sans sursis et sans appel, créé le 18, jugea le 19 et le 20 ; le 21, au soir, un royaliste fut guillotiné sur la place du Carrousel. L'exécution aux flambeaux, devant la noire façade du palais, encore tachée du massacre, fut du plus sinistre effet. Le bourreau lui-même, tout habitué qu'il fût à de tels spectacles, n'y résista pas. Au moment où il tenait la tête du supplicié, et la montrait au peuple du haut de l'échafaud, lui-même tomba à la renverse. On courut à lui, il était mort.

Cette scène terrible, l'exécution de Laporte, le fidèle confident de Louis XVI, remuèrent profondément. Laporte avait été le principal agent des corruptions de la Cour, il n'avait qu'une excuse, d'avoir obéi. Avec cela, comme homme privé, il était estimé, aimé. Sa tête blanche ne tomba pas sans laisser quelque pitié. *La Chronique de Paris,* journal de Condorcet, essaya, à cette occasion, d'adoucir les cœurs.

Il semble que la Commune eût pu être assez contente du nouveau Tribunal qu'elle avait demandé, créé, choisi. Il ne donnait guère moins d'une tête par jour. On gémissait pourtant de sa lenteur, et il crut devoir s'en justifier. Dans une précieuse brochure, les membres du Tribunal expliquent l'énorme travail qu'ils se sont imposé pour obtenir d'aussi satisfaisants résultats. « En conscience, disent-ils, on ne peut aller plus vite. » La brochure est signée de noms qui, seuls, parlent assez haut, entre autres, de Fouquier-Tinville.

Mais le juge le plus âpre n'était pas ce qu'on voulait ; on désirait un massacre. Le 23, au soir, une députation de la Commune, suivie d'une tourbe de peuple, vint, vers minuit, dans l'Assemblée nationale, et dit ces paroles furieuses : « Que les prisonniers d'Orléans devaient être amenés pour subir leur supplice. » Ils ne disaient pas : *Pour être jugés*, semblant considérer cette formalité comme absolument superflue. Ils ajoutaient cette menace : « Vous nous avez entendus, et vous savez que l'insurrection est un devoir sacré. »

Le président de l'Assemblée, Lacroix, fut très beau en ce moment. Devant cette foule furieuse ou ivre qui envahissait la salle, à cette heure sombre de la nuit, il parla avec la vigueur d'un ami de Danton. Lacroix était un ancien militaire, de forme athlétique, d'une stature colossale ; il dit avec une majesté calme : « Nous avons fait notre devoir... Si notre mort est une dernière preuve pour en persuader le peuple, il peut disposer de notre vie... Dites-le à nos commettants. » Les plus violents Jacobins, Choudieu et Bazire, parurent eux-mêmes indignés de ces menaces ; ils demandèrent, obtinrent l'ordre du jour.

Le 25 au soir, on guillotinait, au Carrousel, un pamphlétaire royaliste ; aux Tuileries, on s'occupait des apprêts d'une fête nationale, celle des morts du 10 Août. Le bruit se répand dans l'Assemblée, dans Paris, que la place de Longwy s'est rendue aux Prussiens. Les Volontaires des Ardennes et de la Côte-d'Or s'étaient montrés admirablement. Mais la malveillance avait annulé, caché tous les moyens de défense. Le commandant, au moment de l'attaque, était devenu introuvable. L'Assemblée reçut et lut la lettre même par laquelle les émigrés avaient décidé sa défection. La ville fut occupée par les étrangers « au nom de S. M. le Roi de France. » La trahison était flagrante. On décréta à l'instant que tout citoyen qui, dans une place assiégée, parlerait de se rendre, serait puni de mort. Trente mille hommes durent être immédiatement levés dans Paris et dans les départements voisins. La Fête n'en eut pas moins lieu, le dimanche 27 ; mais cette fête des morts, pour un peuple qui se sentait trahi et vendu, se trouva, en réalité, la fête de la vengeance.

L'ordonnateur de la fête était Sergent, l'un des administrateurs de la Commune, homme de beaucoup de cœur, d'une sensibilité ardente, mais, comme sont souvent les femmes, sensible jusqu'à la fureur. Graveur et dessinateur médiocre, il trouva ici, dans son fanatisme, une véritable inspiration. Jamais fête ne fut plus propre à remplir les âmes de deuil et de vengeance, d'une douleur meurtrière. Une pyramide avait été élevée sur le grand bassin des Tuileries, couverte de serge noire, d'inscriptions qui rappelaient les massacres qu'on reprochait aux royalistes : Massacres de Nancy, de Nîmes, de Montauban, du Champ-de-Mars, etc. Cette pyramide de mort, élevée dans le jardin, avait son véritable pendant au Carrousel, l'instrument même de mort, la guillotine. Et toutes deux fonctionnaient de même : l'une tuait, l'autre semblait inviter à tuer.

A travers des nuages de parfums, les victimes du 10 Août, les veuves et les orphelines, en robes blanches à ceintures noires, portaient dans une arche la pétition du 17 juillet 91, qui dès lors avait en vain demandé la République. Puis, venaient d'énormes sarcophages noirs, qui semblaient contenir, porter des montagnes de chair humaine. Ensuite, venait la Loi, colossale, armée de son glaive, et, derrière, les juges, tous les Tribunaux, en tête le Tribunal du 17 août. Derrière ce Tribunal, marchait celle qui l'avait créé, la redoutable Commune, avec la statue de la Liberté. Enfin, l'Assemblée nationale, portant les couronnes civiques pour honorer, consoler les morts. Les chants sévères de Chénier, la musique, âpre et terrible, de Gossec, la nuit qui venait, et qui apportait son deuil, l'encens qui montait, comme pour porter au ciel la voix de la vengeance, tout remplit les cœurs d'une ivresse de mort, ou de pressentiments sombres.

Ce fut bien pis le lendemain. Les deux statues de la Liberté, de la Loi, ces figures adorées du peuple, qui le dimanche étaient des Dieux, furent dépouillées de leurs atours, tristement exposées aux regards dans les parties les moins honorables qu'avaient voilées les draperies, non sans quelques risées imprudentes des spectateurs royalistes. La foule devint furieuse, elle courut à l'Assemblée, demandant vengeance, soutenant que ce déshonneur était une conspiration ; que des ouvriers perfides avaient honteusement dénudé ses divinités, pour les livrer au mépris des aristocrates. Elle s'empara des statues, les habilla décemment, les traîna, en réparation, sur la place de Louis XV, et, là, leur rendit un culte plein de frénésie.

NOTES

Page 28 *

Grand peuple! pauvre peuple!... On plaint toujours la Pologne; pourquoi ne plaint-on la Russie? Cette race bonne et douce, docile, plus tendre aux affections domestiques qu'aucune nation du monde, est barbarement menée depuis un siècle par le bâton allemand; elle obéit à l'étranger (tout comme la Pologne), à une dynastie allemande, à la bureaucratie militaire de l'Allemagne, éminemment dure et pédantesque. Nul mystère plus sombre, plus triste pour celui qui interroge les voies de la Providence!

Page 29 *

C'est l'excuse que donnent les biographes de Souwarow : « Il suivit les ordres exprès de sa Cour. »

Page 92 *

Et c'est ce qui prouve invinciblement que Duprat et autres chefs du parti violent ne furent point les auteurs du meurtre de Lescuyer, comme les meurtriers papistes es en accusent effrontément, leur renvoyant leur propre crime. Jouer un tel jeu, dans l'état de faiblesse extrême où se trouvait le parti français (qui ne put, on va le voir, réunir au moment du danger que 35 hommes dans une ville de 30,000 âmes), risquer, dis-je, une telle chose, c'était courir volontairement une chance presque infaillible de mort. Cette histoire a toujours été arrangée par les ennemis du parti français, comme Commin Soullier, etc. M. André lui-même, qui affecte souvent les dehors de l'impartialité, adopte et copie, les yeux fermés, les traditions mensongères de la contre-révolution.

Page 95 *

Ce Breton du Morbihan, qui se trouve là *par hasard, allant à Marseille*, comme au siège de Carpentras les officiers français se trouvent là *par hasard, en passant vers l'Italie*, était-il un agent des prêtres et nobles de la Bretagne, lequel toutefois, prévoyant l'effet terrible de la mort de Lescuyer, voulait, en le sauvant, sauver son propre parti? — Ou bien sa présence fut-elle vraiment fortuite, son intervention un pur effet d'une humanité généreuse? Il est impossible de voir clair dans cette question obscure.

Page 177 *

Ceci, en décembre et janvier (*voir* les articles de Brissot, qui donnèrent l'élan). Ce bonnet rouge n'est donc pas, comme on l'a dit, emprunté aux galériens, aux soldats de Châteauvieux, dont l'opinion ne s'occupe que longtemps après, en avril.

Page 208 *

On peut citer mille exemples. J'en donnerai un seul, celui des trois frères Levavasseur, de Rouen. Les deux plus jeunes partirent parce que l'aîné partait. Ils sont devenus tous trois généraux. Le plus jeune de ces hommes héroïques a survécu.

Page 360 *

Une précieuse miniature de Lucile existe dans la collection du regrettable colonel Maurin que nous venons de perdre. Cette collection, que l'État devrait acquérir, sera peut-être vendue en détail. Je prie, en ce cas, l'acquéreur de la miniature de la donner au Musée (en attendant le Musée revolutionnaire, qu'on devrait former). Cette chose appartient à la France, moins encore comme objet d'art que pour sa valeur historique. Lucile, dans ce portrait, est une jolie femme d'une classe peu élevée (Lucile Duplessis-Laridon). Jolie? oui, mais surtout mutine, un petit Desmoulins en femme. Son charmant petit visage, ému, orageux, fantasque, a le souffle de *La France libre*. Le génie a passé là, on le sent, l'amour d'un homme de génie. Elle l'aima, jusqu'à vouloir mourir avec lui. — Et pourtant, eut-il tout entier, sans réserve, ce cœur si dévoué? Qui l'affirmerait? Elle était ardemment aimée d'un homme bien inférieur. Elle est bien trouble, en ce portrait; la vie est là bien entamée, le teint est obscur, peu net... Pauvre Lucile, j'en ai peur, tu as trop bu à cette coupe, la Révolution est en toi. Je crois te sentir ici dans un nœud inextricable... Hélas! comme il va être, ce nœud, par la mort, vivement coupé!

Page 366 *

Il faut le répéter. Il n'y eut aucun auteur du 10 Août, nul, que l'indignation publique, l'irritation d'une longue misère, le sentiment que l'étranger approchait, et que la France était trahie. Nul homme, alors, ni Danton, ni Santerre, ni personne, n'avait assez d'ascendant pour décider un tel mouvement. Il n'y eut aucun général de l'insurrection. Les seuls qui aient vu le prussien Westermann en tête de la colonne, ce sont ceux qui n'y étaient pas. Il n'y eut rien de préparé. Excepté les cinq cents fédérés marseillais, qui se firent livrer des cartouches, les assaillants n'avaient presque aucune munition; ils furent tout d'abord réduits à celles qu'ils trouvèrent dans le Carrousel sur les cadavres des Suisses. Quelques Gardes nationaux avaient par bonheur gardé celles que La Fayette fit distribuer un an auparavant au Champ-de-Mars, le 17 juillet 1791.

Page 373 *

Quelle part Danton eut-il à ce premier acte de l'insurrection ? on l'ignore ; il ne présidait pas ce jour-là le Club des Cordeliers. Ses ennemis ont assuré que le grand agitateur avait reçu, la veille même, 50,000 francs de la Cour, qu'il l'avait ainsi endormie par la confiance ; que Madame Élisabeth disait : « Nous ne craignons rien, nous avons Danton. » — La chose n'est pas impossible ; cependant on n'en a jamais donné la moindre preuve. Il n'y a aucun homme révolutionnaire dont on n'ait dit de telles choses.

Page 389 *

A qui persuadera-t-on que les assaillants, si intéressés à encourager la défection, aient sur-le-champ massacré comme le prétend Peltier, les Suisses qui s'étaient laissé prendre ?

Page 396 *

Ce témoin, qui observa avec tant de sang-froid, est M. Moreau de Jonnès. Je dois plusieurs détails très importants à son récit du 10 Août, encore inédit, qu'il a bien voulu me communiquer. Je rappellerai, entre autres, la curieuse anecdote contée plus haut.

FIN DU TOME IV.

TABLE

TABLE

Pages

Préface. 1

LIVRE VI

Chapitre I. Le premier élan de la guerre. — L'ouverture de l'Assemblée législative (octobre 1791) . . 15

II. Révolution d'Avignon, en 90 et 91. — Meurtre de Lescuyer (16 octobre 1791). 65

		Pages
Chap. III.	Vengeance de Lescuyer, massacre de la Glacière (16-17 octobre 1791)..	97
IV.	Décrets contre les émigrés et les prêtres. — Résistance du Roi (novembre-décembre 1791)....	118
V.	Suite de la question de la guerre. — Madame de Staël et Narbonne au pouvoir (décembre 1791-mars 1792).........	144
VI.	Ministère girondin. — Déclaration de guerre (mars-avril 1792).......	184
VII.	Renvoi du ministère girondin (mai-juin 1792)..	223
VIII.	Le 20 Juin. — Les Tuileries envahies, le Roi menacé.	256
IX.	Imminence de l'insurrection (juillet-août 1792)...	293
X.	La veille et la nuit du 10 Août.........	348

LIVRE VII

                                            Pages

CHAPITRE I. Le 10 Août 363
          II. Le 10 Août dans l'Assemblée. — Lutte de l'Assemblée et de la Commune (fin d'août). . . 402

NOTES. 445

Achevé d'imprimer

Le onze avril mil huit cent quatre-vingt-huit

PAR

ALPHONSE LEMERRE

(A. Springer & Bret, *conducteurs*)

25, RUE DES GRANDS-AUGUSTINS

A PARIS

www.ingramcontent.com/pod-product-compliance
Lightning Source LLC
Chambersburg PA
CBHW051818230426
43671CB00008B/753